# 书剑万里缘

## 吴文津雷颂平合传

王婉迪 ◎ 著

后学汇津敬题

国家图书馆出版社

1939年吴文津在
成都念高中

1940年雷颂平高中时
期在西雅图，摄于舅
舅的照相馆

| 年 度 | 上 學 期 | 下 學 期 |
|---|---|---|
| 三十年度 | 江康黎 | 補康黎 |
| 三十一年度 | 江康黎 | |
| 三十二年度 | | |
| 三十三年度 | | |
| 三十四年度 | | |
| 附 註 | 1. 此證於每學期到校註冊時附入註冊封袋內經註冊主任蓋章後始生效力 2. 此證須慎重保存不得有污損及塗改姓名等項否則作廢 3. 如此證遺失須立登校刊申明作廢補領新證繳費一元 | |

學號 2901

姓名 吳文津　年齡

籍貫 四川 省 樂至 市縣

院別 文學 院 外國文學系 系科 生

註冊組主任簽名 江康黎

1942 年吳文津在中央大學的學生證

1945 年雷頌平
大學時期

1946年在美国得克萨斯州奥斯汀市的伯格斯特朗空军基地中国空军训练总部，左二为吴文津

1946年吴文津获得的美国最高平民荣誉"自由勋章"

1947年在西雅图华盛顿大学图书馆

1950年结婚照

1960 年吴文津与胡适在台北"中央研究院"

1957 年吴文津到斯坦福任职后在加州帕罗奥托市

1962 年全家在雷颂平弟弟雷俊德（约瑟夫）的婚礼上

1963 年吴文津在胡佛研究所办公室（斯坦福大学胡佛研究所档案馆和图书馆提供）

1967 年在波士顿全家人的合影

1975 年在哈佛燕京图书馆

1977 年随哈佛大学校长巴克（Derek C. Bok）访问东亚，途经檀香山访问哈佛大学校友。从左到右：巴克校长、何清先生、费正清教授、吴文津

1980 年摄于波士顿

1985 年雷颂平任职"华人医务中心"期间
在中国城举办活动

1995 年与哈佛大学校长鲁登斯廷（Neil L. Rudenstine）
在哈佛校园合影

1998 年退休后在门洛帕克市

2002 年与女儿章玲、外孙女阿莉莎

2012 年第二次受邀参加马英九就职典礼，与马英九夫妇摄于台北宾馆

2014 年与艾朗诺（Ronald Egan）和张隆溪在艾家

2014 年与儿子一家在孙女萝拉的高中毕业典礼上

2016 年吴文津 94 岁生日聚会

2018 年白先勇教授拜访吴文津夫妇

2019 年本书作者王婉迪与吴文津夫妇初次见面

# 序 一

我认识吴文津先生已半世纪了。他很风趣很随和，但办事认真，做学问一丝不苟，对图书馆业以及美国汉学的进展很有贡献。当年哈佛大学研究古代中国和现代中国的教授们很多分歧，本地学者和亚洲来的学者交流不多，但他和大家都合得来，赢得大家的信任，因为他深信学问没有古今中外。我后来认识吴太太雷颂平，发现她竟和吴先生非常相似，也没有任何文化偏见。

吴先生的一生相当离奇，两岁时在四川当官的父亲便去世，由两个母亲带大；抗日期间替空军做翻译曾被土匪枪击死里逃生；战后留在美国到餐馆和罐头厂打工继续学业，因偶然在图书馆工作，结果成了亚洲书籍文档收藏的世界权威，前后任斯坦福和哈佛大学的远东图书馆馆长。吴太太在广东出生，是第三代基督徒。祖父清代便到西雅图开面厂。她幼年在纽约市度过，因经济大萧条跟家人回台山。她十五岁又到美国时父亲接管了祖业，家境已很优渥，入境却因排华法案被监禁盘问，英文也得从头学起。吴夫妇相知相爱结为连理七十多年，吴太太除长期主持家务外也有自己的事业，热心公益，带大儿女后再带大两个孙女。

王婉迪一年来常采访吴夫妇，另不断和他们通电邮，以 21 世纪留美学生的眼光审视吴夫妇的心路历程。吴夫妇向来很少谈自己，许多有趣或非凡的事经她一再追问才逐渐透露。这些珍贵资料得以付诸文字出版，和更多的人分享，很值得庆幸。

斯坦福大学东亚语言与文化系终身教授、前美国东方学会会长

艾朗诺 Ronald Egan

# 序 二

　　吴文津先生是继北美东亚图书馆华裔第一代领导阶层裘开明、钱存训之后，众望所归的第二代领军人物，他执掌哈佛燕京图书馆和斯坦福大学东亚图书馆近半个世纪之久。他的个人传记见证了中国近代的政治和军事的历史侧面，而且回忆了参与引领美国图书馆东亚研究典藏的发展与转型。作为吴先生及妻子雷颂平合传的作者，王婉迪女士文笔清新，尤在读者面前展现了两人长达七十年的丰富多彩、美满幸福的婚姻生活。

　　孔子曰："仁者寿。"吴氏夫妇现已白寿之年，又适值七秩白金（Platinum）婚庆，老而弥笃，康健如故。此不但为天恩祖德、俪福百益之缘故，更是二老仁风永著、美意延年的彰显。王婉迪立意修传，行文流畅，恰如两位老人现身说法，若万水之朝东也。

美国斯坦福大学图书总馆顾问

邵东方

# 序 三

　　《书剑万里缘》是记述吴文津先生和雷颂平女士人生故事的合传。吴伯伯和吴伯母是我从小尊敬的长辈。吴伯伯曾经在著名的斯坦福东亚图书馆和哈佛燕京图书馆担任馆长，我父亲李天民教授的很多研究都是在吴伯伯的支持下完成的，父亲和我们全家也见证了吴伯伯对历史的热爱和贡献。

　　吴伯伯在两间顶级图书馆任职48年，收集了海量的历史文献，在动荡的时代，留下了记录，不但对历史负责，也留给了后代最珍贵的礼物。他在燕京图书馆大力推动数字化和高科技的应用，极度强调馆员要有丰富的专业知识和跨领域思考的能力，并能够构筑人与人之间的信任。他的高瞻远瞩在当时未必能被所有人理解，但是今天我们可以看到他的远见卓识结合了古老智慧和现代科技，也结合了严谨的治学精神和深切的人文关怀。在中国研究方面，斯坦福大学和哈佛大学是世界顶尖的学府，育人无数，也影响了整个世界。如我父亲一样的广大学者、教授、学生都受惠于吴文津先生的情怀和贡献。我推荐年轻人读《书剑万里缘》，从吴伯伯、伯母身上学习为人的道理和处事的态度。

创新工场董事长兼首席执行官

李开复

# 目　录

# 代 序

陈毓贤

    王婉迪和吴夫妇认识，我是牵线人，她提出写合传的念头后，我乐意促成其事，也尽了一份力量，她请我写一篇序，自然义不容辞。

    我自己认识吴文津和雷颂平，是朗诺和我 2012 年要从美国西岸的南加州搬到北加州，在斯坦福大学附近找房子的时候。湾区因硅谷科技事业发展快速，一屋难求。我们第一次北上是要决定搬到哪一区，第二次北上前，我已经在网上盯上了与吴家毗邻的房子：地产商把一栋旧的大楼房拆了，建了两栋几乎一模一样的小房子。经纪人带我们去看，果然相当满意。我冒昧地去敲吴家的门，想问他们住得安适否，才发现朗诺和吴先生本来是旧识。隔了三十年三千多英里，两人起初竟认不出彼此。更妙的是：后来又发现雷颂平和我已逝的父亲居然也是旧识！这件事讲给亲友听大家都啧啧称奇。

    其实我对吴先生的景仰可追溯到 1971 年朗诺开始在哈佛大学做研究生的时候。我在校长室当个小秘书，和朗诺的同学们混得很熟，相聚最喜欢打听教授们的小道消息。记得朗诺一位现在也成了老教授的同学问我，有没有见过哈佛燕京图书馆馆长吴文津，我说没有，一向讲话很刻薄的他赞叹说："此人非常 urbane！"这个词中文大概可译为"风度翩翩"。我不久便找到别的工作，平常很少进哈佛校园，后来在一个大型晚会上远远见到吴先生，果然风度翩翩，对趋前和他打招呼的无论华人或白人，都怡然自得地应付裕如。

1970 年代哈佛教中国文学和历史的教授们分成好几个阵营，几乎老死不往来：才华横溢的学者大都有点愤世嫉俗，加上有些人深感怀才不遇，闹起意见来局面很容易便僵化了。在吴文津的领导下，哈佛燕京图书馆却秩序井然，气氛安谧宁静，人人流连忘返，成了一个大家擦身而过即使不愿意也互相点个头的地方；远道而来的访问学者们更有宾至如归之感。朗诺在哈佛做研究生、教书、当《哈佛亚洲学报》编辑，共十六年，从没听过有人对吴文津发过一句怨言。他所雇的职员都是一时之选，在校内校外也都备受尊崇。

2012 年朗诺从加州大学圣塔芭芭拉校区"退休"移席到斯坦福时，该校图书馆的前中文部主任彭松达知悉我们将会成为吴夫妇的邻居，嘱咐我说："你写了《洪业传》，也该写个《吴文津传》！"

我们搬来湾区不久，有一天见吴先生正在外头修剪玫瑰，我便奔出去问他："吴先生您有空的话，我把您的回忆录下来好不好？"他感到有点突兀，说："我现在正忙，以后再说吧！"我当时不知道他是不是真的没空，还是婉转地推了这件事。一直到 2016 年厚厚的一本《美国东亚图书馆发展史及其他》出来了，他送了我一本，才确知他不是哄我的。

然而等吴先生有时间，又轮到我没时间了。因 2016 年春朗诺应台湾大学"白先勇人文讲座"之邀到台北一个学期，我跟了去。适逢白先勇的《细说红楼梦》新书出版，我们谈起《红楼梦》这本书为何始终在西方没有广大的读者，结论是看这部有四百多位人物而多层次的小说，连中文读者都需要"导读"，何况是处处都会碰到文化障碍的西方读者？大家怂恿白先生写英文导读，我冲口而出说："白先生，我帮您！"这是个需全神专注的工作，替吴先生作传的计划只好搁置了。吴先生此时年龄近百，虽然身体非常健康，头脑比我还清楚敏捷，但我不免有点焦虑，怕他的事迹不赶快记下会来不及，便力劝他把一生特别有历史意义的事，如抗战时期当中国空军翻译官被派到美国学习机密仪器的操作、50 年代在胡佛研究所搜集中国共产党早期资料、60 年代代表图书馆同业环球考察各地与中国有关的收藏等整理出来，在"澎湃·私家历史"和《上海书评》上登载。

真是无巧不成"书"，王婉迪是朗诺在斯坦福的硕士生，来自北京，发表了数篇关于美国汉学家的文章，文笔生动，很受读者欢迎。2019年初，她问我有没有其他学者值得写，我提了几人，又说："你可写写我们的邻居吴文津，他对学术很有贡献。吴太太也相当有意思，她祖父19世纪就来了美国，是老华侨，她家的经历反映了美国华人史。"于是约了吴夫妇和婉迪到我们家一起吃茶喝咖啡。不料相见后，婉迪对我说他们太有趣了，可写成一本书。怎那么巧？我正烦恼不知什么时候才能动笔替吴先生作传，婉迪居然自告奋勇，而且她要到加州大学圣塔芭芭拉校区念博士，离入学还有一段时间，正有空做这件事。真是天时地利人和，仿佛冥冥之中自有安排。

替他们两人作合传的构思非常好，不但因雷颂平也非常值得写，而且吴夫妇自从在华盛顿大学相识而成婚已七十多年，吴文津深深受到了雷颂平的影响，尤其是她"凡事感恩"的态度。没有雷颂平，吴文津的人生轨道必然不同。何况写历史的人向来都有意无意地磨灭了女性的事迹和贡献，现在不能再遵循这个坏习惯了。

我跟朗诺说：其实婉迪替他们作传，比起由我来作恰当多了。一来我们做了这些年的邻居，熟得像亲人一样，已经没有了传主和作传人之间应有的距离；二来替吴夫妇作传，主要是介绍他那一个时代，譬如第二次世界大战，对我们这些七十岁以上的人尚耳熟能详，对二三十岁的读者而言就恍如隔世了，也许对美国那时是中国的敌国还是盟友都不甚清楚。因此应以年轻人的角度回顾才对。

从2019年2月至8月，吴夫妇和婉迪几乎每个星期三下午两点钟都到我家聚集，我负责泡茶煮咖啡，婉迪带点心来。她准备好录像机，然后提问，吴夫妇回答，我旁听，偶尔插几句，四点钟准时散会。婉迪非常勤快，过了一两个星期便拟好初稿，看有什么地方需要补充或澄清，和吴夫妇再讨论。我略替她看了初稿，定稿前又看了一遍，提了些建议。这期间有个为当地周刊《*Palo Alto Weekly*》撰稿的朋友，想带摄影师去采访吴夫妇，经吴夫妇和婉迪的同意，也利用星期三下午这个档期来了。语言这东西就是那么微妙，用英语交谈，吴夫妇的往事又有了另一种风貌。

稿件有了眉目后，婉迪便开始和吴夫妇商讨书名。副书名当然要表明这是一本合传,但主书名应怎样强调书里不但讲述吴先生如何投笔从戎及献身于图书馆事业,还涉及吴太太不平凡的身世,以及他们两人如何在美国相遇而共度幸福的大半生?婉迪提出"书剑万里"四个字,取自陆游诗《忆荆州旧游》,恰可概括吴先生的跨国生涯。吴先生很喜欢,我们便竭力冥想如何把它延伸到吴太太,若再加四个字又恐书名太长。适逢二月里美国国会图书馆亚洲部主任邵东方来访吴先生并叙旧,吴先生邀我过去和他相见。东方听说有人替吴夫妇作传非常兴奋,他不久之前曾请余英时题字,说倘若这本书能请到余先生题签书名最好,但他也没能想到一个恰当的书名。婉迪去信询问余先生愿不愿替这本仍无书名的书题签。余教授欣然应允,并提议用"书剑万里缘"。吴先生听了大叹:"真不愧是大师!"只添一字,问题便全解决了!(余先生题签书名的版本为台北联经出版社出版的"书剑万里缘")

不久吴先生来了个电邮,说他正在思考"书剑万里缘"这几个字能不能用英文表达,想了几个译法都不满意。这可难倒我了。吴夫妇有缘相识,是因吴先生从戎万里迢迢来到美国,战争结束后留下读大学;而他们结成连理后,生活都围绕着吴先生的图书馆事业,要用区区几个英文字传达,怎可能呢?朗诺和我一边吃晚饭一边讨论。我说"剑"这个字不能直译,否则时空错置了(anachronistic)。他说怎么不行?就提出六个可能。我饭后立即传给吴先生,并表示我最喜欢的是比较直白的 An Abiding Love Shaped by Books and the Sword;怎知吴先生选中的是 A Lifelong Romance Rooted in Books and the Sword,可见和我相比,他心境较年轻,更有诗意更罗曼蒂克。

婉迪很喜欢听吴夫妇谈往事,每次来录音,欣喜之情溢于言表。相信吴夫妇一起回味他们各自在四川成都和广东台山的童年与成长,在美国的事业与家庭点滴,也是一种享受。他们所提到的人与事,不少是我本来就知道的,有些洪业向我提过,还有些和周质平合作用英文写胡适与韦莲司的罗曼史时遇到过,经他们谈起,像是他乡遇故知,引起一阵阵惊喜。盼望读者们读这本合传,增广见识之余,也能感受到我们的喜悦和享受。

2020 年 12 月于北加州湾区

我是怎样认识
吴文津雷颂平夫妇的

书剑万里缘

——吴文津雷颂平合传

2013 年，我在斯坦福大学（Stanford University）东亚语言文化系读硕士，老师艾朗诺（Ronald Egan）教授刚从加州大学圣塔芭芭拉校区（University of California, Santa Barbara）到斯坦福大学任教不久。他是北美首屈一指的汉学家，圆眼镜后一双和善而清澈的蓝眼睛，私下一口字正腔圆的普通话，为人温文尔雅，颇有儒者之风，很受学生喜爱。我第一次听说哈佛燕京图书馆老馆长吴文津先生，就是在他的课上，他把吴先生称为"my beloved neighbor"（我亲爱的芳邻），言辞满含敬重欣赏之情。

艾朗诺教授 1970 年代在哈佛大学东亚系读博士，研究中国古代文学，几乎每天都会在图书馆和吴先生打个照面，没想到两人几十年未再见，后来竟成了邻居。

第二次听这个故事是在那年感恩节，艾朗诺教授和师母陈毓贤女士请学生们去家里吃火鸡。他们住在斯坦福大学附近的门洛帕克（Menlo Park）市，从校园骑自行车前往只需十几分钟，却果真如教授所预告过的那样"不太好找"。从车水马龙的大街拐进一条树荫浓密的小路，再拐进一条窄窄的巷子，巷子走到头，往左转藏着两栋白墙红瓦的二层小楼，较里面的是艾朗诺教授家，较外侧几乎一模一样的那一栋便是吴寓。

初次见到作为知名作家和学者的师母，发现她开朗活泼，与艾朗诺教授的平和沉稳形成鲜明对比。平时课堂上师生都需讲英语，私下聚会可以听教授用汉语谈天，大家觉得特别轻松亲近。教授说："2012 年我们找住处时对这里比较满意，但这房子要和邻舍合用车道，苏珊（师母的英文名）说那她要认识一下这家人。于是她就要过去敲门，我让她别去打扰人家，她还是去了，平时总是这样的——我说话，她不听。唉……"当时我们都听得很乐，尤其是教授的语气里有一种对师母风风火火、想什么就做什么的无奈，但这种看似无奈又流露出显而易见的爱慕。

师母抢着说：

我们原来在圣塔芭芭拉的家，窗外就能看到大海，朗诺准备到斯坦福来的时候，我就说："你得找到一个我喜欢的地方住。"后来看中了这个房子，我想问问旁边这家人，住在这里开不开心。敲门之后，吴先生和吴太太出来应门，我问他们住在这里感觉怎么样，他们说"棒极了！"我指着站在一旁的朗诺对吴先生说："我们可能会搬到这儿来，因为我丈夫要到斯坦福教书，他也会说普通话。"

　　于是吴先生走下台阶去问朗诺："你现在在哪里教书？"朗诺说："圣塔芭芭拉。"吴先生说："我有一个很好的朋友在圣塔芭芭拉教书。"朗诺说："他叫什么名字？"吴先生说："Ron Egan。"朗诺一愣，指着自己说："我就是 Ron Egan。"

**我们大笑，师母接着说：**

　　我记得很清楚，吴先生笑眯眯地把手搭在朗诺的肩膀上，慢条斯理地说到："Ron，我是 Eugene Wu！"两人

2014 年吴文津夫妇和艾朗诺夫妇在艾家共进晚餐，最左和最右分别为陈毓贤、艾朗诺

二十五年没见面，都比以前胖了，头发也少了许多，所以互相都不认得了。

我们又哄堂大笑。

那时候我完全没有想到，六年之后，我会有机会真正认识吴文津先生和雷颂平女士，并聆听他们夫妇详细讲述自己近百年的人生经历。

从斯坦福毕业后，我陆陆续续写过一些介绍美国知名汉学家的文章，师母看后就鼓励我写写吴先生和吴太太的故事，并把他们介绍给我认识。初次见到吴夫妇，是 2019 年春天的一个午后，第一印象是他们两位的面庞都粉扑扑的，衣着整洁，全身带着清新的气息，虽然已经九十七岁高龄，却完全没有一丝迟暮的味道。人们常用"矍铄"形容人虽老迈而精神健旺，似乎这是一种不合常理的现象，但吴先生和吴太太却神采焕发得如此自然平常，让人很难相信他们的实际年龄。吴先生面容慈祥，说话时声音洪亮，弯弯的寿星眉露着笑意，圆润饱满的耳垂引人注意，正合中国人所形容的福相。听师母说吴先生直到 2016 年下半年才停止自己开车，近来才用拐杖。吴太太娇小玲珑，看起来只有七十来岁，面容依然可见昔日的清秀灵动。她出身侨领之家，举手投足间有大家闺秀的风范，和师母一来一往热烈地讲着广东话。我一下子想起师母曾和我说，艾朗诺教授的中文启蒙老师白先勇先生曾到吴家做客，见过他们后大叫："哎哟，这对夫妇怎么那么可爱！"

把吴夫妇跟他们的籍贯——四川和广东联系起来，会一眼发现他们鲜明的地域特征，二人的差别是吴先生举手投足间没有洋味，一口纯正的北方官话，可知他来自中国，如果不是在无名指上戴枚婚戒，我几乎认为他就是一位地道的中国老人。吴太太说话时常自然地夹杂一段流利的英文，偶尔耸耸肩或摊摊手，神态很西化，便可知是在此地长大的华侨了。不过她还是常常显露出中国人特有的思维方式。人的生活习惯也许可以全盘接受另一种文化，但审美往往很难改变。一次，谈论起亲戚的孩子，她很感慨地大声告诉我们："好可爱啊！长得好好啊！又——肥——又——白！"我想美国人夸赞小孩外貌时形容词不会是"肥"和"白"的，她那乐呵呵、美滋滋的赞美和用词，俨然是如假包换的中国老祖母了。

和两位老人结识的初衷，是想做篇文章，写一写世界知名图书馆学家吴文津和太太。然而和这两位老人的密切接触，让我深深被岁月在他们身上醇厚的积淀所吸引，感到他们史诗般的传奇人生，很难用一篇小文容纳，于是萌生了为他们作传的想法。师母陈毓贤女士曾经用几年的时间采访哈佛的老教授、著名学者洪业（William Hung），她在1980年代用英文所写的《洪业传》由哈佛大学出版后，其中文版2013年在中国重刊时，曾被多家媒体评为"年度十大好书"。可以说是《洪业传》启发了我写传记的想法，于是我与师母商量，她不仅对这一想法极力支持，还建议我们每周在她家相聚。

我之所以决定采访吴夫妇并为他们作传，有这样几个原因：首先，作为一个在美国进行中国研究的留学生，我非常敬重吴先生作为世界级图书馆学家为推进学术发展所做出的贡献，也很想知道吴先生是怎样做出了如此出色的成绩；其次，吴夫妇已经年近百岁，依然身体健康、思维敏捷，他们夫妇二人近七十年的感情历久弥坚，我很想了解这其中的奥秘和智慧。除此之外，他们的人格魅力与气韵风度令我十分仰慕，我很愿意多和他们接触，沾染一点他们的气质。如今在世上，他们的同龄人已经不多，而他们可称为"传奇"的人生经历是值得保存下来的珍贵历史。

还有一点是有关我个人的。

我很喜欢师母陈毓贤女士在其《洪业传》再版自序中所说的话："我成长中受到各种文化潮流的滋润，这些潮流差不多也都滋润过洪先生，不同的是这些潮流对他是一波逐一波来的，而对我则同时冲涌而来，让我有点招架不住，我很想知道他怎样接受挑战。"这句话深深地触动了同样去国怀乡的我。

我出生在20世纪八九十年代之交的中国，受到传统文化的浸润和当代中国各种潮流的裹挟，离开生活二十多年的北京赴美求学，对西方文化既有距离感也有新鲜感。而在海外生活近十年后，忽然发现已经无法认同或适应自己原有的一些价值观和生活方式，但也没有完全融入到美国文化中。"逆文化冲击"让我彷徨，"我的中国"好像已经过去，而"我的美国"似乎不会到来，对于中美两种文化，我和它们的冲突似乎多于认同，在时间和空间上，我好像永远都是夹层中的迷失者。

在吴先生和吴太太身上，我看到了中国文化斩不断的纽带，也看到了他们扎根在美国的从容与自信。两种文化和生活在他们身上奇妙地和解了，或者说，他们自身已经与两种文化水乳交融，而我想知道他们是如何做到这一点的。

二

每个周三的下午，我们齐聚在师母家的餐厅，四个人，一壶清茶，一碟点心，再续一壶咖啡，谈上两三个小时。我常常想，我和师母的年龄相差40岁，而师母和吴夫妇的年龄差接近30岁，我们四个人的年纪分布在近一百年间，而我们的血缘又分布在广袤的中国大地上：吴先生来自成都，吴太太来自台山，师母是祖籍中山的菲律宾华侨，我则是土生土长的北京人。如今我们坐在一张小小的桌子边，窗外加州明媚又柔和的阳光透过树影，让瓷茶碗的边缘有种润泽的光，师母家小小的餐厅将我们生命中的一段时光亲密地拢在一起，而让我们彼此吸引的，是相同的华人血缘，是人生经历中彼此交叉的部分，还有我们同样热爱和珍视的东西——共同的文化、厚重的历史、人与人之间至真至纯的情感。

我们四个人的确是一个有意思的组合：吴太太和师母都是广东人且都是第三代华侨，而我和吴先生则来自北京和四川。吴先生曾多年担任东亚图书馆馆长，而我则是东亚系的学生；但我本科时读的是比较文学，这又和师母一样。吴夫妇和师母都是基督徒，他们的德行时时令我感动。我们四人，都曾经在西雅图华盛顿大学念书，而吴先生工作过的斯坦福大学，也是我的母校。因为这些"缘分"，我对他们所谈起的许多人和事，常常都有亲切感，即使是闻所未闻的，也怀着浓厚的兴趣。

吴先生谈话一贯严谨认真，每述说一事，时间、地点、人物、前因后果都极为清楚，像极了新闻写作的五个"W"——who（何人）、what（何事）、when（何时）、where（何地）、why（为何）。我每次提前发给他的问题提纲，见面时自己尚要再扫一眼备忘录；而他却往椅子上一坐，拐杖立在身前，双手交叠放在拐杖柄上，逐个复述我提的问题，朗朗回答，记忆力之惊人，思维之清晰，令我自惭形秽。

吴先生虽然一丝不苟，但言谈不乏幽默，他常常逗我们笑，自己也眯起寿星眉下一双炯炯有神的眼睛笑起来。吴先生的文章非常谨严凝练，他的文集由台湾联经出版，取名《美国东亚图书馆发展史及其他》，是极好的专业读物，却让一般读者有点望而生畏。可是如果面对面，就会发现他是一个说话很生动的人。吴先生有轻微的耳背，再加上听不惯我的京腔，有时需要我大声缓慢地讲话、翻译成英语，或是由师母重复。不过，即使听不太清我的问题，只由其中几个关键词生发开来，他也能讲得头头是道，把我心里的疑问解答清楚。

吴太太是广东人，在西雅图长大，退休后才开始练习说普通话。采访之前我们约好，吴夫妇用什么语言谈话都可以，我来事后整理翻译，但他们照顾我，绝大多数时间都说普通话。吴太太有个别词想不起来，会用广东话说，再由师母翻译。一次，美国当地一位记者来采访他们，我也在场，看到吴太太讲英文流畅优美而不假思索，比讲普通话轻松太多，心里暗暗觉得对不住她。

吴先生谈图书馆学头头是道，但生活家事方面就处处需要吴太太这位贤内助补充，比如吴先生说当年从西海岸的斯坦福搬到东海岸的哈佛，房子卖了某某价，吴太太就在旁边比手指头，以示纠正，谁掌握财政大权一目了然。吴太太常给吴先生的谈话补充些感性的细节，我们都听得津津有味。有次提起他们住在波士顿时，家里有只漂亮的猫，吴先生上班开一辆较小的汽车，吴太太要带孩子所以开的车大一些。吴先生每天回家，猫儿都跑来迎接他，他到车库门口必停下，把猫抱进车，再开进车库。吴太太并不知道这件事，一天她开着吴先生的车回家，猫儿就照常到车前等，她毫无察觉。

> 那天我开着他的车回家，根本不知道猫会在车库门口等，一下子撞上它，只听它嗷的一声，跑进院外的树林就不见了。房子后面是好几亩的森林，他们都进去找，也没有找到。那几天我成了家里的"敌人"，根本没人跟我说话！后来我女儿挖了一个坑，给猫立了个小小的墓碑。就只有我一个人哭，他们都不理我！

吴太太边说边朝吴先生的方向翻翻白眼，用手捂住脸，一副往事不堪回首的样子，我实在顾不上哀悼那只还有个"衣冠冢"的、上个世纪中叶辞世的猫，忍不住咧嘴笑了起来。

从前介绍吴先生抗战经历和学术贡献的文字并不少，但鲜有触及他的家庭。能在这本书里讲述他们将近七十年相濡以沫的婚姻生活，是我一点"不务正业"的私心。他们幸福的"秘诀"，从两个人如何回忆往事就可见一二。我总结了三点：

首先是彼此的了解和兴趣。我发现，即便是聊到二人的生活中完全不交叉的部分，关于对方，他们也有很多话要讲。例如吴先生抗战期间作为空军翻译官的经历，又或是吴太太童年移民美国的经历，他们虽然没有参与对方那一段的人生，但常常可以替对方讲上一大段，可见他们多年来有极多的交流，而对对方的人生经历抱有极大的兴趣。

其次是相互的欣赏和尊重。吴太太曾说她总觉得吴先生的事就是最重要的，因此即使有时要一人操持全家，也从不觉得辛苦委屈；而吴先生的言语之间，从不掩饰他对吴太太无所不能、独当一面的信任和欣赏，因为他们各自都有独立的成就，在对方的眼中才分外可敬可爱。

最后就是他们对往事的珍视。一张学生时代的老照片，两个人闭上眼睛就能准确说出谁在第几排第几个，足见他们都是极重感情的人。聊起熟悉的过往经历，他们依然会一同或大笑，或唏嘘，有时眼睛还会湿润。回忆的根须已经深深扎进时间的土壤，近七十年的风风

吴文津（中）、陈毓贤（右）与斯坦福大学图书总馆顾问邵东方（左）2015年在斯坦福东亚图书馆

雨雨，将他们的感情浇灌成了一棵枝繁叶茂的大树。

　　生活中的他们——用现在年轻人的话说——真的很"黏"。之前说要采访他们二人，吴太太就说自己不必来，经不住师母再三"劝驾"——理由是吴太太可为吴先生说的话做补充，而且吴太太讲讲话，也让吴先生休息一会儿，以免说得太累——于是吴太太每次必到。两个人在一起，你说我听，互相补充、偶尔调侃，配合默契，让人感到他们彼此真是缺一不可。师母给我讲过一件特别可爱的事情："吴先生要去补牙，吴太太问：'要我陪吗？'吴先生模棱两可，她就去做自己的事了，结果临出门吴先生说：'你不和我去吗？'原来还是想她去！"快百岁了还这么甜蜜，真是羡煞旁人啊。

　　无论是工作时还是退休后，吴先生作为著名的图书馆学家一直被追访，因此对于作传，他总是谦虚地说不必了，但我想他的人生故事不能只局限在一两个篇章里，还应当有更全面、完整、详细的记录。许多人对为吴文津作传这一想法不会惊讶，之前师母陈毓贤女士也曾有过这一想法。但是对我来说，这本书从一开始就应该是一本"合传"，因为吴先生绝不仅仅是一位杰出的图书馆学家，还有许多其他

13

人生角色，而他的人生历程，又与他七十年的婚姻密不可分，离开吴太太雷颂平叙述他的人生，就怎么都不会是完整和圆满的。

## 三

我非常感激他们的分享，近七十年的年龄差让我们在知识、阅历、思维方式等方面都有巨大的差异，但他们亲切而毫无保留地接纳我进入他们的世界。师母曾经记下艾朗诺教授对吴夫妇的一个评价，这话是他讲给著名学者张隆溪的，我认为十分准确："吴文津和雷颂平最棒的地方就是他们总能跟上你的思想和话语，你跟他们说话时完全不用因为他们已经是九十多岁的人了，而在说话方式和内容上迁就他们。"此言不虚，人们总说五年的年龄差距就可以形成"代沟"，但我与年龄相差七十多岁的吴夫妇却从无时间隔阂感，他们不仅属于他们年轻时的时代，也确确实实地活在当下。

采访吴夫妇给我最大的震动，是他们乐观超然的人生态度。从前我并不觉得自己非常悲观，但自从开始采访吴先生和吴太太，忽然觉得自己和他们相比想事情总是很"负面"。

当年吴先生在美国参加中国飞行员的培训项目，项目结束之后，国民政府承诺这些为参加抗战而投笔从戎的青年，可以在美国把大学读完，由政府资助学费。后来内战爆发，国民政府自顾不暇，承诺自然泡了汤，于是昔日的少校翻译官，也要到餐馆里打杂，在工厂里做工，去赚一点曾经不屑一顾的小钱。

我问：从前做翻译官时，地位高、待遇好，突然要打零工，心理落差大不大？吴先生笑着说：年轻时不在乎，也不觉得苦，别人还有更苦的。

后来又听吴太太讲到他们刚结婚时，在西雅图租一间小房子，房间只能放下一张床，小得不能再小的厕所，洗澡时忘了拿肥皂，一步就可从厕所迈出来，拿了肥皂，再一步跨回去。

我问：您结婚之前是侨领富商家庭做阔小姐的，这样因陋就简的生活是否过得惯？吴太太笑笑说：没关系啊，当时也知道，这样的情况不会持续太久。

又比如吴太太说起吴先生曾出差到全世界周游一年，考察各地图书馆的情况，她一个人在家筹备卖房子搬家，照顾一双儿女，在我听来这是一个有点凄凉的故事，但她津津乐道，分明是在讲年轻时的骄傲事。吴先生说起在哈佛的最后十年，图书馆要面临自动化变革，常要到世界各地募款——"对中国人来说，伸手向别人要钱，大抵都是不愿意的"，我正心里替他发愁，他紧接着说："不过既然有这个需要，也是一种挑战。"

我从吴先生和吴太太身上看到了对一切人生苦难的云淡风轻。或许有人会说，经过如此长的时间洗礼，一切不愉快的记忆都可以变得无关紧要，但从他们的叙述中，我能感到他们的释然不是在描述当下的感受，而是在回忆当时的心境，并不是时间让他们豁达，而是这种豁达让他们走过了如此长的时间。

相比他们的达观和从容，我感到自己的格局要小很多，我们从小被教育要"刻苦"，可当我们长大成人，发现一些苦涩和苦难"刻"

2019 年 6 月作者与吴文津、雷颂平共同庆祝吴氏夫妇结婚 69 周年

15

不动的时候，我们会感到无力和彷徨。在喧嚣的时代洪流里，我们急于想要证明的那个自己是如此渺小，于是我们终日生活在焦虑中，用放大镜端详着自我的焦虑和贫乏，而忽视了我们拥有的时间和健康。我们总觉得自己应该和什么"战斗"，于是终日被假想敌弄得身心俱疲。曾经以为，从战争中走来、在异国他乡打拼的人老去之后，都会有一种如"抗争史"一般斗志昂扬的过往，或者一个教会我们"战胜"困难的"人生指南"，但他们的故事却是那么平和从容、安详美好。

## 四

在这本书的一开始，我要特别感谢我的师母陈毓贤女士，在我提出为吴夫妇作传后，她不仅积极促成此事，奉献时间精力，还为我们每周的谈话提供场地，将她在 2012 至 2018 年间收集的有关吴夫妇的材料无私地供我使用，其中包括这些年来两位老人的生活点滴和嘉言妙语。这些自然而然的流露，是在短时间内再密集的采访也无法快速捕捉的。

师母总说吴先生和吴太太如今仍然身体健康、思维敏捷，而我对他们的人生经历也充满兴趣，替他们作传可以说是天时地利人和，但如果没有她的提议和帮助，没有她的敏锐识察和促成此事的热情，就没有今天这本书。

《礼记·学记》中说："善待问者如撞钟，叩之以小者则小鸣，叩之以大者则大鸣。"吴先生吴太太性格恬淡，不爱主动宣扬，须得有我和师母这样的叩钟之人，而他们的答语，总像是叩钟之后，发出的悠扬悦耳的回响，袅袅余音，沁入心田。

第一章

# 从「四书五经」到《葛底斯堡演说》

自从认识年近百岁的吴文津、雷颂平夫妇后，每次见面前，我总央求他们带些从前的照片和资料给我看。有天吴先生拿出一张歌词，那是1997年他从哈佛大学退休时图书馆同仁唱给他和吴太太的歌，其中有一首是改编的《高山青》，原歌词是：

> 高山青，涧水蓝。
> 阿里山的姑娘美如水呀，
> 阿里山的少年壮如山。

图书馆的同仁们把这一句改成：

> 高山青，涧水蓝。
> 台山县的姑娘美如水呀，
> 峨眉山的少年壮如山。

雷颂平祖籍广东台山，吴文津来自四川成都，两人在美国相识相知，伉俪情深，这改编恰如其分又别致有趣，所以那天他把这张旧歌词找出来，我们看过后一同大笑。

吴文津本是土生土长的成都人，他说一口标准的北方官话，声音洪亮有力，举手投足间有种天然的大气，也很有北方人的豪放。除了标准的普通话之外，他不仅英语流畅，广东话也会讲，倒是未听得出巴蜀的语音腔调，这可能与他离开家乡近80年有关。不过相处久了，的确能从吴先生身上感受到四川人直爽的性格和蜀地悠久文化的熏陶。

## 身世与童年

吴文津于1922年（民国十一年）阴历七月十二出生于成都，他的祖父是清朝"湖广填川"时从湖北麻城孝感乡（与今孝感市无关）移民四川的。明末清初时蜀地饱经战乱，人口大规模减少，清代张烺撰写的《烬余录》记载："今统以十分而论之，其死于献贼（张献忠）之屠戮者三，其死于摇黄之掳掠者二，因乱而相残杀者又二，饥而死者及二，其一则死于病也。"因此清朝政府鼓励外省移民，吴家祖上最初从湖北迁到四川乐至县，后来定居成都，大概是因为念旧，所以吴家人从前都说自己是乐至人。

吴文津的父亲吴荣本（1874—1924）字绍良，曾经担任过四川省警务处处长、四川省政府军法处处长等重要职务，与当时的四川省督军刘存厚（1885—1960）关系甚密。对于父亲早年的经历，吴文津了解不多，只知道他家境清寒，却从中国两所最著名的军事学校毕业。

> 我父亲可能是唯一一个从中国两所著名军事学校毕业的学生，一个是朱德就读过的云南陆军讲武堂（又称昆明讲武堂）[1]，一个是蒋介石就读过的河北保定军官学校[2]。那个时代蜀地交通很不方便，从四川到外面，难乎其难。去云南读书还算容易，翻过山就到，河北那么远，祖父早逝，父亲是寡母一人辛苦带大的，家里不可能有钱把他送去读书。他为什么能够先后在云南陆军讲武堂和河北保定军官学校读书，我也不知道，也没问过我妈妈。他学成回到成都，当时的四川省督军刘存厚就派他去做四川省警务处长。我想他上学也许是刘存厚补助他去的。

吴文津的父亲任军法处处长期间，颇得刘存厚的信任，掌握生死大权，许多著名的军阀将领，包括邓锡侯、刘文辉和田颂尧等都曾经是他的手下。[3]

[1] 云南陆军讲武堂，又称昆明讲武堂，原是清朝为编练新式陆军，加强边防而设的一所军事学校。建立时与天津讲武堂和奉天讲武堂并称三大讲武堂，后与黄埔军校、保定陆军军官学校齐名。旧址位于昆明市五华区翠湖西侧，紧邻云南省图书馆。

[2] （保定）陆军军官学校简称保定军校，创办于1912年的河北省保定市，是中国近代史上第一所正规陆军军校，停办于1923年，校址前身为清朝北洋速成武备学堂、北洋陆军速成学堂、陆军军官学堂。

[3] 《四川文史资料选辑（第十四辑）》中邓锡侯和田颂尧所回忆的《1917年成都罗刘戴刘之战》，记有"护国运动"期间，吴荣本代表刘存厚与时任滇黔联军右翼军总司令的戴戡（1880—1917）进行军事会议。还有"护国运动"期间时任护国川军总司令部上校联络参谋的杨思义回忆的《刘戴成都巷战亲历》，也记有刘存厚派吴荣本代表自己安抚杨的事。

小时候逢年过节，虽然我的父亲已经过世，家里还是要张灯结彩地把一些他在世时部下送的对联挂起来，其中有一副红缎子是为我已故的婆婆（我们称奶奶为婆婆）做寿宴时的贺联，我记忆中上联是"吴老太夫人寿辰志庆"，下联是"属 邓锡侯 田颂尧 敬贺"。

有些描写军阀混战时期的小说中提到过吴父的名字，但内容均为臆造，不可以史料视之。1992年甘肃人民出版社的《中华民国时期军政职官志》记有全省警务处长兼省会警察厅长"吴本荣"，应为"吴荣本"之误，不过吴父以字行，多称"吴绍良"。

吴文津1960年到台湾时曾前去拜访自己的同乡、国民党元老张群（1889—1990，字岳军），竟然发现岳军先生知道自己的父亲。这是他一生中唯一一次与认识自己父亲的人交谈，至今想起，仍觉得"是一个很大的震撼"。

中国人见面时，特别是年长者见到年轻人，总是要问一些有关家世的问题。所以岳军先生就问我是四川什么地方的人、家里是做什么的等问题。当我说到父亲吴荣本早逝，他立刻就问："吴荣本是不是吴绍良，当时担任过四川全省警务厅厅长？"我非常诧异，说："是的，您怎么知道？"他笑了一下，说："我是接他的事的！"我也不好多问，只好压住好奇心说了一句："哦，您原来知道他！"后来经查证，才发现他参加了孙中山先生1917年发起的"护法运动"，于1918年随刚就任四川靖国军总司令的川人熊克武（1885—1970）推翻了当时四川省省长刘存厚，我父亲为刘存厚指派的人，因之下台。遗职遂由岳军先生继任。

吴父卸任四川省警务厅厅长以后，曾经做过成都新津县[1]的县

---

[1]　新津县隶属于四川省成都市，位于四川盆地西部，成都市南部，自北周定名，相袭至今，已有1450年历史，为川西重要的物资集散地和交通枢纽。

长，在他上任的那一年（1922 年），家中第五个孩子降生，吴父就为这个儿子取名"文津"。

> 我父亲为子孙定下的字辈是"文章华国、礼让传家"，子女取名的第一个字都是"文"，算命的人和我父母说，我们兄弟姐妹命中缺水，所以第二个字都和水有关，不是三点水作为偏旁的字，就是和水有密切关系的字。我们兄弟姐妹从大到小是吴文洁、吴文润、吴文泉、吴文春、吴文津。我还有一个妹妹，因为是另一位母亲所生，因此名字中不带水，叫吴文锦。

很多人以为吴文津的名字取义与书相关，因为著名的清代"四库七阁"（指收藏"四库全书"的七大藏书阁）其中之一就是承德避暑山庄的文津阁。藏书楼最怕起火，起名都选有三点水的字。1931 年，文津阁内的《四库全书》移入北平图书馆新馆（今为中国国家图书馆古籍馆），馆舍门前的大街因此定名。虽然吴文津的名字与此无关，却似乎预示着他的一生将与书结缘。

父亲在吴文津两岁时因肺病英年早逝，因此他没有任何关于父亲的记忆，唯一的印象是挂在家中墙上父亲的大照片——燕尾服、大礼帽、金丝眼镜、小胡子。1979 年，时任哈佛燕京图书馆馆长的吴文津在阔别三十余年后回到家乡，母亲早已去世，他问亲人一直挂在家中的父亲遗照在哪里，可否印一份给他，才知道照片已经在"文革"时毁掉了。因此，吴文津并没有任何父亲的遗物，在我们的谈话中，吴文津常常谈起父亲，但也遗憾自己对父亲所知不多。

> 我的两位母亲从未提起任何关于我父亲的事情。我想她们也不知道。当时做妻子的只是管家务，对丈夫的公事都是全然不知的。

写作本书时，我从《新津文史资料选辑》中的《建国前新津部分县长二三事》中发现一段有趣的资料——"吴荣本责打城隍"。根据其记载，当时新津县有座建于明代的城隍庙，清代和民国时期都经过重修，香火极盛，信众很多，每年城隍生日出驾时都鸣锣开道、旗幡如云，不仅有人粉墨登场扮作侍从陪同游街，还有数不清的善男信女和看热闹的观众前呼后拥，排场甚大。吴父新上任县知事，却当众将这位威风赫赫的"城隍老爷"狠狠打了四十大板。

原来，新津县的龙马寺（今龙马乡）有个姓董的富户，其父母为女儿择婿时"翻山"（四川方言里指女方择婿时高不成低不就，致使女儿过了嫁龄还未找到人家），后来其女精神错乱，常说："城隍老爷要抬花轿娶我当城隍娘娘啦！"此女因病去世后，其家人办了一场"冥婚"，将女儿送到城隍庙，不仅在庙中修了新房，置办了全套嫁妆，还塑了"城隍娘娘"的像。每到逢年过节或董老太太生日，董家都要用八人抬的大轿将"女儿""女婿"的木偶像抬到董家过节、拜寿，县人称为城隍老爷走"老丈屋"。

根据《新津文史资料选辑》的记载：

> 民国十一年（1922）七月，吴荣本被委来新津任县知事。时在九月，他为一桩疑难命案，顺应当时民间习俗，也来城隍庙抽签祈祷。当他到大殿时，发现神座上城隍的木偶像不见了，传来庙祝问询，才知道城隍老爷陪同城隍娘娘到龙马寺老丈人家去了。吴知事登时大怒，立命差役急将城隍木偶像追回，并责城隍擅离职守，有负民望！还命差役取下大殿上站班鬼役手中毛头大扳[1]，将城隍木偶像翻仆在地，狠狠打了四十大板。
>
> 事后，吴知事怒犹未平，还特制楹联一副悬挂于殿前柱上以讽之。上联是："袭河伯娶妇之狂，问大王何以辅德！"（城隍又称辅德大王），下联可惜已无人能够回忆了。

---

　　[1]　《建国前新津部分县长二三事》原文作"扳"而非"板"，可能为原作者之误。

河伯娶妇是《史记》中的著名故事，讲的是魏文侯时西门豹为邺令，问民疾苦时得知当地的元老、官吏和巫祝以给河神娶妻消除水患之名，搜刮民财压榨百姓，令无辜幼女丧命，就设计将巫祝等人投入河中，废掉了这一陈规陋习。吴父的楹联表面嘲讽城隍娶妻的荒谬狂悖，实则警示那些借着装神弄鬼而作威作福的人。《新津文史资料选辑》中还记有吴父在城隍庙中的另一副楹联，是用县令的口气与城隍对话——"本是我同寅，恐气味不同，先笑倒两廊鬼判。亦须君助理，使奸邪早败，再拿交十殿森罗。"上联说的是自己与城隍本是同僚，都是一方父母官，但自己与城隍"气味不同"，并非一路，下联则说城隍也该帮助自己办案，而所有的奸邪之辈不仅要在尘世受到惩罚制裁，也终逃不过阴司的审判报应。这两副楹联体现了吴父尊重当地民俗文化，但仍坚持"以民为贵"的思想，绝不将所谓的"城隍老爷"和其附庸凌驾于黎民百姓之上。

吴父到新津县刚上任，趁此机会让老百姓知道他连城隍老爷都不怕，果敢、机智、幽默，可见一斑。吴文津第一次听闻此事也感到非常有趣。

吴文津幼年时父亲病故，有个不太亲近的叔叔也早早离世，母亲杨淑贤（1890—1959）是一家之主，和父亲的另一位妻子蔡佩兰（1892—1978）在大宅子里抚养六个孩子。两位母亲的出身和家世，吴文津并不十分清楚，但一家人在一起时的温暖，依然历历在目。

> 我母亲是云南人，是父亲在云南讲武学堂时期成婚的，我小时候交通不便，家中和母亲的娘家没有来往，也不知道母亲家里的景况。我的另一个妈妈蔡佩兰，我们叫她"新妈"，是河北人，她是我父亲在河北保定军官学校时娶的，生了我的妹妹吴文锦。新妈和我的妈妈一样，跟父亲回四川后，就再没有回娘家过。在我的记忆中，新妈一直都讲很地道的成都话。我的哥哥姐姐也把新妈当作自己的妈妈，全家人在一起非常和睦。

吴文津的母亲杨淑贤和二姐吴文洁

在吴文津的印象里，母亲虽然不识字，但游刃有余地操持着一个大家庭。吴文津称赞母亲精明能干，这种敬重之情与他对妻子雷颂平的欣赏很相似。后来他开始在图书馆界工作后，和素有"女强人"之称的铁娘子芮玛丽（Mary Wright）的合作也十分愉快融洽。谈到人生中重要的女性，吴文津从不吝惜感激和赞美之情，也许是儿时的耳濡目染，让他对所有自强自立的女性怀有敬意，其中也包括他从未谋面的祖母。

> 我的婆婆（指祖母）很早就去世了。她早年守寡，用做手工活把我父亲带大。她在家用来搓蜡烛芯的一块又大又圆的木头砧板，使用多年后，中间已经陷下去了。那块砧板一直留在我家里作为纪念。我妈妈常常用砧板提醒我们，祖母如何辛苦把父亲带大，我的父亲又如何在贫困中挣扎，才有了后来的成就。所以我就不敢再偷懒，要勤力读书了。

吴文津的童年时代，中国和世界正发生着剧烈的变化。第一次世界大战结束不久，新思想和新文化如一阵清风吹进古老的国土，然而更加沉重的战争阴霾也在渐渐逼近。尽管如此，在他的回忆里，故乡

**成都依然是一个安静美好的城市，处处弥漫着历史文化的气息，只是记忆里的成都风物，许多已经不复存在了。**

我小的时候，成都还比较古老，分东、西、南、北四个门，还有城墙，我们就到宽宽的城墙上放风筝。城里有东大街、西大街、南大街、北大街。小时候成都还有个皇城[1]，那时候的东校场、西校场、南校场、北校场则是练武的地方。

家里书院南街的大宅子有好几进院落，门房里的房梁上挂着很多轿子，那是从前父亲出门拜客用的。后来我们在东珠市街的家，印象最深的是门口有两个大石狮子。我离家后1979年第一次回成都，书院南街的房子已经拆掉了，东珠市街的房子还在，只是门口那一对狮子已经搬走了，院子里一共住了六家人。

父亲留下了一些田地和产业，家境还是不错的。记得秋天的时候，佃户会把一斗一斗的米送到家里，我还跟母亲到城里收过租。我们的大宅子有三进院落。家里有几位佣人：厨房有个个子很高的陈婆婆，裹着小脚；家里还有个几十年的老妈妈，晚年不能做什么事了，还住在我家；我和妹妹有过一个奶妈，带大我们的则是一个保姆，还有打杂、看门的共三四个人。每年春节前一个月，裁缝就会到我家来住上一个月，每个小孩都有一套新年的衣裳。

**吴家气氛融洽，母子、主仆之间都可以叫绰号。**

我两三岁的时候，不知道怎么把一个玻璃扣子塞到鼻孔

---

[1]　成都皇城原位于成都市中心，今天府广场、四川科技馆处。当地百姓称之为"皇城坝"，1655年前，皇城一直名副其实地被蜀王和地方割据首领所占据。清朝时期蜀王府改为四川省每三年一次科举考试的地方，称为"贡院"。民国时期曾先后被用为军政府和其他民政机构，四川大学也曾在此办学。1949年后随着城市的改扩建工程而被逐渐拆毁。

里去了，大人也不知道，过了一段时间，竟然发臭了！那时候没有知识，也没人带我去医院看，搞了一两年都是这样。除了我妈妈和奶奶，没有人愿意接近我。大家都叫我"臭鼻子"！最后它自己掉出来了，鼻子终于不臭了。

我小时候还有一个别号叫"老哥子"，因为我虽然人小，但是行为举止很老气。我那时候还不到十岁，不仅佣人这么叫我，连我妈妈都叫我老哥子。

吴文津渐渐长大，可以履行一些家中儿子的责任。他家有一间很大的堂屋，里面设有祖父、祖母和父亲的排位。吴文津的哥哥（他称"三哥"，因为那时候吴家还是大排行，要和叔伯的子女排在一起）是家里的长子，每天早晚他都和吴文津去堂屋上香，他不在家时，逢年过节祭祀祖先牌位就是吴文津的任务。他还记得家里有个年纪很大的老佣人，慢慢地走着，带他去上香。逢年过节时家里也会上供，过年时磕头拜年就会得到红包。除了这些传统的规矩，吴家也有新派的生活场景——安电灯。吴文津至今记得家里点亮第一盏电灯时，那种激动雀跃的心情。

我们小时候家家户户点的还是油灯，30年代的某一天，我们家安上了第一盏电灯，虽然那只是一个裸露在外的电灯泡，但点亮的那一刻，还是很激动人心的！

吴文津少年时的记忆大多是欢乐的。他记得中秋节时，要吃一种麻饼，薄薄的外皮又香又酥，里面裹着枣泥。中学时，他和同窗们一起骑车到新都的桂湖玩耍，湖边开满了金色的桂花，远远就能闻到扑鼻的香气，他还常跟家里的佣人一起去茶馆。

起初我几次想请吴先生谈谈儿时成都的风土人情，他都一带而过，大概是记忆遥远，不知从何说起。直到2019年我从成都旅行回到美国，给吴先生带了老字号"陈麻婆"的麻婆豆腐料包作为礼物，吴先生才眼睛一亮，说起自己小时候就喜欢吃"陈麻婆"亲手做的麻婆豆腐。经我追问细节，他终于打开话匣子：

> 似乎是我在上小学的时候，母亲初次带我去陈麻婆那
> 里，后来我的哥哥姐姐也带我去过几次。那个地方就在城
> 墙外，是个小店，不是大餐馆。我记忆中陈麻婆是个身量
> 挺高的中年妇女，脸上长着麻子，缠着足。如果想点麻婆
> 豆腐，只要告诉她几块豆腐、几两肉，她就可以现场制作，
> 又香又辣，价钱只要几个铜板。那里的豆腐最出名，但也
> 有其他小菜。

　　1987 年，吴文津的朋友、历史学家埃伦·施雷克（Ellen Schrecker）和约翰·施雷克（John Schrecker）夫妇共同出版了一本四川食谱，其中"麻婆豆腐"一栏专门提到了吴文津对故乡美食的回忆。埃伦·施雷克在书中写到，1969 年她同丈夫在台湾学习时，遇到一位姓"Chiang"的女士（应当是中文的"姜"或"蒋"），她来自四川乡下一个富裕人家，与一位军人结婚后辗转定居台湾，既是好厨师、又是美食家，能做上百种美味佳肴。其时，他们夫妇正在哈佛大学读博士，对她的厨艺不胜倾倒，就请她到美国担任家庭厨师并帮忙照顾孩子。这位中国女士很快适应了美国的厨房和原料，烹饪出了美味无比的川菜，也最终促使这对夫妇出版了这本食谱。考虑到美国读者的情况，所收录的菜肴都是原料相对易得、制作比较简单的，在每一道菜的前面都有一段文情并茂的介绍。在麻婆豆腐的食谱中，特别提到了哈佛燕京图书馆的吴文津是土生土长的四川人，曾经吃过"陈麻婆"本人所做的豆腐。只不过施雷克夫妇在书中将麻婆豆腐翻译成"Pock-Marked Ma"，那就是"马麻婆"而非"陈麻婆"了。他们可能没弄清楚，"Ma"是指这位婆婆脸上的麻子而非姓氏。

　　1970 年代的美国，正宗中餐十分匮乏，施雷克夫妇的这本食谱被誉为"美国第一本正宗的四川食谱"，流传甚广。有趣的是夫妇二人后来都成为著名学者，施雷克先生在布兰迪斯大学（Brandeis University）教授中国历史，并多年担任哈佛大学费正清中国研究中心

的研究员，而施雷克夫人则先后在哈佛大学、普林斯顿大学、纽约大学、叶史瓦大学（Yeshiva University）等高等学府教授美国历史，是研究麦肯锡主义（McCarthyism）的专家，但他们世俗的名气却因这本食谱而来。此书销路极好，80 年代还再版过一次，吴先生对川菜的回忆也因此飞进千家万户。2019 年吴夫妇接受当地报纸《帕罗奥托周刊》（Palo Alto Weekly）的采访发表之后，还有人在这家报纸的网站上留言，说自己记得这位吴文津就是《四川食谱》里介绍麻婆豆腐的那一位。

当然，吴文津记忆里的故乡美食还不止麻婆豆腐——

除了陈麻婆那里，我印象中常去的还有"竹林小餐"，他们的招牌菜是蒜泥凉拌白肉。小时候比较喜欢的地方还有"邱胡子红油辣子豆花"和"皇城坝牛肉馆"。记得有些地方没有堂吃，可以点菜带走，我爱吃的是"盘飧市的卤味"，那时候大街上卖的锅盔也很好吃，里面可以放卤肉和粉蒸牛肉。

竹林小餐创办于清末民初，创办人叫王兴元，据说是因为仰慕"竹林七贤"才起了这个名字。这里的白肉师傅蒋海山号称"江湖一把刀"，片出的肉薄而匀称，就像木工的刨花，调料也极其讲究，因为其白肉闻名蓉城，因此这道菜又被称为"竹林白肉"。邱胡子红油辣子豆花据说是因为姓邱的老板胡子很长而得名，因他笃信佛教，所以饭馆牌号写为"邱佛子"。皇城坝牛肉馆是一家清真餐厅，而盘飧市则是成都老牌的腌卤店，店名取自杜甫《客至》诗中"盘飧市远无兼味，樽酒家贫只旧醅"一句。近百年过去了，这些美食在吴文津的回忆里依然活色生香。除了下馆子，家中和街头的食物也令人怀念。

平时家里常吃回锅肉，腊肉、香肠都是在自己家里做。那时候家里用灶，灌制好的肉肠涂上盐在烧柴冒烟的地方挂几个月，味道非常好。一年四季，都有自制的肉挂在那里。

以前鸡肉比猪肉牛肉都要贵很多，鸡都是自己养的，杀一只鸡是件大事，我们小孩过生日的时候，才给煮一个鸡蛋。因为不是人人都有，所以过生日的小孩要去门后吃，免得别人看着眼馋。

我最美好的回忆之一就是每天早晨街头的小贩会沿街兜售"蒸蒸糕"，蒸蒸糕是用米粉做好后蒸熟的，里面有糖或豆沙。小贩的叫卖声在家里都能听到，于是小孩子都跑出门去，等着糕蒸熟，现买现吃。我和所有的小孩一样，喜欢吃甜食。

**因为太爱吃甜的，吴文津还闹过"喝醉酒"的笑话。**

小时候家家用糯米发酵酿酒，我们成都叫醪糟，据说吃醪糟对身体有益处，最受欢迎的做法是醪糟鸡蛋。做好的醪糟放在一个小坛子里，像泡菜坛子一样。我们家房子很大，有一间专门摆杂货，醪糟坛子就在里头。我那时候大概七八岁，很喜欢吃醪糟，没事就跑去偷偷吃一点，觉得很甜，很好吃，有

2001年吴文津夫妇与女儿吴章玲和吴文津的四姐吴文润在洛杉矶

> 一次吃太多，醉了，就睡在坛子旁边，家里人怎么找也找不
> 到，最后看我睡在醪糟坛子边。他们可怜我，也没罚我。

多年以后雷颂平陪吴文津回老家时，把吴文津带大的四姐还讲起这件事，说他小时候除了"偷酒喝"以外都很乖，雷颂平听得津津有味。

除了饮食，吴文津儿时的另一美好回忆是看电影，这是当时才传到成都不久的时髦娱乐。给吴家看大门的佣人有个儿子在电影院卖花生，常常带孩子们去看免费电影（这个年轻人后来又做了电灯匠，吴家的第一盏电灯就是他装的）。吴文津记得小时候最喜欢看的电影是武侠片《火烧红莲寺》[1]，那时候的电影很少有特效，而《火烧红莲寺》开此先河，精彩的特技镜头取得了爆炸性的效果。吴文津至今提起还很激动，他眉飞色舞地说着，还少见地摇头晃脑起来，手上模仿着电影里的动作，像是回到了少年时代。

> 《火烧红莲寺》一上映就引起了轰动，当时觉得太好看
> 了！那时候看到人伸出手指一点，就有一道光，好精彩啊！

20世纪二三十年代的中国有不少经典影片，当红影星有"电影皇后"胡蝶、主演《渔光曲》的王人美、很早就香消玉殒的阮玲玉，后来又有赵丹、金山等新人，至今吴文津还能如数家珍。他印象深刻的还有电影院中播放的无声外国电影，有一个人站在电影院里拿着话筒给观众解释。吴文津至今提起还哈哈大笑："电影一边放他就一边讲，也不知道他说得对不对。"我问他抗战之后做翻译官是否多少受这个经历的影响，他连连说："没有，没有。电影院里那个人，大家根本不知道他说得对不对啊！"一边说，一边又笑出声来。

抗战以后，重庆成为陪都，四川作为大后方，得风气之先，各行

---

[1] 《火烧红莲寺》取材于20世纪20年代在中国流行一时的武侠小说《江湖奇侠传》，带动了中国电影史上第一次武侠神怪热。

1979年吴文津第一次从美国回乡，与哥哥吴文泉、嫂嫂谭培之合影留念

各业都从东南沿海搬到内地，电影公司也在成都招考演员，吴文津的哥哥相貌颇为英俊，想要前去应考做电影演员，因那时演电影并不是什么受人尊敬的职业，受到母亲严厉的惩罚。

> 电影公司一招人，哥哥要去报考，妈妈听见了，大发雷霆，不准他去，还叫他去堂屋里跪着！

吴家五个兄弟姐妹都受到良好教育，除了严格的家庭教育外，也得益于成都当时浓厚的文化氛围。清末民初时，有大批文人学士汇集在成都，其中不乏状元、进士、举人、知府、翰林、御史等，曾有"蜀地文风盛汉时"的盛况。吴文津在成都上的小学是一间私塾，是"大成中学"的附属小学。大成中学是由当时成都"五老七贤"中的主要人物徐炯[1]所创办，吴文津就读的小学规模不大，每班有一二十

---

[1]　徐炯（1862—1936）字子休，号蜕翁，别号霁园，华阳县（今成都市双流区）人，早年设帐于江南会馆，清末改称"泽木精舍"，又创办"孔圣堂"（即后来的"大成中学"），他还开办"四川通省学堂"，任四川省教育会长，对四川教育事业贡献良多。

2005年吴文津与妹妹吴文锦

人，虽然已是民国，但学校里依然尊孔读经，每天上学念的是《三字经》《百家姓》《千字文》和四书五经，后殿供着"大成至圣先师孔子之牌位"，每逢农历朔望和孔子的诞辰，所有学生都要去上香。周一到周六上学，周六那天要背书，背不出来老师打手心。在私塾读书的经历让吴文津得以打下了中国传统文化的扎实功底。

吴文津谈起这些趣事津津乐道，但无忧无虑的少年时代过去后，迎接吴家兄弟姐妹的却是多舛的人生。吴文津这位想做影星的哥哥后来上了专门学校，做了会计师，1949年后做站柜台的营业员，心情苦闷，1980年去世。嫂嫂谭培之，乐山人，成都树德中学和重庆女师毕业，曾在银行及学校工作，"大炼钢铁"时代，因身体原因不能工作，后退职。他们的女儿在四川大学图书馆工作，成了吴文津的同行。

除了哥嫂外，吴文津的大姐（依大排行叫"二姐"）由人做媒，嫁给一位商人周绍庚，在家里做太太，先生很早就去世了。二姐（依大排行叫"四姐"）毕业于成都女子师范学校，在四川和贵州担任教书和教务工作，1952年随丈夫邱仲广去沈阳，次年在东北音乐专科学校（后更名为"沈阳音乐学院"）附属中学执教，1969年退休。姐夫邱仲广1923毕业于清华学校（清华大学前身），是著名音乐家黄自的同班同学，毕业后和黄自都拿到了庚子赔款的奖学金，到美国历史最悠久的奥伯林音乐学院（Oberlin Conservatory of Music）

留学，1925 年毕业，1928 年在哥伦比亚大学的教师学院得到音乐教育的硕士学位。他回国后曾在国立中央大学和成都东方美专教书，1952 年受聘至辽宁锦州师范，次年转沈阳东北音乐专科学校执教。因右派问题，全家被下放到农村，1979 年落实政策后返回沈阳。三姐（依大排行叫"五姐"）念成都华英女子学校，随丈夫谢显明回他的老家内江，先后担任教师和会计工作。姐夫曾是一位公务员，在县政府服务，后转派街道企业作劳工，在拉车运送生产原料时，连人带车滑下河堤过世。妹妹在成都南虹艺专毕业，妹夫吴惜闻抗战时期曾任重庆行辕政工大队副队长，后在成都中央军校任音乐教官，1949 年后回到家乡岳池县。当时妹妹在岳池中学教音乐，因妹夫原因被下放，复返岳池中学任教，后被派为岳池县侨联任负责人。

## 在战时的成都上中学

1934 年，从私塾毕业的吴文津考上了四川省最好的省立成都中学。这是一所新式的寄宿制男校，学生睡上下床，自己有个脸盆摆在床下，没有自来水。除了走回家过周末之外，每天清晨 6 点起床，升旗、出操，7 点吃早饭，上午 8 点至 12 点、下午 1 点至 5 点上课，7 点至 9 点是晚自习。学生们需整理内务，包括每天早晨把床铺按要求铺整齐。每周六要大扫除，由学生负责把教室内外打扫干净。吴文津家里条件好，从小佣人称他为"少爷"，但从初中就开始住校，"从来没要人来伺候"，后来抗战爆发，大家都觉得应该吃点苦，他也从未有过任何的不适应。

这所学校不仅在管理上是新式的，课程也十分现代化，有数学、英文、历史、地理、体育等科目。课本是商务印书馆和中华书局的，后来也有开明书店的教材。吴文津还记得历史课基本上只涉及中国历史，并没有太多世界历史的内容。但这样的新式教育依然开阔了吴文津的眼界，也正是从那时开始，他开始接触并且喜欢上了英文。

初中的时候，我们开始念 A、B、C、D，学一些例如 "This is a book" 这样的简单句子。上高中以后课程难度加强，我记得第一次要求背诵的是一篇高难度的课文，就是林肯的《葛底斯堡演说》[1]。至今我都记得这篇演说的开头 "Four score and seven years ago, our Fathers brought on this continent a new nation conceived in liberty and justice for all"（八十七年前，我们先辈在这个大陆上创立了一个新国家，它孕育于自由之中，奉行一切人生来平等的原则）和结尾 "that government of the people, by the people, for the people, shall not perish from the earth"（这个民有、民治、民享的政府永世长存）。

**对英语的热情也让吴文津对基督教有了一点了解。**

那时我十二三岁，对英文有兴趣，所以一有机会就想跟外国人接触。正好在离我家不远的一条街上有一间基督教堂。每从那里经过，心里总是有很多好奇，不知道里面究竟在搞些什么名堂。特别是看见教堂外面的布告板上写出什么时候有"圣餐"的时候，更是莫名其妙，想大概是他们用吃饭来吸引人做教徒的花招罢。但这些对我都不重要，当时最重要的是想找一个可以让我学英语的地方。于是，我就大胆地走进了那个教堂。果然，那真是一个学习英语的好地方，因为传道的是两位加拿大人。但是我并没有去参加他们的主日崇拜，第一是我当时对基督教没有兴趣，第二是他们的主日崇拜是由这两位传教士用相当生硬的四川话来举行的。不久之后，他们一定要我参加主日崇拜，我看情形不对，就决定

---

[1] 第 16 任美国总统亚伯拉罕·林肯最著名的演说，也是美国历史上为人引用最多之政治性演说。1863 年 11 月 19 日，也就是美国内战中葛底斯堡战役结束的四个半月后，林肯在宾夕法尼亚州葛底斯堡的葛底斯堡国家公墓（Gettysburg National Cemetery）揭幕式中发表此次演说，哀悼在长达五个半月的葛底斯堡之役中阵亡的将士。

不再去那个地方了。这是我第一次和基督教会接触的经验。

后来在报考大学的时候，吴文津决定念外文系。或许对于少年时代的他来说，英语并不仅仅是一种语言，在当时贫弱落后而深陷战争阴霾的中国，它所带给青年人的是通向外面世界的窗口，也是崭新的思想和希望，这个熟背《葛底斯堡演说》的少年，也在长大后踏上了美利坚的土地。

吴文津初中毕业后全家搬到成都东珠市街，那里有很多名人的宅院，其中就包括巴金（1904—2005）家的"李家大院"。李家与吴家住得很近，只是大门对着不同的街道。后来读了巴金的小说《家》，书中旧式家庭的生活场景让他感到很亲切。

吴文津升入高中之时，正值 1937 年卢沟桥事变。中日战争全面爆发，南京陷落，重庆成为陪都，成都也经常受到空袭。因为日军的猛烈轰炸，城里修了很多防空洞，政府也鼓励老百姓在家里修。吴文津家挖了一个地窖，墙上涂一点灰泥，里面非常的阴暗潮湿。吴文津记得有一次敌机对重庆的轰炸使得山体滑坡，堵住了一处防空洞口，几百人因此丧生。成都因为有机场，也成了日军轰炸的目标。他曾经亲眼看到 108 架日本轰炸机遮天蔽日地呼啸而过，那是一种切切实实的战争恐怖。只要空袭警报一响，学生们就从课堂里跑出去躲警报。为了躲避日军轰炸，学校疏散到乡下的一座寺庙，住了大半年才回到城里。多年后回忆起这段时光，吴文津并没有感到忧郁，他在一篇英文回忆文章中说：

> 那时候的条件显然非常艰苦，但是物质条件的不如人意没有关系，也不会影响我们的学业，那时候有一个口号"抗战必胜，建国必成"，我们坚信战争会过去，中国一定能够胜利，这个信念从没有动摇过。

我注意到每次提起抗战时的艰苦和危险，吴先生都会说到"信念"这个词。每一次说起"信念"，他就会举起右手的食指，在自己的眉心处指向上天。每到这个时候，他身上抗战老兵的气质就格外明显。他的骤然严肃让我感到信念是一种能够让人坚定的力量，只要秉承信念，一个人或一个民族，就绝不会低下头颅。而这种信念，也改变了吴文津的人生轨迹，让他投笔从戎的选择显得顺理成章。

尽管时局艰难，高中生活依然给吴文津留下了一些快乐的回忆，至今讲起来，他的眼神里还常常带着一点孩子般的顽皮。

> 有一位教英语的上海老师，大概是光华大学或复旦大学毕业的，在抗战时到内地来教书，名字叫毕馥真，学生就给他取了个英文外号叫"beef"[1]，他也不在乎。

> 有一位在成都很有名的代数老师，姓饶，大家都叫他"饶代数"。学校疏散到乡下后地方很小，师生住得很近，晚上他改卷子的时候，我们就悄悄跑到他的窗户外面，偷看他给学生打分。

> 记得高中上美术课，常常摆一盘水果，要同学写生，我没有画画天赋，为了遮丑，就画得特别小，只在纸的中央占了一点点地方。等到发下来的时候，发现老师在上面批了三个字："画太小！"

这个"画太小"的故事，在吴家很是经典，吴文津曾经讲给孙女们听，她们都笑得很开心。似乎天性非常严谨的人，都不擅画，因为绘画在一定程度上需要想象而非求真。如果性格特别认真仔细，容易在笔触上"放不开"，而吴先生在我看来就是一个极其注重细节准确的人，常常我们聊到一件事的时候，时间地点、前因后果，他都会反复核对，力求毫无差错，如果不能100%确定真实性和准确性，他宁可放弃记录这一部分，我想，这种严谨就是他"画太小"的可爱之处。

吴文津所读的高中特点是非常重视国文，其中一位国文老师就是后来非常著名的哲学家唐君毅（1909—1978）。唐君毅曾师从梁漱溟，

---

[1] "beef"是牛肉的意思，读音和老师的名字"毕馥真"的"毕馥"非常接近。

1939年吴文津全家合照（前排从左到右：二姐吴文洁、外甥周厚泽、母亲杨淑贤、侄子吴章麟、新妈蔡佩兰、外甥周厚基。后排从左到右：嫂谭培之、哥吴文泉、妹吴文锦、吴文津、五姐吴文春）

20世纪50年代后成为"新儒学"的倡导人之一，后来在香港中文大学历任哲学系系主任、文学院院长。

> 唐先生是四川宜宾人，教我们的时候刚从北大毕业不久，还很年轻，给我们讲的也是浅显的国文，并不是后来他所搞的"新儒学"的内容，所以没有什么特别的记忆，只记得他上课完全讲家乡土话。时隔多年之后，我才发现唐先生这么出名了！

1940年，吴文津高中毕业，在当时成都的邮政储金汇业局工作了一年，存了一点钱，准备上大学。他笑称联考时数学分数很低，但是英文分数很高，因此顺利进入了第一志愿——中央大学。1941年，19岁的吴文津第一次离开家乡成都，去重庆中央大学念书，没想到一离开成都就是数十年，直到1979年才回乡探亲。

吴文津曾经给我看过一张黑白的"全家福"，是他高中毕业那年拍摄的，上面有他的两位母亲、兄弟姐妹；还有二姐的两个儿子。其中小儿子周厚泽后来参加了中国人民解放军，抗美援朝时在朝鲜战场上牺牲。照片中只缺他的四姐吴文润，因为她那时已经随丈夫邱仲广到沈阳音乐学院任教了。这张照片上的人，除了吴文津以外，都已作古。那一天，他对我说：

> 有时候你不问，我都想不起过去这么多事，昨天晚上一下子想起来这张照片上的十一个人，只有我自己在世了，心中一惊。

## 第二章

生长在侨乡：
雷颂平和台山

雷颂平于 1923 年（民国十二年）阴历正月十日出生于广东台山。如果说吴文津的家乡四川成都是一个山明水秀、具有历史气息但却曾"难于上青天"的文化古城，那么雷颂平的生长环境则完全相反，台山毗邻港澳，处在和外界交往频繁的东南沿海，深受海外影响，这里人们世代以经商为业，是远近闻名的"侨乡"。直到今天，台山旅居海外的华侨仍有 130 余万，各地的唐人街都可以听到台山口音。

## 基督教家庭的女孩

台山富庶，雷家是台山的大家，子孙众多，互报名字就知道对方的辈分。如今遍布世界各地的"溯源堂"，就是雷、方、邝三姓的祖

雷父（前排坐左一）在中国城舞狮的照片（摄于 20 世纪 20 年代）

祠，这三姓本属一家，在广东台山、开平尤其人丁兴旺。雷颂平的老家在台山县的公益埠，祖父雷家协 19 世纪 80 年代赴美做生意时还梳着清朝人的辫子，他在美国信了基督教，因为那时信教的中国人很少，他的小名叫"盼"，别人就给他起了个绰号叫"耶稣盼"，后来美国人知道了，就把这个绰号翻译成英语，叫他"Jesus Pan"。他初来美国时学裁缝做西装，不久看到意大利人用手摇机器做意大利面，具有生意头脑的他就向那意大利人买了一部机器来制作中国面条，供应中国人，并在西雅图创立了一家后来规模相当大的面厂，至今仍然在营业。

　　那时中国人出洋就是为了赚钱，一般只有家里的男人去，因为一去就不知道多久才能回来，所以通常是结了婚，生了孩子才出洋，至少在家乡留下血脉。雷颂平的祖父虽然在美国经营面厂，祖母并没有去过美国。雷颂平的父亲雷法贤（1900—1994）是家里唯一的儿子，上面有两个姐姐，都是在台山出生的。那时候的公益埠深受基督教的影响，地方虽小却有三个教会，雷法贤在教会里认识了教会学校的老师伍爱莲（1902—1986），她虽然家境一般，但是聪颖能干，后来两个人成婚。

　　　　我外公去世之后家里不是很有钱，外公曾经是个卖衣服花边的小贩，我婆婆（外婆）很能干，开了鞋店卖绣花鞋，妈妈就帮着店里绣花，她想要上学，婆婆说："你不能出去，要在家帮我。"妈妈说："我做完了再去怎么样？"婆婆也不马上说可以还是不可以，就说"最好还是不去。"妈妈说："你给我一个月，试试看看能不能两边都做好。"后来她做得很好，婆婆也就准她读书，所以我妈妈 15 岁才上学，上的是教会学校，学校的名字叫如柏女子师范学校，因为办学的老先生叫许如柏。妈妈毕业后就留在教会学校做老师。

　　雷颂平的父亲成婚之后于 1922 年到美国，那时候美国的排华法案（Chinese Exclusion Act，1882—1943）已经生效，他来美国用的是学生签证，但只上过学习英文的学校，然后就在西雅图的中国城里谋生，那时候西雅图的中国城规模很小，大概只有一二百人。

雷颂平出生于 1923 年，还不到一岁时，她的母亲决定到美国去跟丈夫团聚，那时妻子跟着丈夫去海外的不多，但雷母却执意如此。雷颂平说：

> 我母亲没有说她为什么一定要去美国，我想因为她是基督徒不愿说明原因，其实也可能是当时的中国人总想要个传宗接代的男孩，而她生的两个孩子都是女儿，她想到美国生个儿子。

雷母 1924 年带了两个女儿来美国。雷家的面厂当时还是祖父的侄子主理，因为他懂英语。雷颂平的父亲还不会说英语，对国外的情况也不了解，暂时不能胜任面厂的工作，决定带了妻女到纽约闯天下。起初雷父在一家中国餐馆打工，后来到一家中国人的教会做工友，住在一栋三层楼房中的一间屋子里，所有电工和土木的活计他都能胜任，这样的工作原本需要专门的执照才能上岗，但他心灵手巧，自学成才，人家也就放心地把活都交给他。同时雷母也找到可以在家里做的手工，用以补贴家计。一年以后，雷颂平的姐姐过世，雷父离开了教会的工作，又回到中国城的中餐馆里打工。20 世纪 20 年代初的美国物价很低，25 美分就可以买足够一家人吃的肉，全家生活不成问题。

雷父的美国朋友给雷颂平取了英文名字 Nadine（娜丁），意思是希望，这个名字很脱俗，在一群"海伦""玛丽"中鹤立鸡群，后来弟弟出生。一家人的生活原本平静快乐，不料雷颂平的姐姐得了肺炎，在当时是不治之症，死亡率极高，不久就去世了，离开的那一天正好是美国的新年（New Year's Day）。姐姐去世的时候八岁，一向心思细腻的雷颂平对她却没有什么印象，也许在潜意识里，她一直很想逃避这件伤心往事。

我那时候并没有觉得她是我的姐姐，因为她就像是大人一样，什么都会，会讲英文，还会写曲子。妈妈出门买东西要靠她帮忙翻译，家里有什么事都是她。有关那段时期，我什么都记得，除了不记得她，也许是我不想记得，只知道她病得很重的时候，在一个单独的房间。爸爸跟我们说不能再提姐姐的名字，因为妈妈接受不了。我记得妈妈为她很难过，我就很小心，还和小我两岁的弟弟亨利说："不能再提她的名字了！"

姐姐的英文名字叫莉莉（Lily），中文名字叫雅璧，我的名字原本是雅颂，后来妈妈给改了颂平。

因为雷母每每叫"雅颂"就想起自己失去的大女儿雅璧，所以她把二女儿名字中的"雅"字去掉了，改为了有"平安"之意的"平"字，这就是雷颂平现在名字的由来。

雷家"重男"不假，"轻女"却未必，多年来雷颂平一直记得父母痛失爱女的伤心，而她和妹妹也一直深受父母的疼爱，丝毫不逊色于弟弟们。姐姐去世，父母十分悲痛，她的葬礼却没有一个熟人来参加，这一点让雷颂平终生难忘。因为那时候层级观念很重，工友社会地位比较低，并没有人关心，幼年的雷颂平第一次在异国他乡感到世态炎凉。

我感到非常难过，我对自己说，以后绝不做这样的事。

正是因为童年的这段经历，雷颂平发誓要做一个有爱心的人，而"有爱心"正是许多人对她的评价。她后来从事社会福利工作，利用自己的医学背景为背井离乡的海外华人解决疑难，一生在教会中帮助别人，做志愿者给卧床不起的病患喂饭擦洗，握住他们的手，给他们安慰和温暖，大概都与小时候这段刻骨铭心的经历有关。除了早逝的姐姐，雷颂平家成年的兄弟姐妹共有五人，她成了这五人中最大的，也是唯一一个出生在中国的孩子，她说他们五个"一个比一个高，因为晚出生的孩子能喝到牛奶"。

雷颂平 5 岁的时候是 1928 年，美国经济大萧条 [1] 已经开始，股市崩溃、农业歉收，在还没有任何社会福利保障制度的情况下，不少人因为股票赔光了而跳楼，还有很多人因而饿死，中国城里的华人更是艰难。那时候她的父亲在餐馆里打杂，后来做侍应生，身体也并不好，就决定带了全家回家乡去，把妻儿留在中国，自己重回西雅图家里的面厂工作。大萧条时期一般人过得很凄惨，大条的面包，三个铜板都没有人买，面厂仅能勉强维持。因为买不起白米，父亲每天都吃自家面厂里做的面条，所以到了晚年，尽管自己经营着很大的面厂，都不肯再吃一口面食了。

席卷西方世界的大萧条对当时经济仍旧相当封闭的中国影响不大，对于雷颂平来说，回到中国的那八年是最开心的时光，因为能够和祖父、祖母、外婆三位老人在一起。当时家里的老房子共三层楼，底层是她祖父先前回国开的"洋服店"；二楼住着雷颂平的母亲、孩子们和外婆；三楼住着祖父祖母。因为雷颂平的外公很早就去世了，舅舅也去了美国，她的祖父母就很好心把亲家也接来同住，相处得很是和睦，别人都认为二楼的"二婆"和三楼的"三婆"是姐妹。

雷颂平管祖父叫"公公"，管祖母叫"阿嬷"。公公上过私塾，写的字很漂亮，别人家的孩子在外面跑来跑去的时候，公公就教家里的小孩子读唐诗和《论语》；她很爱听公公祷告，因为他的祷告文绉绉的，一张口就说"天父钦""我等"如何如何，都是小孩子似懂非懂的文言。阿嬷是缠足之后又放开的，虽然不识字但也信教，人很和善乐观，什么都"听其自然"，不太管小孩。在雷颂平的回忆里，那是一段无忧无虑的岁月，"很太平，并不知道是美国最困难的时期"。

雷颂平的祖父是出洋多年回国的，信仰了基督教，回来时剪掉了清朝人的辫子，还喜欢吃牛排。祖父每隔几个月会自己买牛排回来，让佣人做好，平时都是全家一起吃饭，唯独祖父吃牛排的时候，是他先吃完大家才开始吃饭，当时在中国吃牛排是新鲜事，于是小孩子就

---

[1]　大萧条（The Great Depression），是指 1929 年至 1933 年之间发源于美国，后来波及整个资本主义世界的经济危机。

雷颂平的外祖母（右上）和祖父母（摄于20世纪30年代）

围在祖父身边看他怎么吃。

> 那时候觉得很有趣。他拿出美国的刀叉，吃的是马铃薯和牛排。他一边吃，我们就在旁边看。他说："来！每人一块！不要吃多了！"就分给我们每人一块。但我们并不很喜欢那块牛肉，只是喜欢番茄酱的味道。

在台山的家里做菜有佣人，生活很舒适。由祖母负责购置吃的东西，家里常吃的有清蒸鱼、咸鱼肉饼、蒸蛋、冬瓜汤等广东口味，祖母常对孩子们说："吃饭要吃饱，不要挨饿。"满怀关心和爱意。雷颂平的祖母很善良，有个小乞丐每天都到雷家来，等大家吃完饭，就把剩的要回家。雷颂平的祖母一看到他，就让做蒸蛋的佣人在里面多加几个蛋，于是总有剩余的饭菜给那个乞儿。雷颂平至今还记得小乞丐的名字叫"阿能"，阿能每到吃饭的时间就到雷家门口等，别的乞丐来要饭，他就对他们说："你们不要在这里等了，都是我的！"雷颂平等孩子们都很喜欢看祖母怎么把食物给阿能。清蒸的东西，祖母亲手给加上调料，拌好了才给他。阿能自己用小竹篮带来一个椰子壳，食物就放在椰子壳里带走。

吴文津小时候要躲在门背后吃的鸡蛋，在雷家并不算珍贵之物。相比于有旧式大家庭排场的吴家，雷家因为信奉基督教，非常平等。家里雇了个年轻女佣做饭洗衣，但她向雷颂平的妈妈学读书写字，还和主人同桌吃饭，星期天还穿上雷颂平妈妈的衣服一起到教堂去。除了这个住家的佣人，还有一个偶尔来帮佣的。这个帮佣原来也住在雷家，后来出嫁了，雷家有需要的时候，会请她来帮忙做些担水洗衣之类的活儿。

雷颂平童年"最好的朋友"是外婆，雷母从教会学校毕业之后，把外婆也带到教会去，外婆四十多岁时成为基督徒，和雷颂平的关系很亲密，对她的性格发展有很大影响。

> 我最喜欢外婆，她也最喜欢我。她的本名是张锦棠，信

教之后，因为很悔恨没有早一点信教，就把自己的名字改成张恨迟，所以大家都叫她"恨迟姑"。是她教会我祷告、给我讲《圣经》里的故事，后来我就住在她的房间里，她不仅是我的好外婆，她也是我的好朋友。外婆本来不识字，她说："我要人给我念《圣经》，不如我自己学。"我们1937年离开的时候，她告诉我："我已经把《圣经》从头到尾念了五遍。"

我小时候把东西乱摆，要的时候找不到，我就大哭，再回美国之前她送我一本《圣经》，上面写着"勤读获益"，还写着"基督徒不乱发脾气"。我看了很惭愧。我最近还想着，要把她当时送给我的《圣经》找出来，那是我最宝贵的东西。

雷颂平的性情温润如玉，待人接物都极有耐心，很难想象她是个会生气哭闹的少女该是什么样子，她做了妻子后打理事情井井有条，家里也收拾得整洁干净，想必多年来心中一直记着外婆的话。

雷颂平一回到中国就去上学了，她的大弟弟亨利只4岁，但她觉得自己去学校有点害怕，就想让弟弟和她一起上学，母亲同意了，结果姐弟俩同班。

我说："亨利不去（上学）我也不去，因为我不敢一个人去。"于是我妈妈说："那让他去，看看怎么样。"结果他每年都能跟上。妈妈对他说："为什么每年姐姐都是第一名，你第二名？"他说："那你叫她去旁的地方我就第一名了！"

雷颂平喜欢自己支起小黑板，扮演老师给年幼的妹妹讲故事，故事都是听来的，有《圣经》里的，也有《二十四孝》里的，她的祖父很喜欢在一边听。

公公在旁边听着不出声，我以为他没有听，后来他把我说的内容又讲出来，我才知道他一直在听。他夸我说："你讲得很好啊！"

祖父承诺雷颂平的弟弟，好好读书就带他去茶楼喝茶，她是女孩不能去，祖父就从茶楼带东西回来给她吃。因为雷颂平性子沉静，十分聪慧，祖父称赞她是"静则生灵"。

雷颂平说她从小把《圣经》和《二十四孝》里的故事一起讲，让我觉得很有意思，就好像吴先生小时候既学习四书五经，也背诵林肯的讲演。和吴夫妇接触久了，发现他们的思想和生活习惯都是"中西合璧"的，相比于泡茶，他们更习惯喝咖啡，日常使用英文的时候也比中文多，但是最喜欢吃的是中国饭菜，也保留着许多中国习惯和思想。他们出国的时候华裔并不受重视，很难进入美国主流社会，但他们都很自然地与国外的环境融合，也有很多美国朋友，相信这与他们在幼年就开始同时接触传统思想和西式教育有关。

# 抗战爆发之后

上初中的时候，雷颂平的弟弟到了著名的教会学校培正，雷颂平则到了广州的协和女子中学读书，每天穿着妈妈做的棉布旗袍上学。协和中学在水边，有空便和同学划船，还与同学一起去教会，遇到不少从家乡搬过去的朋友，大家都很照顾她，日子过得很开心。当时教会学校也受教育部管理，课程和普通中学并无二致，有一门课是"三民主义"，上课时学生不好好听讲，都在笑，因为用广东话念"三民主义"听起来像是"闩门煮鱼"，所以学生们上课时"笑的时候比听的时候多"。她那时期的照片是典型的"民国女学生"，留着齐刘海，文文静静的样子，眼睛亮亮的很有光彩。

那段无忧无虑的日子，不到一年就因开始打仗而中断了。协和女中搬到雷颂平的家乡台山公益埠，公益埠有个胥山中学，校园很大，协和女中就借用胥山中学的地方开课，校址离家很近，只有五条街，雷颂平可以走读回家。那时候的作息是"朝九晚四"，早晨上课两个小时后回家吃早饭，下午上课两个小时后又回家休息，吃一点小点心又回到学校，四点回家吃晚饭，再回学校自修。因台山有铁路，日本飞机也常来轰炸。

> 大家都很害怕，差不多天天早晨都要到乡下避难，晚上才回家睡觉。这样过了一段相当长的时间，也就不能上学了。一直等到离乡去香港来美国。

雷颂平十五岁时，全家又回到美国和父亲团聚，父亲已经正式接手祖父创建的聚昌面厂（Tsue Chong Noodle Factory），在西雅图买了房子等他们去。因为战事关系，雷颂平一家走后，祖父祖母就随雷颂平的姑姑到香港居住，外祖母则和舅妈留在台山，有个短暂的时期到乡下避难。祖父祖母在香港去世，外祖母则在台山去世，雷颂平后来再未见过祖父、祖母、外祖母，这个大家庭自此星流云散。

初中时代的雷颂平（摄于 20 世纪 30 年代中期）

听吴夫妇回忆他们的童年，自然绕不开共同的记忆——战争。虽然在他们身上看不到战争的沉重和沧桑，但也许正因为他们都经历过战争的恐怖和残酷，如今才显得淡泊超然，我曾问吴先生，作为战争的亲历者和历史学家，是如何看待战争的，他思忖片刻告诉我：

> 战争是很可怕的事情，无论胜败，从根本上来讲是没有赢家的。中国与日本打仗，日本投降了，没有得到什么。中国的牺牲更大，大家受苦受难，建设没办法开始，人才没办法培养，战争是无一可取的，没有一点点正面的作用。面对

邪恶的东西，应该奋起反抗，但不能主动发动战争，凡是主动发起战争的，像当时的德国、日本，都没有什么好下场。所谓"水涨船高"，一个国家从发展中国家变为发达国家，对整个世界都有利，就像是今天中国的发展，但这样的进步，需要和平。

吴太太在旁边静听，微微地点着头。

我和吴先生的谈话，是先从他的图书馆事业和翻译官经历谈起，再慢慢回溯到他的童年生活的，对于在成都的那段日子，吴先生的讲述虽有细腻的片段，但大体简单而概括，需要由我不断追问。这一点与吴太太不同，吴太太叙述的人生故事是从台山家乡讲起，她对这段生活的回忆充满了大段大段鲜活而丰富的细节，造成如此差异的可能是他们思维方式更偏理性还是感性的天然不同，也可能是人生经历使然：吴先生只身一人远渡重洋，从他离开成都的那一刻起，与故乡的联系基本已经斩断，正如他所说的那样，离家以后成都话就被他放进大脑中的"冰箱"里，四十年后回乡探亲才得以重新使用；而对于吴太太，她的家族、与她血缘联系最紧密的亲人，都和她一同来到了美国这片一度陌生的土地，因此她身边的人和事往往是连贯的，从而让她在近百岁高龄时，仍能对寥寥几年的台山生活如此亲切熟悉，在海外移民这一群体中，这两种情况都具有典型性。但不变的是无论他们怀念的是故人还是故土，这种情感都为他们的人生打上了深深的烙印。

## 第三章

# 空军翻译官与华埠女学生

1940 年，吴文津高中毕业后参加大学联考，成绩优异的他成功进入第一志愿——当时在重庆的中央大学。中央大学起源于清末刘坤一、张之洞前后两位两江总督在南京筹建的三江师范学堂，1911 年辛亥革命后，三江师范学堂相继改编为南京高等师范学校、国立东南大学、国立第四中山大学和江苏大学，1928 年正式成为国立中央大学，是当时全国一流的高等学府。抗日战争爆发后，中央大学在 1937 年西迁重庆。中央大学迁入内地后，管重庆大学借了一点地方，在郊外的沙坪坝[1]办学，因为地方不够，新生都在柏溪，来往沙坪坝需要坐船。

战时的蜀地交通闭塞，离开成都去重庆要坐"木炭车"，顾名思义就是烧木炭的公共汽车，这种车用固定在车厢上的特质炉子烧木炭，利用燃烧时产生的煤气运转，抗战期间汽油匮乏，交通主要依赖于这种常出毛病的木炭车。吴文津乘坐这种车，从成都到重庆用了近两天的时间，中间在内江休息一晚，到了重庆先到沙坪坝报到，再坐一两个小时的船到柏溪。

吴文津在校的时候，正值学生闹"学潮"，因而蒋介石亲自兼任校长整顿，有传言说蒋任校长的时候曾经对学校进行"军事化管理"，这一点吴文津并无感觉，蒋虽然挂名校长，但并不常到学校，做学生时他只是远远见到这位在上面训话的"蒋校长"。吴文津记得那个时候大家都很崇拜"七君子"，就是沈钧儒、章乃器、邹韬奋、史良、李公朴、王造时、沙千里。

重庆中央大学是当时中国高校中规模最大、院系最多、门类也最为齐全的一所大学，教授中汇集了一批中国顶尖的专家学者。吴文津当时就读于文学院的外文系，当时的文学院院长是研究莎士比亚的学术泰斗楼光来（1895—1960），他毕业于哈佛大学，被公认为东方的莎士比亚权威。吴文津记得他上过著名学者范存忠（1903—1987）和俞大纲（1905—1966）的课。

---

[1]　抗战时期沙坪坝是全国的学术教育重镇，汇集了多所学校，其中包括国立中央大学、重庆大学、上海医学院等二十所高等院校。

吴文津1941年入学时办理的国立中央大学借书证

范先生当时大概是教英国文学入门之类的课，俞先生教会话。范先生很严肃，是外文系系主任，大一新生对他很尊敬，不敢随便和他交谈，所以印象不深。当时中央大学女教授不多，俞大纲和她的姐姐俞大缜都是外文系出名的教授。俞大缜教的英文会话很受欢迎，因为当时教会话的地方不多。俞先生很循循善诱，态度也很温和，所以大家都很喜欢她。

令吴文津记忆犹新的老师还有著名翻译家、英语教育家许孟雄（1903—1994）。

我在中大一年多，给我印象最深的是大学一年级时教我的许先生。他是福建人，虽然没有留过学，但是英文造诣很深，他所翻译的周立波的《暴风骤雨》和茅盾的《子夜》均闻名于世。许先生上课很认真，外文系的学生每天都要上两个小时的课，其中一小时是他志愿教授的。他教一年级英文的办法很特殊，我们不用教科书，用的是一部字典。他的方法别出心裁，我们从字典的字母 A 开始，一路下去找出常用的字，学习发音，造字。非常有用。这样一来，一年内一部字典里多数的字都接触到了。这个办法对自修英文也很有用。二战后他曾短期任中国驻马来西亚吉隆坡总领事。1950 年代中期被打为"右派"，1980 年代方得改正。

在柏溪一年后，升入大学二年级的吴文津于 1943 年回到位于重庆的校址沙坪坝，条件依然十分简陋。

学生宿舍是大通间，简单地隔成一些小间，每间四个双层床，床垫是稻草的。屋子中间放一张窄小的长桌，上面吊着一个不很明亮的电灯泡。宿舍里也没有冷水热水，每天早上我们用脸盆到宿舍外的水稻田盛些水就洗脸了。

图书馆也很小，座位不多，但是当地有茶馆，学校附近的茶馆往往变成了我们读书的地方，也是流亡到内地的所有大学的特色之一。很多学生一早起来就到茶馆泡一碗茶，在那里看书学习，茶馆体贴学生，早晨买一碗茶，一整天都可以在茶馆里自习。食堂里没有椅子，所有学生站着吃饭。膳食也很勉强，饭里经常有稗子之类的东西，还有砂石，我们称之为"八宝饭"。

学生中有很多家境条件不是很好，我上大学的时候带了一双皮鞋，但是在中大近两年间都不好意思拿出来穿，因为周围的同学都是穿草鞋的。不过那时候，大家心气很高，"抗战必胜"的信念很坚固，并不觉得有什么苦。

1943 年，吴文津开始大学二年级不久，当时政府发出了"十万青年十万军"的号召，抗战胜利 50 周年时，吴文津在《四川侨报》上这样回忆自己"投笔从戎"的始末：

> 日寇侵略中国，凶狠残暴，到处肆虐，"九一八事变""七七事变""南京大屠杀"等等惨案愈演愈烈！不但是沦陷区的亿万人民生活在水深火热中，就是处于大后方的四川人民也未能幸免！敌机狂轰滥炸，警报频繁，就在这遥远的大后方，也不能放下一张平静的书桌了！同学们同仇敌忾，热血沸腾！课余常常集会、交谈、探讨如何才能积极地对抗战尽一些有效的责任，恨不得以满腔热血来报效祖国！于是，投笔从戎的念头就萌生了。
>
> 我们外文系的机会也来了，中国为配合英美盟军对日作战，急需英文翻译人员，这正是我们外文系的用武之地，当仁不让，责无旁贷，我们一批同学就志愿从军了，那是 1943 年的夏天，我刚满 21 岁。

国民政府教育部到四川、云南、贵州征调大学生做翻译官，只要身体和英文考试通过，参加简单的军训就可入伍，吴文津所在的班里有五六人报考，都被录取了，不过那时学校的英语教育并不重口语，大家口语考试的分数都不太高。入伍以后他们被派进国民党军事委员会下面的外事局（Foreign Affairs Bureau，简称 FAB），每个人都配了一个号码，吴文津的号码是 912。他 1941 年秋季开始求学于中央大学，1943 年初夏离开，自此投笔从戎，开始了他的翻译官生涯。

> 有人问我，你去参军，家里不反对吧，我说我已经离开家了，生米已经煮成熟饭，后来他们知道我不是到前线去打仗，就安心一点。

这批抗战翻译官人才济济，其中不乏名家后代，包括清华大学校长、中国著名物理学家和教育家梅贻琦之子梅祖彦，还有中国著名哲学家冯友兰的儿子冯锺辽等，国难当头，都响应号召参军入伍。吴文津被派到昆明"步兵训练团"（美方称 Infantry Training Center，简称 ITC）任翻译官，后调往桂林服役。当时的翻译官都是各个大学志愿从军的热血青年，起初翻译工作相当困难，因为初来乍到的翻译人员在军事方面的知识特别缺乏。对此吴文津回忆道：

> 一部重机关枪，拆开之后一百多个零件，每个零件都有名字，刚去的时候全然不知。于是带了一本小书《步兵操典》在身上时时翻阅，学习其中的军事术语和武器相关的名称，幸好受训的军官，都有丰富的经验和专业素养，可以帮助翻译人员解决问题。

除了军事知识，英语口语也是一个重要的问题，当时中国的英文教学，并不十分注重会话，吴文津被指派跟从一位来自田纳西州（Tennessee）的美国少校，很多事情都需要适应。

> 那位老兄的美国南部口音很重，一开始交流起来很困难，不过当时年轻，学习得很快，语言方面的问题很快就克服了。

根据吴文津回忆，他们接触的美国教官和中国受训军官都非常认真，美方教官态度亲切，受训者的回应也十分热烈，虽然条件艰苦，但是教学环境非常和谐融洽，下课之后，翻译官也经常有机会与美方教官和受训军官接触。他在昆明的 Post Exchange（美军的军中福利社，简称 PX）第一次吃到正宗的汉堡包，觉得非常美味。

## 抗战时期死里逃生

　　1941 年苏联和日本签订了《苏日中立条约》保证互不侵犯，随后日本抽调驻东北、华北的大量兵力向湖南、贵州、广西发起进攻。1944 年，中美合议在桂林另成立一个步兵训练团，吴文津被派往桂林招考翻译人员，报考的大多数都是大专学生，英文程度不高，难以胜任翻译任务。当时香港被日军占领，很多香港大学来的流亡学生都到了广东、广西，这些学生英文程度很好，但只会广东话。因为训练团开班在即，他们决定除了录取那几位英文和普通话都合乎标准的，也全部录取香港大学那几位学生，再给他们恶补普通话。这是不得已的办法。但是他们学习得很快，不久就能够胜任翻译的任务了，吴文津说，抗战时很多事情都是"make-shift"（权宜之计），但大家团结一心，也能做好事情，那些香港学员后来也成为吴文津的朋友，多年以后仍然保持着联系。

　　该年初秋，日军发动了在华的最后一次攻势。大举进攻长沙、衡

吴文津 1944 年桂林步兵训练团胸章。胸章黄色边缘为校官级。二级翻译官为少校

阳，继而直逼柳州、桂林。广西方面中国军队实力弱，不敌装备完善的日军部队。日军占领柳州后，步兵训练团的中美官兵积极投入桂林当地部队执行"坚壁清野"的"焦土抗战"任务，那就是尽量破坏一切日军可以利用的资源、建筑和设备。步兵训练团协助炸毁了道路、桥梁、飞机跑道，并把一些发电机推下漓江，10月底从桂林撤退，11月初日军即占领桂林。

吴文津撤离桂林时，途中在贵州中弹，死里逃生，这段经历，在他的回忆文章中有详细的记录，后于2017年发表在澎湃新闻《私家历史》栏目，题为《著名图书馆学家吴文津：抗战时期死里逃生的故事》：

从桂林撤退的步兵训练团队伍包括所有美国军官军士及翻译官约50人。分乘大卡车和小吉普车共11辆，向昆明进发。因车辆在途中需要前后彼此照应，并需携带汽油，而路面多崎岖不平，所以每日最多只能行500公里左右。早上8点启程，下午约5点在宿营地集合过夜。每日有一纵队领先出发，前往寻觅可以作为当晚适当宿营的地方，并负责竖立帐篷等宿营事宜。饮食使用美军供应的干粮。从桂林撤退时，领队的美方军官给我们作了一个汇报，说明去昆明的路线和需要注意的地方，其中有一项说，从广西去云南必须经过贵州。根据当时的情报，贵州常有土匪沿途抢劫的事，需要特别警惕。因之，每人都发了一支卡宾枪（Carbine rifle）。

我和十余位翻译官乘一大卡车，坐在车后面，司机是两位美国上士。出发头两天，一切平静无事。第三天早上，我们所乘的那一部卡车在路上频频抛锚，结果就落队了。本来下午5点以前得到达宿营地，但是到了8、9点我们还在路上。那时，突然听见有朝天放的枪声。司机本能地立刻刹车。就在那一刻，路旁埋伏的土匪直向我们的卡车扑来，企图上车。我们看情况不对，虽然都有卡宾枪，但是我们坐在卡车后面，又被卡车的绿帆布盖住，目标太大，不敢开枪。

于是大声叫前面的司机"Let's go！"（"我们走吧！"）幸运的是那部当天常常抛锚的卡车，立刻就开动了。但是我们的车开动之后，后面枪声累累，向我们射击。我们坐在卡车后面的人都立刻躺下。刹那间，我意识到有什么东西从我的身上擦过，但是没有感觉到任何疼痛。过了一两分钟，已经听不见枪声了，我才觉得左腹部有些热乎乎的感觉，同时开始疼痛，我才知道我受伤了。于是我叫："I am hit！I am hit！"（"我中了！我中了！"）不久我们就到达宿营地。同车的人都下去了，叫我不要动。有两位美军军医立刻上车，用他们的手电筒照着我。那时我才发现我用来按住腹部的左手全是血，军服左边的裤子也全被血渗透了！一位军医说："我们要把你的裤子剪开。"同时给我打吗啡针，之后我就完全不省人事了。等我醒来的时候，发现自己好像是在郊外，因为我看见天上的星星。原来我是躺在一个担架上，担架摆在一部小卡车后面，两边各站了一位荷枪实弹的美国兵。他们见我醒了，立刻向坐在驾驶室的军医报告。军医过来问我感觉如何。我说我非常疲倦。他说我流了很多血。他们等我醒了，带我到附近一个地方再仔细查看我的伤口。原来我们出事的地方就在贵州出名的黄果树大瀑布附近，该处有一间中国旅行社的办事处，那就是他们那天晚上要带我去看伤口的地方。路程大概不远，但是路面不平，又是晚间，虽然开得很慢，那部小卡车颠簸得很厉害。当时我的伤口疼痛异常，大约半小时的路程，对我来说可以算是永恒了。到了目的地之后，我记得很清楚，他们早已派人到那里布置一切，把办事处的一间小屋转变成临时的野外手术室。大门开着，大门后面摆了一张长桌子，我的担架放在长桌上，脚朝着大门。房间里只有一盏光线微弱的煤气灯，所以他们把小卡车开在大门前，打开车灯，照进房间，然后由一个人拿一把镜子，站在我头部的后面反射卡车的灯，这样光亮差不多足够，军医再度给我打吗啡针，我再次失去知觉。

我醒来的时候，已经是第二天早上。军医们非常高兴。他们告诉我说，你流血过多。昨天晚上我们尽一切可能替你止血，但是我们完全没有把握你今天会不会醒过来。你醒了是一个好征兆。我们打听到附近一个叫安顺的地方有一家中国军医院，大概有半天的路程。我们要带你去那里做一次彻底的检查。你现在感觉如何？我说我非常疲倦。他们看我的手指甲完全是白的，立刻给我输了一大袋血浆。之后我感觉好多了。去安顺前他们给我好些止痛药，虽然在路上还是感觉疼痛，但是跟头天晚上相比要好得多了。

到了安顺，我才第一次知道自己受伤的详细情形。子弹从我的右大腿下打进，穿过小腹，然后从我的左手臂下面擦出去。因为是"开花弹"，子弹进口的地方很小，出来的地方特大。子弹从我的小腹出去，所以那里的伤口特别大，流血也特别多。军医们给我检查时，我看见他们从我小腹伤口里把一叠一叠的被血浸透的纱布拿出来。大概是纱布用完了，最后还拿出一只动手术时用的塑胶手套！战时物资缺乏，安顺的军医院设备也非常不理想。所以美国军医对我说，我的情况暂时稳定，但是需要相当长期的治疗。回昆明的团队在这里已经等了一天，第二天必须启程。他们很愿意让我跟他们一起走，但是还有大概三四天的路程，万一我在路上有什么事故，就比较麻烦。军医说，另一个办法就是回头送我到贵阳的中央医院，那里的设备比较好，已经有几位美国军官在那里住院，还有一位军官照顾他们。我如愿意去那里，他也可以照顾我。究竟怎样，由我自己决定。我说我愿意到贵阳去。

到贵阳中央医院之后，中国医生给我身体前后左右都照了X光。他们非常诧异，经过这样严重的枪伤，竟然没有伤到任何致命的器官。他们说只要伤口不发炎，好好静养，两三个月也许就可以出院了。那位美国军医和我告别的时候，留给我一瓶100粒当时仅供军用的消炎特效药磺胺嘧啶片（Sulfadiazine）。有了它，我的伤口从未发炎。有趣的是，在中央医院时，中国医生在给人动手术以后，也来向我要几粒这个药片，帮助动手术的病人消炎！我主要的伤口是在左下腹，每逢伸直左腿，就会绷到伤口，不但疼痛，而且不利于伤口的愈合。所以我的左腿总要弯起来。在医院两个月，大部分都是仰卧、弯腿。等到伤口痊愈之后，我竟然无法伸直左腿。经过好些时候的物理治疗，才慢慢恢复原状。从病床起来后，竟然还需要些时候学习走路！在中央医院时，昆明曾来电报，问我何时可以出院回昆明报到，随一批远征军去缅甸参加后来称为"密支那战役"的战争。照顾我的那位美国军官复电说，我无法回昆明报到，因为我还躺在床上，无法行动。这样，我就错过了去缅甸作战的机会。

**1992 年接受《台湾光华杂志》采访时，被问及这段经历对人生的影响，吴文津说：**

> 那次受伤，让我深深感觉：很多事既无法估计，也无法预先安排。我很偶然地受了伤、很偶然地留住一条命、很偶然地没有到缅甸，后来又偶然地到了美国，像中国人讲的"差之毫厘，失之千里"，只要差一点点，结果可能就大不相同。这跟我后来读历史的心得很相近：不论是大时代或小人物的命运，都是由一连串偶然事件，发生决定性的影响。

**近三十年又过去了，我问如今已将百岁的吴文津，现在是否还是这样的看法？他说：**

> 我受伤复原后，确实有那种想法，但是后来我的宗教信仰建立后，才明白世间的事看起来好似偶然，实则一切均有注定，非人力所能挽回。

这段中弹的经历，和平年代的人闻之色变，吴文津却笑称并没有什么，因为子弹从大腿打进去，从左手臂下面擦出，虽然穿过腹腔，居然无一重要器官受到严重损害，也没有留下后遗症，因此他只感到自己的幸运。当我们谈起这段往事时，吴太太在旁边说，两个人认识不久后，吴文津告诉过她自己曾经中弹的事，但并没说得很详细，以至于很多细节她都不知道，后来吴先生就不再提起，她甚至已经忘记了这件事。

吴先生谈起图书馆事业，细节丝丝入扣，叙述滔滔不绝，但在个人经历方面，多么惊险万分的事情也只是轻描淡写，战争时期乘军用飞机飞越喜马拉雅山的剧烈颠簸，对人的身心都是极大的考验折磨，与他同行的翻译官在回忆文章中多有提及那次飞行的惊心动魄，他却根本记不得，而中弹的经历，也并不十分放在心上，也许这种乐观、豁达的性格和对苦难的"健忘"，和他的健康长寿有很大关系。

## 历尽艰险赴美执行任务

伤愈的吴文津回到昆明，被派任"参谋干部学校"（General Staff School）补前任首席翻译官的职务，前任朱立民[1] 是中央大学外文系吴文津同班同学，与吴文津同时从军，后派到缅甸中国远征军服役。不久后，美国陆军部（现国防部的前身）要求国民政府立即选派 100 名翻译人员来美"离职另役"（detached service），起初不知道具体任务是什么，后来才知道是为留美空军训练项目服务。抗战时期中国的空军使用的全是美国飞机，但是在中国没有训练和维护的设备，所以中国全部空军人员都在美国接受训练。最初翻译人员都由中国航空委员会派遣，因为人员不够，有需要另 100 人的要求。这一百个翻译人员后来被称为"FAB—100"（FAB 是英语"外事局"的缩写）。吴文

---

[1]　朱立民（1920—1995），祖籍江苏省川沙县（今属上海市浦东新区），生于哈尔滨，中央大学外文系毕业，后来在加州大学洛杉矶分校（UCLA）取得英美文学硕士和杜克大学（Duke University）博士学位，曾任台湾大学文学院院长和淡江大学副校长等职。

津经过考试，成为被首批录取的 50 人之一，并成为这 50 名翻译官的领队。

离开之前，吴文津在昆明卖掉了自己的两套军服和一些零碎东西，仅带着换来的二十美元轻装上路，和其他翻译官一同在昆明登上三架美制双螺旋桨引擎 C-46 运输机，踏上了远渡重洋的旅途。后来，吴文津将这次西行经历写成了英文回忆文章《Journey to the West》，中文可以翻译成"西游记"，而那一次"西游"，也是吴文津在美国度过后半生的开端，对于这一重大的人生转折，日记里的他显得云淡风轻，在离开的那一天他写道：

> 这是我 22 年的人生中第一次离开祖国，但奇怪的是我并没有多愁善感，也许在真正要离开的时候，激动的心情已经过去了。

由于当时太平洋战争激烈，飞机只能舍近求远一路向西，不仅需要绕路、飞越危险地带，还得频繁降落加油，整个行程共 5 天 4 夜，沿途降落计 11 次，对人的身体状况和心理素质都是一次考验。飞机在 1945 年 4 月 17 日下午一点起飞，先从昆明飞过所谓的"驼峰"（喜马拉雅山）到印度，吴文津在日记中写道：一路除了看到一些积雪的山峰，没有什么特别风景，起飞前被告知飞过喜马拉雅山的时候，飞机高度将要达到 18000 英尺，而机舱没有调节气压的设备，果然有几个人因为不适而呕吐了，而自己没有什么特别的感觉。根据吴文津的翻译官朋友们回忆，当时遇上了一次风暴，飞机经历了猛烈的颠簸，许多人吓得魂不守舍，而吴文津对此却没有什么印象，他说只记得当时被告知此行不会有什么危险。

事实上这条著名的"驼峰"航线凶险万分。太平洋战争爆发后，美国参与对日本的作战。日军切断滇缅公路这条战时中国最后一条陆上交通线后，中美两国被迫在印度东北部的阿萨姆邦和中国云南昆明之间开辟了一条转运战略物资的空中通道，航线需要飞越被视为空中禁区的喜马拉雅山脉，因受山峰高度及飞机性能限制，只能紧贴山峰飞行，因而飞行轨迹高低起伏状似驼峰，因此得名，是世界航空史和军事史上的最为艰险的一条运输线。因为频繁遭遇强紊流、强风、结冰和设备老化等问题，"驼峰"被称为"自杀式的航程"，又被称为"死亡航线"，根据美国官方统计，美国空军在驼峰航线上共有超过500架飞机坠毁，超过1500人在这条航线上丧生，昆明驼峰航线纪念碑下的纪念橱窗中有这样一段文字："在天气晴朗时，我们完全可以沿着战友坠机碎片的反光飞行，我们给这条洒满战友飞机残骸的山谷取了个金属般冰冷的名字——'铝谷'。"

吴文津的这次"西游"，一开始就比唐三藏的西行之路更加漫长艰险，但他从未恐惧忧虑过，并且在后来的旅途中收获了诸多的见闻。吴文津的日记《西游记》和他本人的谈话一样，严谨清晰、注重细节，没有什么情绪化的内容，但隐隐透出一种乐观的心态，体现出年仅22岁的他已经具备超强的心理素质和稳健豁达的性格，以下是我从吴文津的《西游记》中摘录和翻译的部分内容：

C-46运输机载油量有限，沿途停下来加油的地方很多。飞机先到达印度的查布亚（Chabua），当地时间是下午四点半，五点的时候吃过午餐，五点半开始乘坐C-47，相比于只有窗边硬座的C-46，C-47是客机，拥有软座和空调，十分舒适，飞往目的地卡拉奇（Karachi）[1]。

晚上八点半的时候降落在印度的Lolmandirbat[2]，清风明月之下的棕榈树给夜色带来了浪漫的气息，吃过晚饭之后在十点十分再次起飞，中间经停加雅（Gaya）、雅格拉（Agra），终于在4月18日到达卡拉奇，最后一段旅程十分舒适，飞机上有乘务员，还供应热咖啡和口香糖。

在卡拉奇，他们被准许在PX（Post Exchange，美军的福利商店）买东西，我用4安那（印度旧时的货币单位，等

---

[1]  卡拉奇当时属印度，现为巴基斯坦首都。

[2]  如今的印度已经查不到这个地名。

于 1 卢布的 1/16）买了一包烟，2 安那买了一盒火柴，又用
2 安那买了一大块糖，价格非常低廉。

　　飞机在印度的傍晚起飞，飞行约 5 个小时后，于次日凌
晨到达了伊朗的阿巴丹（Abadan）。

　　4 月 19 日，飞往开罗，起飞后看到阿巴丹的夜景非常美丽，那些
灯火来自于油田，一路都是荒漠，被告知飞过了耶路撒冷，但是在空
中并没有看到。到达开罗后吃了离开昆明最好的一顿饭，也终于有机
会洗澡、刮胡子，并且参观了金字塔、狮身人面像和尼罗河。

　　在埃及纪行后面，吴文津在自己的日记本上留了很大的一块空
白，大概是想事后补写参观埃及名胜的感想，但也许受到的震撼很难
用文字描述，也许是太过忙碌疲乏，这段空白始终没有补上，但他在
后面写到，因为太过疲劳，他睡了离开昆明后最好的一觉。后来我问
他当时看到另一文明古国埃及有什么感触，他这样回答我：

　　　当时眼见金字塔、狮身人首像、尼罗河的感受只有用
　　"震撼"两个字来形容。因为在那以前只是在教科书里见过
　　照片，当真正来到它们面前时，那完全是一种梦幻般不可思
　　议的感觉，特别是对一个在国内时连万里长城都没有见过的
　　乡巴佬！

　　从开罗沿着北非海岸飞行，到利比亚的首都的黎波里，然后到摩
洛哥的卡萨布兰卡，在那里停了一个晚上，这是吴文津离开昆明后第
一次睡在床上过夜，住的地方就是罗斯福、丘吉尔和戴高乐 1943 年
发表"卡萨布兰卡宣言"坚持轴心国家必须无条件投降的安法宫酒店。
他们横渡北大西洋乘的是较大的 4 个引擎的 C-54 运输机，先在亚速
尔群岛（Azores）加油，然后直飞纽约，于 4 月 21 日到达拉瓜迪亚
（LaGuardia）机场。有意思的是，到了美国之后，吴文津的日记从英
文变为了中文，我问他是不是为了保密起见，他否认了，但也想不起
自己当时为什么转换了语言，我猜想是有些想家的原故吧。

# 在美国成为空军翻译官

吴文津和同行的翻译官到了纽约市附近的达托腾堡（Fort Totten）军营，才知道来美国的任务是协助训练中国空军。除办理一切手续外，他们被带领去纽约市观光。第一次乘地下铁，参观了帝国大厦、广播城音乐厅、自由女神像，并去了拉丁区夜总会参观舞蹈表演，回忆起那段经历，他幽默地调侃道："真好像是刘姥姥进大观园！"三天办完手续后，他们被送上火车去得克萨斯州（Texas）的"圣安东尼航空学员中心"（San Antonio Aviation Cadet Center）报到。当时有规定，凡是从外国到美国受训的空军学员必须去该处隔离两个星期，以免病疫的传染。其后翻译官们被分派到了不同的地方，因互相通讯不便，基本只能打电话，因此需要一个人负责联络工作，吴文津就自告奋勇做这件事。

聊到这里，我曾忍不住问吴先生，他如何做到一直具备极好的"领导能力"（leadership），从昆明"参谋干部学校"时期的首席翻译官，到美国空军翻译官中的领头人，后来到西雅图华盛顿大学中国同学会的会长，再到胡佛研究所东亚图书馆和哈佛燕京图书馆的馆长，他似乎很擅长"做领导"。师母陈毓贤女士还好奇地问他，上学的时候有没有做过班长。他笑着说班长没做过，在翻译官时期和学生时代"做领头的"，都是"大家感觉有这个需要，却没有人愿意出来，因此自告奋勇的"。对于我所问到的领导能力，他是这样解释的：

> 做领导应该有使命感，没有这个感觉就不会去做，做了就要有耐心，要能够包容和宽容，不能只顾自己，要为了大家考虑。做领头的人就是负责协调不同意见，让大家达成共识，需要处理人际关系，不要太顺服人，也不要太得罪人，不能太霸道，也不能太和软，应该融合大家的意见。在一个团体中，领头的人不能做所有的事情，不可能什么细节都管，要知道怎么分工合作，做领头的人就确定这个方向，然后再把权力分散到各个地方。

吴文津等人到达圣安东尼航空学员中心时，德国已于当年5月初正式投降，但因为盟军对日战争还在继续，中国空军的训练仍然照常进行。5月上旬，吴文津和另两位翻译官从圣安东尼航空学员中心被派至科罗拉多州（Colorado）丹佛市（Denver）的洛瑞空军基地（Lowry Field）服役，那里是训练中国空军轰炸员和空中照相员的地方。

1945年在美国科罗拉多州丹佛市洛瑞空军基地与中国空军受训人员合影。右二为吴文津

空中照相的训练工作比较轻松，轰炸员的训练则大不相同。当时美国发明了一种列为战时机密的"诺顿瞄准器"（Norden bombsight），不但增加了对轰炸目标的高度准确性，更进一步保证了轰炸机的安全。在这以前，轰炸机到达轰炸目标上空时，必须下降扔掷炸弹以保证轰炸的准确性，但是飞行高度下降，轰炸机就容易被地上的高射炮射击。使用轰炸瞄准器以后，轰炸机到达目的地上空时不必下降，高射炮的威胁就大大减少了。轰炸瞄准器属于战时机密，授课时有很多防止泄露机密的措施。所有课程和实际操作都在地下室进行，去地下室时必须搜身，不能携带笔记本或任何录音的器具，一切都凭记忆，从地下室出来，也会照样再一次搜身。

日本于1945年8月15日无条件正式投降后，中国空军在美国的各种训练项目就开始准备结束工作了，但仍有一部分人员在美国继续驾驶和维护运输机的训练，因战后有大量人员和机械迫切地需要调动。在此之前，训练项目是在不同的基地进行的，战斗机的训练都安排在天气晴朗的地方，如美西南部的亚利桑那州（Arizona）等地，每一个地方的人数都不太多。但是到后来运输机训练都集中在得克萨斯州首府奥斯汀市（Austin）的伯格斯特朗空军基地（Bergstrom Field），受训人员和翻译人员共500余人，包括吴文津和他同僚的

1945 年在美国科罗拉多州丹佛市洛瑞空军基地与中国空军受训人员合影。中间手持酒瓶者为吴文津

100 位翻译官，吴文津仍被推举为这一大群人的领袖。他和翻译官同仁许芥煜被派至该地训练总部办公室工作，两人后来成为挚友。当时他们的工作主要是笔译，没有参加课室或飞行的口译工作。

中国空军在美国训练的项目于 1946 年夏天结束。当年 5 月美军驻华总部发布命令称："奉总统指示，依据总统行政命令 9586 号（1945 年 7 月 6 日）为协助美国对敌作战立功之下列人员颁发自由勋章（Medal of Freedom）（铜粽叶）。"自由勋章与国会金质奖章并列为美国最高的平民荣誉，二战期间由美国总统杜鲁门（Harry S. Truman）设立，颁发给协助第二次世界大战胜利有功之美国平民以及外国盟军人员。1946 年获得这一奖项的包括 26 名中国将官，56 名翻译官（22名为 FAB—100 成员），吴文津名列其中。1963 年肯尼迪总统（John F. Kennedy）将其更名为"总统自由勋章"（Presidential Medal of Freedom），受奖者不需要是美国公民，这一奖项的知名获奖人士包括史蒂芬·霍金（Stephen Hawking）、迈克尔·乔丹（Michael Jordan）、泰格·伍兹（Tiger Woods）等。

训练项目结束，受训的空军人员陆续返国后，100 个翻译官得到国民政府的允许，如果能获得美国大学的入学许可，就可以留下来完成之前在国内被中断的学业。当时有 50 多位翻译同仁选择留在美国求学。1946 年秋，吴文津在西雅图华盛顿大学插入二年级攻读历史，这样就结束了将近 4 年服役任翻译官的生涯。

2006 年 7 月，在已改名为奥斯汀—伯格斯特朗国际机场（Austin-Bergstrom International Airport）的购票厅有一个永久性的"FAB—100

展览"揭幕仪式。这个关于 FAB—100 在美服役前后的展览，发起人是奥斯汀市戴尔（Dell）电脑公司资深副总裁兼法律总顾问、哈佛大学法学院毕业的杜建善（Larry Tu），他是 FAB—100 成员杜葵之子，杜葵是吴文津的翻译官同仁，曾在伯格斯特朗空军基地服役。展览揭幕时邀请吴文津等曾被颁发自由勋章中的 6 位 FAB—100 成员参加典礼，吴文津代表 FAB—100 致谢词。

2020 年底，中国的"盟军译员研究室"托人在美国国家档案局找到一份资料，上面写明吴文津已经在 1945 年升为"一级翻译官"，但当时吴文津并没有收到通知，因此一直认为自己是"二级翻译官"。这份文件有"declassified"（解密）的字样和解密的号码，上面的"美供应处"不知具体所指什么机构，但可以肯定是美国军方驻华机构，我问吴先生年近百岁得知自己当年又升职了，是种什么感受，他在回信中说：

> 这是 75 年前的事，现在才发现，确实是非常惊诧。当时升官了，都不知道。但是事过境迁，和现在的我好像没有什么关系，只是我生命的一个小注脚而已。

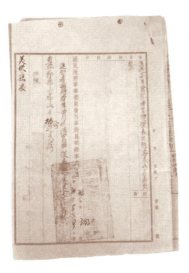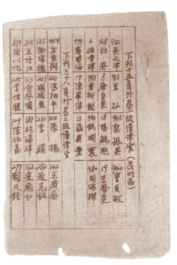

1945 年 5 月 9 日，国民政府军事委员会外事局昆明办事处转给美国驻华军方的"外事局奖惩名单"，其中"一级翻译官晋升名单"中有吴文津的名字

# 从台山移民到西雅图

　　与吴文津的军旅生涯相得益彰的是，同一时期雷颂平的人生经历展现出华人生活的另一面——背井离乡、种族歧视、漂流海外。抗战爆发后，1938年十五岁的雷颂平和母亲、妹妹一起回到美国和父亲团聚，那时两个弟弟已经和家里一位堂叔先到了美国，这次和她们一起赴美的还有雷颂平的堂弟和堂妹。他们兄妹在美国出生后随父母回到了中国，在中国父母又生了一子一女，不能全家一起再回到美国，雷颂平的妈妈就对堂弟堂妹的父母说："如果你们相信我，我愿意把他们（在美国出生的兄妹）带回美国去。"到美国后，他们在雷颂平家长大，与雷颂平家的孩子如亲生的兄弟姐妹一样，雷母也将他们视为己出。

　　他们先坐船到达广州，再从广州再坐船到香港，在香港等了三个月，等雷父把办好的签证等文书寄过来。雷颂平的妹妹在美国出生，是美国籍，妈妈有配偶在美国工作，办手续都相当容易，雷颂平只有15岁，还是未成年人，所以手续也不是很麻烦，但是因为申请签证的人太多，需要"排队"等候，所以时间拖得很久。

　　　　最初我们在旅馆里住了一个星期，后来妈妈又拿着报纸出去找房子。找了几天都没有合适的地方。幸好爸爸在美国有一位好朋友，他家住在香港，欢迎我们到他家暂时寄住，我们也不客气，就搬去了，但是床铺不够，他家的两个女儿晚上要睡在桌上。这样一直等到两个多月签证下来后，全家才离开香港坐邮船到美国。同时，妈妈答应要带到美国去的堂弟和堂妹也从台山赶到香港一起启程。

　　从香港上船后先到上海，然后途中停泊在日本长崎，有日本海关人员和士兵上来检查，当时中国正在抗战时期，雷颂平对日本兵感到厌恶且恐惧，"我当时看都不想看他们"。船到美国以后，因为《排华法案》还没有废止，她们一到西雅图就被关在市中心一个与外界隔绝的地点。雷颂平的堂弟和堂妹因为有美国出生证，所以入境时就放出去了。但雷颂平和妈妈都是中国籍，妹妹虽然出生在美国，但带回中国时只有两个月，美国移民局无法确认这个八岁的小女孩就是当初那个新生儿，所以一直盘问她们一家。只因那时候许多华人移民，都是通过购买出生纸冒名顶替别人的孩子入境美国的，所以一家人一进入移民局，就被单独审问，看每个人所说的话是否一致。

移民局的人考问十几岁的雷颂平好多问题，其中一个是关于她台山家里房子的："你老家的房子里，你妈妈阳台的门是木头的还是玻璃的？"雷颂平说："是玻璃的。"对方说："不对。"雷颂平平静地说："我记得是玻璃的，因为光线很好。但我很少在家，因为那时我在台山城里上学，而这房子是我爸爸从美国回去时新建的，我没有住过。"那时拿着假出生纸的人，大多已经把顶替者家里的情况背了个滚瓜烂熟，雷颂平的回答虽然不见得完全正确，但却句句诚实。雷颂平的妹妹贝茜天真活泼，虽然被反复盘问一个多钟头，但没有一丝胆怯，移民局官员一本正经地问她，回答问题的时候必须"讲真话，讲全部的真话，没有半点虚假的真话（tell the truth, the whole truth and nothing but the truth），你听懂了吗？"妹妹翻翻眼睛说："听不懂。"美国人拿她也没有办法。至于盘问的过程，雷颂平的记忆是：

> 后来我们问她（指贝茜）移民局的官员都问她什么问题。她说："他们问我什么，我就答什么。他们后来一直在笑，也没有讲有什么不对的！"

移民局关人的地方就像是监狱，到处都是铁门，出去吃饭的时候，要十个人一组走出来，每出一道门，铁门都要下锁，厕所和洗澡堂也没有门，在这像是"集中营"的地方，吃的是中国菜，不过都是乡下人吃的那种咸鱼、猪肉，大概是美国人以为中国人爱吃的东西。雷颂平的两个弟弟每天放学以后都要到她们被监禁的地方来探望她们，但是不能进去，雷颂平她们只能在窗口上看看他们在下面玩耍而已。多年以后，雷颂平的弟弟在美国FBI（联邦调查局）工作，拿到一份当时口供的材料，里面入境的情形，写得十分细致，雷颂平看

1938年雷颂平和家人在爸爸买的房子前

了之后，笑了很久。移民局的官员在材料上写道："我想他们是真的一家人，因为孩子们每天放学后都要跑来看他们的妈妈和姐妹们。"

这次再来美国，家里的境况好了很多，雷颂平的爸爸已经在西雅图打理雷颂平祖父的面厂，祖父最喜欢这儿子，只是以前雷颂平的爸爸不懂英文，所以当时不能把面厂交给他。这次团聚，已经执掌面厂的爸爸买了一所小房子给全家人住。

一大家子人定居异国，茶米油盐是头等大事。雷颂平的母亲从前在教会学校教书，婚后家里有佣人，不会煮饭。到了美国后，孩子们上学每天三餐都要她个人处理，还要洗衣服和做清理的工作，忙不过来。家里最会煮饭的父亲要在面厂工作，帮不上忙。

> 只有在爸爸不用上班的时候，才可以做很好的晚餐给我们吃，有白切鸡和蒸排骨。他做的豉汁鱼尤其好吃，有时候他也做我喜欢的炸鸡和牛排的西餐。后来我们都学会了自己做早餐，也会做些三明治。

第一次离开美国的时候，雷颂平只有 5 岁，一直生活在华人的世界里，完全不会说英语，这次再回来已经是中学生，所以从 ABCD 开始，从头学习英文，当时西雅图的公立中小学都有个英文补习班，让不懂英语的学生有机会恶补语言课，但十分简陋，十几个学生，从 5 岁到 18 岁，全部都在一间大教室里，学生中除了中国人还有犹太人和日本人，老师只有一个，带着念些英语儿歌等。雷颂平觉得自己和日本人有"不共戴天之仇"，心里暗想"如果不是因为日本人，我们也不需要到美国来"！但转念一想，战争和同班的日本孩子没什么关系，也和他们用汉字"笔谈"。

一年之后，她就被送到西雅图著名的公立高中富兰克林高中，起初什么都听不懂，只能发奋用功，学校里还有很多其他中国学生，但都是美国出生的，不会讲中文。当时没有专门针对"以英语为第二语言"（English as a second language）[1] 的课程来帮助新移民，只有靠自己去琢磨，她每天一有时间就拿着字典看，凭借着天资聪颖和勤奋努力，高中毕业的时候，雷颂平的英文已经"没有任何问题"。

雷颂平放学以后还要上中国城的中文学校，那时候在美国华人社会中，广东话才是通行语言，中文学校里都是讲广东话的，雷颂平家里则讲广东台山方言。当时中国正在抗战时期，雷父很爱国，请了西雅图中国领事馆的一位领事先生，作为家庭教师到雷家教普通话，一个

二战期间雷颂平的配给证和配给券

礼拜一次。这位先生来自杭州，国语很好，因此雷家人都学会讲一点普通话，却没有什么地方可以用，如今雷颂平会讲流利的普通话，是因为退休后搬到美国西海岸加入中国人的教会，跟教会朋友和亲友们练出来的。她还记得父亲很有远见，说以后大家都会讲普通话，所以一定要懂。

对于海外移民，身份是个大问题。虽然已经全家定居美国，雷颂平有绿卡（永久居民身份）就觉得已经够了，"我那时候就想，我是大中华民国的国民，才不要入美国国籍"。后来大学毕业和吴文津结婚以后，吴文津因仍是学生身份，每三个月都要到移民局报到，不去

---

[1]　简称 ESL，指英语为其他非母语人士使用的情形或研究。

的话要被遣送回国，十分不方便，所以雷颂平申请了入籍，夫妻一起变为美国国籍。入籍还须通过口试，要等两年的时间，手续十分繁琐。雷颂平的父亲一直到九十多岁都还没有入籍，只是有绿卡，后来进出海关很麻烦，才申请入籍。入籍考试会问很多有关美国宪法和政府组织的问题，他便很认真地做了准备。美国考官看他如此高龄，并且已经在美国生活了这么多年，考试的时候只问他："雷先生，'林肯美分'（美国的一分钱硬币，因为上面有美国总统亚伯拉罕·林肯的头像而得名）上面是什么人的像？"他觉得很受冒犯，心想我花这么多时间念美国宪法，你居然问我林肯铜板上是什么人的像？！

最初雷父买的房子只有三个卧室，三个男孩一间，三个女孩一间，雷颂平16岁那一年，雷父看见儿女都已长大，大家需要多一点地方，于是就买了一栋两层楼、六个卧室、两个洗手间的大房子，各人有自己的房间，后来这个宽敞的家里，也经常请背井离乡的中国学生前来吃饭。父亲还买了一台缝纫机，雷颂平无师自通，起初做了些简单的东西，如新居的窗帘，后来学会了做衣服，从那时开始，她母亲、妹妹和她自己的衣服都是由她做的。她的堂妹也喜欢学做衣服，所以她们常一起琢磨、互相帮忙。

1941年12月珍珠港事变后美国对日本宣战，符合年龄的男性都被征调入伍，美国国内工厂、商店的工作都由女性接班。雷颂平虽然家境优裕，但也想找个工作，存一点钱上大学。她所打听到的第一个地方是电话公司，可以作接线生，每小时工资37美分，食品杂货店也需要人，每小时工资25美分，因为去电话公司来往需要搭乘公共汽车，很费时间，同时下班也很晚，所以她就选择薪水较低、但是可以步行到达的杂货店工作，没想到苦不堪言。

1940年代雷颂平（左二）和妹妹贝茜（右一）在自家面厂的花车上参加西雅图著名的"海洋节"

> 每天什么都要做，主要是货品的上架和下架，还要负责扫地和整理其他杂物。我的同伴是老板的女儿，个子比我高大，工作时不需用梯凳，但我非用不可。老板经常颐指气使地叫我："雷！去！把门口扫干净！"我最不喜欢别人只叫我的姓，听起来很凶。说是有午饭吃，只给一根玉米，也没有休息的时间，做了五天就做不下去了，老板给我五块钱，叫我不必上班了。直到现在我都不知道那家店的厕所在哪里，因为上班时间根本连上一次厕所的空闲都没有。

雷颂平最后还是听爸爸的话到家里面厂的办公室帮忙管账，每月的工资是80美元，于是可以用自己赚的钱买东西了，尤其喜欢买漂亮的鞋子。雷颂平的妹妹在西雅图的高档连锁百货商场诺德斯特龙（Nordstrom）打工，这家商场至今遍布美国。从前电梯里都有个声音甜美的年轻女性帮客人按键加报层数，妹妹做这个工作可以挣一点零花钱，但是上大学还需要爸爸付学费，雷颂平赚的钱则够付大学学费的。

雷家人都很有爱心，生活气氛很融洽。家中有一只狗叫埃里克（Eric），是雷父在报纸看到有人不要了收养来的一只大丹麦犬（Great Dane），站起来像人一样高。雷颂平第一次看到的时候吓得不行，大家还开她玩笑说，这狗最喜欢戴围裙的女孩，吓得雷颂平赶快跑上楼去，可是习惯了以后非常疼爱它。埃里克很听爸爸的话，爸爸说"该吃晚饭了"，它就自己把碗和水盆叼到爸爸前面。有一次爸爸回中国去，埃里克在那三个礼拜不吃东西，后来撑不住了，就只喝一点点水。它虽然体型特别大，却不喜欢吠。

> 弟弟们还是小孩子时，有时候不听话，爸爸一喊叫，埃里克就立刻跑过来，歪着头看爸爸会不会站起来，怕爸爸会打小孩。其实爸爸不打小孩，他很和蔼，只是要口头教训他们而已。

爸爸每星期天下午习惯把他们三个都叫到放杂物的"柴

高中时雷颂平在自家书房，她开照相馆的舅舅抓拍了这张看书学习照

屋"去，我后来问弟弟他们在里面做什么，有没有打他们，他们跟我说只是训话而已，爸爸告诉他们哪里做得不好，下次不要做了。在我们家的所有孩子里，爸爸对我最客气。

雷颂平这个长姐在家中很有威信，能够帮助父母管家。

我可以做很多的事情，家里都是我打理的，妈妈要去面厂帮忙，我一个人在家里什么都管，每周六上午，妈妈不在家，我就给他们分派工作，让他们清理饭厅、厨房、自己的房间。弟弟妹妹都很听我的话。

少女时代的雷颂平不仅练就了出色的理家才能，自己为人母以后也和父母一样，很少打骂孩子。她还和父亲一样喜欢动物，结婚以后，家里也养过不少猫猫狗狗，她对它们都很有耐心。

## 聚昌面厂百年

聚昌面厂2017年已成立一百年，规模很大，产品销往美国西北部各州。2019年我在西雅图见到了面厂经营者、雷颂平的侄子雷基立先生，不仅在他的带领下参观了面厂，还听他谈家族往事。那天是一个典型的西雅图阴雨天，空中飘着蒙蒙细雨，我先在面厂的门市等待，看到了冰箱里整齐摆放的鲜面条、云吞皮，还有货架上各种口味的幸运饼干（fortune cookies）。

幸运饼干这东西很奇妙，烘焙出的圆形薄饼干在热乎乎的时候折起来，冷却后就呈元宝形状，里面还放有一张小小的纸条，上面用英文写着"失败是成功之母"这样的人生箴言，也有"你将会遇到一位人生知己"之类的预言，是谁发明的已无法考证。在西方国家吃中餐一定会附送幸运饼干做为甜点，因此被视为中餐甚至中国文化的象征。聚昌面厂是美国最早用机器制造幸运饼的厂商之一，现在每天都生产约八万个。

我看到一位金发女孩笑眯眯地走进面厂门市，年龄打扮像是个大学生，她感兴趣的是货架上一大袋一大袋不那么"幸运"的"幸运饼干"，因为它们在制作的过程中没有被完美折叠，要么就是被碰碎了或者小纸条掉了出来，这样的饼干只要 9.35 美元就可以买到 5 磅的一大袋，对于省吃俭用的学生，可能是一个礼拜的早餐了。我看她笑嘻嘻地拿起手机拍了张照，买下一大袋，心满意足地付钱离去。随后出现的是一位衣着整齐的华人中年妇女，她撑着伞走过来，进门时冲我们和气地点了点头，似乎与售货员相熟的样子，很快买了十几袋云吞皮，也是微笑着离开了。她们的脚步都很轻，好像是怕打扰雨天午后的宁静。

雷基立先生在工厂门口等着我们，他有着雷家人典型的不高的

聚昌面厂今日景象（本书作者摄于 2019 年）

身材，也有着雷家人一样天然的亲切感，他热情地带我们参观了生产线，面粉、鸡蛋、盐和水是面条所有的配料，绝无其他添加成分。面团轧成薄片以后有的做成面条，有的做成云吞皮，面条放在木架子上晾干，一位女工把面条挂在木架上形成的那个弯钩敲碎，就成了整整齐齐的笔直的干面条，鲜面则是干面蒸过以后恢复柔软再装袋的。雷基立先生给我们展示了面厂里的一台老机器，是他的祖父——雷颂平的父亲雷法贤先生和同事亲手制作的，至今仍然在使用，幸运饼干的机器是从大阪进口的，食谱则是他的祖母——雷颂平的母亲伍爱莲精心设计的：面粉、鸡蛋、糖、香草香精和椰子油。

雷基立先生陪着我们穿梭在厂房里，他边介绍边爬上爬下地查看着机器，口里讲着话，手上也从不闲着，把巨大的推车从这一层推到下一层，快速走动着和工人们交谈，那种自然而然的工作热忱，带着不知疲倦的勤劳认真。他的身影和我想象中雷法贤先生的身影重合又融为一体。谈起他的家人，雷基立先生说，小时候自己在祖父祖母膝下长大，祖父祖母总是教导他中国传统的道理，例如"己所不欲、勿施于人"，对待别人要诚恳善良等。他们抚养他长大的时候，总和他说广东话，希望他以后仍然会讲中国人的语言。他说他的父亲——雷颂平的大弟弟——现在也已经九十多岁了，自己的父亲就和"娜丁姑妈"一样，虽然在美国这么多年，但因为在中国成长的经历，总还是遵循着中国人的传统。他的子女都对经营面厂没兴趣，因此几个月前刚刚把面厂卖掉了，新的经营者希望他再工作几个月，完成交接后退休。他说自己退休以后也想在社区里做志愿者，帮助身边需要帮助的人，而他家也继承了祖辈的传统，每逢年节就会请中国学生到自己家里吃饭。

阴冷的天气，面厂里很温暖，面条散发出湿润的气息，走出来的时候，头发上都有股幸运饼干柔柔的甜香。想到从前无数的中国人，背井离乡到这里打工，在面厂做事比餐厅里打杂要好，不需要熬夜，雷家一直善待工人，给他们合法的身份和有保障的工资。正是因为面厂一直信誉良好，因此当年扩大规模需要贷款时，由西雅图政府亲自出面担保。因为脑海中浮现出一代代中国移民辛勤的身影，我也因此对这里充满了一种亲切的感情。

## 第四章

在西雅图华盛顿大学读书和恋爱

吴文津参军的时候是重庆中央大学二年级的学生，1945年8月日本投降后，中国空军在美国的训练项目于1946年夏天结束，国民政府通知在美翻译官们说，考虑到很多翻译官都是从学校里面自愿从军的，没有读完大学，因为他们抗战有功，可以留在美国继续念书，由政府补助学费。在一百位翻译官中，有五十人选择回国，还有五十人留在美国继续学业，吴文津就是其中之一。

中国翻译官们完全不知道如何申请美国大学。空军基地里有一个美国军官充当"文化官"，任务是每个星期放电影给大家看，还管理一间图书室。他们就一起去找这位"文化官"，由他帮忙要到了几个大学的申请表，再在他的帮助下填好寄出去，其时空军都已经撤离，基地里空空荡荡、冷冷清清的，不复训练时热烈的场面。吴文津有一种"无家可归"的感觉，他收到的第一个录取通知书来自西雅图华盛顿大学（University of Washington，缩写为UW，中文简称"华大"），他见华大不仅录取他，还接受他在中央大学时候的学分，准许他插入大学二年级读书，很高兴地接受了。

重返校园的吴文津决定选择历史专业，在亲身经历一场战争之后，他认为只有从历史的经验和教训中学习，才能够在未来避免战争的发生。

> 经历过战争的恐怖，我想知道为什么会有战争，怎么能避免战争的发生，因此要想从历史中找到答案。学术研究本身不一定能避免战争，很多主动战争的人，也是很聪明的人，但他们没有把才智用到正确的地方，怀有野心、一心想去征服，他们没有历史的观念，不会去反思过去，所以战争发生的机会就增加了很多。历史是活的，即使过去千百年，对现在依然有参考价值。

当时同去华大的还有四位翻译官朋友：程道声（Tommy Cheng）、邹国奎（Leslie Tsou）、范道钊（T. C. Fan）和杜葵（Duke Tu），四人身上没有多少路费，就搭了空军的飞机去西雅图。可是入学以后本来由国民政府承诺提供的奖学金，却因抗战结束不久内战即爆发，国民政府自顾不暇，吴文津和他的同仁们"一个钱也没拿到"，立马面临生计问题。其实做翻译官的时候薪水并不低，只是二十出头的年轻小伙子们都不懂得存钱。

> 做翻译官时薪水是一个月 275 美元，咖啡只需要 5 美分一杯。在空军基地的时候，可以在军士饭厅吃饭，早中晚一样，都是 25 美分一餐，那时候很 foolish（愚蠢），偏不去军士饭厅，一定要去军官俱乐部吃，因为那里可以玩 slot machine（老虎机），军官俱乐部一顿饭要一两美元，再加上一直拉 slot machine，所以没有留下什么钱。

**奖学金泡汤之后，大家年纪轻轻，口袋空空，只好四处打工。**

> 那时候年轻，辛苦一点也无所谓，就到餐馆里洗盘子、扫地。移民局的规定很严格，外国学生要注册为"全时"（full-time）学生，才能得到工作许可证，所以平日要和别的学生一样上课，只能晚上和周末做工，深夜回来还要念书，生活很苦，成绩也不是很好。打工所得的钱马马虎虎可以应付日常生活费用。
>
> 有一个暑假，我晚上在一间意大利餐馆做工，从我住的地方转一次公共汽车，一路从西雅图城的东边赶到西边，大概要一个多钟头才能到达那里。那个餐馆的师傅是个意大利太太，很会做菜，我要吃什么都给我做，吃得很舒服。但是意大利人也吃辣椒，可能辣的和黄油不能一起吃，两个星期之后胃受不了了。老板娘看我不舒服，就每天给我煎鸡蛋吃。在一个有名的餐馆只能吃煎蛋，是一件非常遗憾的事。意大利餐馆厨房里用到的小锅小碗很多，用了之后马上就要洗干净，还要打扫厨房。每天下午 5 点离开住处，回来的时候总是半夜，相当辛苦，也很有意思。那时候年轻，不在乎。

上学的时候找一些零活，放假后他们就去工厂做工。

有一年暑假，我到华盛顿东部斯波坎市（Spokane）城外一个名叫"绿巨人"（Green Giant）的罐头厂打工，因为田里的蔬菜拿来要立刻装罐头，才能够保持新鲜，工厂24小时运转，一天分为两班，一班是从早八点做到晚八点，一班是从晚上八点一直做到第二天早晨八点。日班工资是一小时一美元，夜班则是一美元零一角，我们就都选做夜班，可以每小时多赚一角钱，晚上八点开始，到半夜十二点之前有半小时吃饭，然后一直做到第二天早晨。住在罐头厂提供的宿舍，有上下铺，睡的垫子也是草的，床单床罩全没有，也没有水管子，要到田里拿水用。年轻的时候都不在乎，那是很好的经验。

回忆起那一段打工糊口的学生生活，吴文津用得最多的词是"年轻""不在乎"和"有趣"。大概是因为年轻，"少年不识愁滋味"，所以对生活的艰辛"不在乎"，也许正是因为不在乎，所以什么辛苦的事情都觉得"有趣"。听着他幽默地讲述，我脑海中总能浮现出一群年轻帅气的小伙子，在光鲜亮丽的军官俱乐部抽着雪茄、喝着咖啡，一转眼又在餐厅工厂里麻利地干着杂活，也许一边扫地刷盘子还一边哼着英文歌呢。

这样过了一段时间以后，华大成立了一个"外国学生奖学金"（Foreign Student Scholarship），吴文津前去申请，每个学季[1]得到75美元可以用来付学费，可谓是雪中送炭。但是学校的宿舍太贵了，很多学生住不起，就租人家房子里空闲的卧房。对于那个年代的亚裔学生来说，别人家里的房间也不好租，吴文津第一次感觉到"种族歧视"就是在华大找房子的时候。

当时到处找地方住，拿了招租的广告找上门，问人家这里是不是有房间出租，对方上下打量了我一番，说对不起，我们已经租掉了。但我可以感觉到，他只是不想租给亚洲学生。

[1]　相比于一年两个学期的"学期制"（semester system），华盛顿大学等大多数美国西海岸高校实行的是一年三个学期的"小学期制"，以一个季度为一学期，也称为"学季制"（quarter system）。

有一个行动不便的老太太家里有四五个房间，租给中国学生住，可以用她的厨房，学生们需给她做家务、打理花园抵房租，既实惠又省事，吴文津和几位中国同学就住了进去，谈到这些经历，他不觉艰难，反而说："外国人到美国要融入当地的环境，这都是很好的经验。"

吴文津所就读的华盛顿大学创建于 1861 年，是全美著名的公立研究型大学，既是美国西岸最古老的大学，也是最优秀的大学之一，华大不仅因学术水准闻名，还以秀丽的风景著称，校园里种满了樱花树，每到春天云蒸霞蔚，落英缤纷。天气晴朗的时候，在校园中可以远眺美丽的雷尼尔雪山（Mount Rainier）。正对着学校红砖广场的苏萨罗图书馆（Suzzallo Library）是华盛顿大学的主图书馆，也是令华大学生们引以为豪的地标，图书馆在华盛顿大学校长亨利·苏萨罗（Henry Suzzallo，1875—1933）在任时开始修建，并在他去世后以他的名字命名以作纪念。这座美丽的图书馆是典型的哥特式建筑，雄伟壮丽的门廊上雕刻着繁复精美的花纹，阳光透过二楼的彩绘玻璃窗，在阅览室投下斑斓璀璨的色彩。走出图书馆，沿着广场信步而下，就会看到一座气派非凡的圆形大喷泉。

提到华大，吴文津总有一份深厚的情感，因为他在这里选定了毕生所追求的事业，也邂逅了自己的人生伴侣。

# 与图书馆事业结缘

吴文津入学后不久的 1948 年，华大筹备建立"远东和斯拉夫语言文学系"（Far Eastern and Slavic Languages and Literature）[1]，也包括对中国语言文学的研究。那时华大图书馆里有一两千本无人问津的中文书籍，是 30 年代洛克菲勒基金会（Rockefeller Foundation）捐钱购

[1] 该系与赫伯特·高文（Herbert Gowen）在 1909 年创立的"东方历史、文学与制度系"（Department of Oriental History, Literature, and Institutions）完全不同。1909 年的"东方学系"研究重点为"近东"，即今天的中东。1949 年所建立的"远东和斯拉夫语言文学系"（Far Eastern and Slavic Languages and Literature）才正式包括东亚语言和文化，后中东研究从该系分出，目前该系名为"东方语言文学系"（Department of Asian Languages and Literature），详情可见于该校官方网站的亚洲语言文学系主页（https://asian.washington.edu/about）。

买的，因为华大没有东亚图书馆[1]，这些书籍未编书目，也无人管理，没有发挥任何作用。这个新的系成立后，便决定整理这些图书，吴文津前去申请了这份工作。之前因为他的学生身份，能够用来打工的都是周末和晚上的零碎时间，不仅劳苦奔波，还只能做一些体力上的杂活，图书馆这份稳定的兼职工作让他免去了四处打零工之苦，因此格外珍惜。

> 他们雇我在苏萨罗图书馆的东方研讨室（Oriental Seminar Room）里写卡片，整理这批中文图书，把书名、作者、出版时间和在图书馆里的位置登记下来，再理出一个清单。他们对我很好，只要任何时候有连续两个钟头的时间，就可以来工作。我每个星期可以做到 20 小时，每个月给我 75 美元，30 美元用来付房租，30 美元在学校的食堂吃饭（一天两餐），还有 15 美元作为零用，那样的话就不必去学校外面打工了。晚上、周末都有自己念书的机会，让我能够在 1947 年到 1949 年三年内把书念完。

吴文津是第一个在华大整理中国书籍的人，这份工作他做起来兴致盎然，徜徉在书籍的海洋里，有如鱼得水之感。

> 我当时在图书馆工作时觉得这份工作可以看到各种各样的书籍，虽然不能从头到尾阅读，但是有机会得到很多知识，感到图书馆工作和自己的历史专业比较接近，可以一边工作，一边增长自己的知识，所以对图书馆工作产生了浓厚的兴趣。

---

[1]　1947 年华盛顿大学成立"远东图书馆"，露丝·克拉德（Ruth Krader）被聘为首任馆长（详情见后文）。这一时期华盛顿大学图书馆虽有东亚方面的馆藏，但没有东亚图书馆。根据沈志佳《回顾与展望：华盛顿大学东亚图书馆》：1947 年，"东亚馆"正式更名为"远东图书馆"，但华盛顿大学官方网站的介绍（https://www.lib.washington.edu/east-asia/about）是，直到 1976 年，"远东图书馆"迁到位于"高文楼"的现址，才被命名为"东亚图书馆"（East Asia Library）。根据吴文津的回忆，40 年代华大图书馆并无"东亚馆"和"东亚图书馆"的机构称谓。2020 年，华大的东亚图书馆获得"馆内基金会"六百万美元的捐款，更名为"馆内东亚图书馆"（Tateuchi East Asia Library）。

吴文津是这间东方研讨室里唯一的学生助理，当时没有电脑，所有工作都是手工完成。后来"远东图书馆"成立，这批图书被转移到远东系的汤姆逊大楼（Thompson Hall）后面、一个建于二战时期的临时木房子里，那座简陋的木房昵称"shack"，就是英语里"窝

（左到右）吴文津、陶维勋、露丝·克拉德（Ruth Krader）、范道钊（T. C. Fan）、女秘书。约 1949 年摄于华大校园

棚"的意思，吴文津也就随着书一起从苏萨罗图书馆迁到了"窝棚"继续工作。"远东图书馆"正式成立后，第一任主管是露丝·克拉德（Ruth Krader），她是位研究中国问题的人类学家，在耶鲁取得博士后又修了一个图书馆学学位。专业人员只有原本在南京中央图书馆工作的陶维勋（Clinton Tao），陶维勋是中央图书馆馆长蒋复璁（1898—1990）[1] 推荐来的，毕业于中国第一所图书馆学高等学府——武昌的文华图书馆学专科学校；不久又增加了两位学生助理，一位是航空工程系的范道钊，是吴文津的翻译官朋友兼四川同乡，另一位是个日本人，后来又增加了一位女性助理。于是远东图书馆从一个人单打独斗，仿佛一夜间变成个比较有规模的机构。

远东图书馆成立之后，吴文津的工作专业性更强了，他学会了使用"四角号码"[2]和"哈佛燕京分类法"[3]，可以为图书的目录卡片进行书目编号，虽然汉字还都需要手写，但是英文书名和作者的拼音已经可以用打字机打出来，制作好的编目卡片按照字母的顺序放在目录柜里。那时候图书馆还都不开架，借书者需要填写借书单，由图书馆的

[1]　蒋复璁，浙江省海宁人，曾任职国立北平图书馆（中国国家图书馆前身）、南京中央图书馆第一任馆长，也是 1965 年台北故宫博物院的首任院长。

[2]　四角号码，汉语词典常用检字方法之一，把笔划分为十类，用最多五个数字来对汉字排序。四角号码检字法由王云五发明，高梦旦则是"附角"发明者。

[3]　哈佛燕京分类法（Harvard-Yenching Classification），把美国杜威分类法和中国四库的分类法结合起来，为哈佛燕京图书馆第一任馆长裘开明创立，从 1940 年代一直用到 1980 年代。本书第六章有详细介绍。

工作人员为他们把书拿出来。

在许多人的印象里，图书馆工作枯燥而琐碎，而吴文津却能胜任愉快，这不仅因为当时这份工作对他的生计至关重要，也因为他对书籍的热爱和他严谨认真的性格。在和吴先生的交往中，我深感他时时处处都一丝不苟，说话言之有据，做事有条不紊，而这些正是图书馆专业所需要的素质。

这段打工经历让吴文津对图书馆学产生了浓厚的兴趣，在本科毕业以后，他成了华大图书馆专业的第一个中国研究生。在就读硕士期间，吴文津已经决定日后有机会到美国大学的东亚图书馆服务。因此除了学习图书馆学的知识，他还仔细阅读了许多关于现代中国图书馆发展的文献。其中包括中国现代图书馆事业的先驱袁同礼（1895–1965）[1] 先生编辑的《图书季刊》等专业刊物，后来他到斯坦福工作以后居然遇到了倾慕已久的袁先生，十分敬佩袁先生的学养和为人，至今仍然感念袁先生在工作上对自己总是"有求必应、循循善诱"。

当时吴文津有位同班同学名叫肯尼·S. 艾伦（Kenneth S. Allen），两个人很熟，吴文津叫他肯（Ken），肯告诉吴文津，自己的儿子保罗很聪明，可是不太喜欢念书，对计算机却情有独钟，他的儿子就是日后和比尔·盖茨一起创立微软的保罗·艾伦（Paul Allen）。肯尼·S. 艾伦毕业后一直留在华大图书馆工作，后任华大图书馆副馆长直到1982 年。1989 年，为了纪念他的父亲，保罗·艾伦给华大捐款 1800 万美元建造"肯尼·S. 艾伦图书馆"（Kenneth S. Allen Library）。

吴文津一边继续在图书馆打工，一边念书直到 1951 年毕业。当时他的上司是一位很负责任的美国太太，一直对他非常照顾，然而那时候图书馆专业毕业的学生就业前景并不十分乐观，她曾经善意地提醒过吴文津，但他却并未知难而退。

> 她问我为什么学图书馆学，我说："我对图书馆工作很有兴趣。"她说："你毕业以后，华大这里可能没有工作给你。"

---

[1]　袁同礼，生于北京，曾任北平图书馆馆长，著名图书馆学家与目录学家。

因为那时美国的东亚图书馆规模都很小，人员也不多，所以并没有多少就业机会。我说："没有关系，我试一下。"

前排：露丝·克拉德（Ruth Krader）、女秘书；后排：陶维勋、范道钊（T. C. Fan）、日裔工作人员 Ted Yasuda

2017 年，华盛顿大学东亚图书馆成立 80 周年，吴文津被邀请前去讲话，他告诉听众，自己非常怀念自己在华大图书馆度过的时光，因为这段日子让自己选择了图书馆事业，得以日后在斯坦福大学和哈佛大学的图书馆中工作，图书馆生涯是他一生中最有意义的事情。

## 在华大的学生生活

20 世纪 40 年代初，美国大学里的中国学生极少，吴文津和翻译官朋友到了华大以后，就去学校的"国际宿舍"（International House）寻找其他中国学生，在他的记忆里"国际宿舍"是校园附近的一栋学生宿舍，但不限于外国学生居住，有时也举办一些促进文化交流的活动。他们在那里找到一个念森林学的东北人和一个念经济学的上海人，都因为珍珠港事变无法回国，这下来自大陆的中国人就有七个了。

吴文津在华盛顿大学读书期间的另一重要收获，就是邂逅了他未来的妻子、当时同在华大读书的雷颂平。

雷颂平全家定居在西雅图，高中毕业后就选择到华大读书，因为公立大学都对本州居民有优惠。她那时在自家的面厂工作，一个月有 80 美元薪水，华大对华盛顿州居民收取的学费每个学季不到 50 美元，

"华社"男子排球队，前排左一为吴文津

这样她可以自己负担全部学费，不过为了省钱仍然住在家里，严格来讲不算留学生。她在大学里读的是生物专业，所学习的课程包括细菌学、病理学等，在今天算是医学专业，那时候这些科目都还笼统地归在生物学下面。

他们第一次见面，是在西雅图中国总领事家里，那时候海外华人不多，中国学生常受邀去总领事家中做客，吴文津就是其中之一。他对和雷颂平初次见面的情形毫无印象，而雷颂平却记得一清二楚，因为吴文津当时坐在她旁边，借她的墨水笔写什么东西，笔借走后，她密切注意着他的一举一动，怕他忘记还笔。多年以后，雷颂平的女儿对她说："妈妈，不就是一支笔吗？不值得那么紧张。"雷颂平回答说："墨水笔在当时可是很贵的！"

　　1947 年到 1948 年间，华大的中国学生更多了，开始有自费到美国留学的，再加上公费的留学生，到了 1948 年一共有三十多人了，于是大家组织了一个中国同学会，称为"华社"（Chinese Student Club），吴文津在中国学生中资格老、乐于助人，被推举为"华社"第一任社长，那时候华大中国同学会里没有什么 ABC（American-born-Chinese，指在美国出生长大的华人），雷颂平是中国出生美国长大的，算是半个 ABC，但她也加入了华社，人缘很好，被选为副社长。华社主要的功能是将中国学生组织起来，他们的男子排球队曾经获得全校冠军，当时的排球是九个人一队，吴文津也参加了那场比赛，雷颂平等女生则是赛场边的"啦啦队"。学校里华人女同学很少，"华社"中女生还不到三分之一，著名经济学家马寅初（1882－1982）[1]的女儿

[1]　马寅初，浙江省绍兴府嵊县人（今浙江省嵊州市），经济学家、教育家、人口学家。

是其中一个。华社每个月都有活动，有时候出去野餐，也用留声机播放音乐，组织中国学生们跳舞，因那时跳舞是最普遍的社交活动。

当时雷家的面厂已经非常发达。在雷颂平祖父一代，面厂只卖干面，雷颂平的父亲接手后开始制作新鲜面条、炸面条，还曾经兼卖酱油等。雷父还从日本引进了机器做"幸运饼干"，那时一个小时就可以做6000个，是全美最大的幸运饼干生产商之一。雷父心灵手巧，面厂买了新机器，他自学就能使用，在他主理的时代，不仅引进了很多先进机器，也买了不少地，大大扩大了面厂的规模。雷家待人一向和善，雷颂平小时候在台山，家里有一个佣人，和主人家同桌吃饭，在当时颇为罕见，后来到了美国，雷父经营面厂时对待工人也是如此。

> 爸爸总是挽起袖子先做，把工人当作朋友，每天中午都亲自给工人们做饭，包括煲老火汤，别人说已经忙得很了，没有必要，他就说"这是我喜欢的事情"。周末他总是做很多吃的，带工人和他们的家眷到西雅图的公园里野餐，有时也去动物园。有时候有人来找爸爸借钱，爸爸不能把公家的钱借出去，也不能让他们空手回去，就把口袋里的零钱送给

雷法贤（挥手者）任中华公所的财务主管（1959年摄于西雅图"海洋节"）

他们。可笑的是我妹妹后来也学会了那一套。大学毕业后，她也是圣约瑟医院的化验师，每逢周末要从家里回医院工作的时候，都到爸爸那里去问他："爸爸，你口袋里有没有零钱可以给我去买车票？"爸爸说："零钱嘛……"，就把衣袋里的掏出来给她。不过如果有多出来的，她也分一点给我。

雷父为人公允，在中国城德高望重，曾任西雅图中华公所的财务主管，这一职位若非广受大家尊敬信任者难以胜任。面厂里吃饭的时候，谁碰巧在都邀请上桌。吴文津有一次碰上了，也吃了一顿。雷家每个周末都邀请中国学生去家里吃饭。留学生们大多生活清苦，吴文津常常在自己房间煮面，再开一个牛肉蔬菜罐头，倒进去就吃。而当年中餐馆很少，且质劣价昂，雷父常亲自下厨做中国菜，学生们到雷家就可以放量大吃一顿。除了吃饭，大家还一起打纸牌、看球赛。雷颂平的父母把这些中国学生都看成自己的孩子，他们也像是回家一样，其中有一位总自己打开冰箱拿腊鸭吃，有人告诉雷母，雷母丝毫不怪他随便，反而怜爱地说："他们真是可怜，平时都没有得吃。"这群学生不敢去雷家的面厂买东西，因为面厂里的人认识他们，不肯收钱，雷母看他们不肯去面厂拿东西吃，就对学生们说"你们真傻"，真心把学生们当成自己的孩子一样照顾疼爱。

雷母伍爱莲在西雅图（摄于 1940 年代）

因为雷家热情好客，吴文

津与雷颂平渐渐熟悉起来。

> 我对她的印象是：为人善良、富有同情心，还很能干，于是深深地被她吸引了。

雷家是虔诚的基督徒，很多学生也受到影响跟着去教会，其中包括吴文津，不过在最一开始的时候，他是"醉翁之意不在酒"。

> 在空军基地做翻译官的时候，当地的美国教会会招待我们，也请我们去作礼拜。我们当时远离家乡，在一个举目无亲的地方得到他们那种热情的招待，心里非常感动。 所以他们邀我们去教堂，我们也去应酬应酬，虽然我们觉得牧师所讲的弃恶寻善那一套很有意思，跟中国儒教所讲的仁义道德的观念也差不多，但是并没有任何要想信教的念头。
>
> 雷颂平家里是三代的基督徒。所以跟她在一块的时候，礼拜天总是要去作主日崇拜。她们当时去的地方很特别，只有一间聚会的屋子，不能算作教堂。主持人是一个年纪很大而且已经退休的、讲广东话的长老会牧师。去作崇拜的会众，基本上只是雷家的全家人——她的父母、三个弟弟、一个妹妹、一个堂兄、一个堂妹，她自己——和有时另外一两家人而已。 因为雷伯伯、雷伯母的英文能力还不够上美国教会去作礼拜的程度，而当时也没有中国教会，但是由于他们一定坚持要全家在一起作主日崇拜，所以只能到这个只有一间屋子的地方去聚会了。我对他们的这种虔诚和爱主的心，虽然非常佩服，但是实在是不明白为什么他们要这样做。我后来读《圣经》才明白这个道理。耶稣不是说"因为无论在哪里，有两三个人奉我的名聚会，那里就有我在他们中间"吗？这不就是他们当时的情形吗？我虽然常常跟他们一块去，但是我并没有想要成为基督徒的念头。我当时的动机很简单：我的目标是雷颂平！但是在我信主以后才明白，跟他

们一起去这个只有一间屋子的地方作主日崇拜，实实在在是神在给我领路，慢慢地让我下意识地去认识他。但是当时我心里完全没有这种感觉。

1948 年除夕，我打工后一个人回到自己的住处，心里很烦。因为在华大念书的经济来源完全要靠自己打工，而又必须是全时注册的学生才能拿到工作证，压力很大。同时离家背井，当时国内的政局很坏，非常思念母亲和家人，情绪复杂矛盾，有很多焦虑和苦恼，不知如何是好。那天晚上，不知不觉地跑到西雅图大学区离我住处不远、我曾经去过的长老会教堂去。他们正好有一个聚会。牧师所讲的是耶稣恩友，只要信赖"他"，"他"就会分担我们的忧愁、烦恼和苦闷，可以给我们指引，让我们得到平安、喜乐和力量。信息很简单，但是在那天晚上不知道为什么，对我确实有莫大的安慰和启示，牧师讲完了信息以后，唱的圣诗是"What A Friend We Have in Jesus"（"耶稣恩友"）。不知不觉我好像被放在另外一个世界里，忧虑苦恼完全烟消云散，心中充满了无比的喜乐！真正是"在主怀中必蒙护佑，与主同在永无忧"了！这种一刹那间的感觉大概就是圣灵来到我们心中的感觉罢？因之就决志在 1949 年年初受洗成为基督徒了。

吴文津意志坚定，去了查经班（基督徒研究讨论《圣经》的学习班）之后就慢慢地戒掉了香烟，这很不容易，因为在美国军队里的时候，可以到 PX（美军的军中福利商店）买烟和各种紧俏的物资，特供香烟不需要税，很便宜，所以很多军人烟瘾很大，吸的是骆驼牌（Camel）、好彩牌（Lucky Strike）和吉时牌（Chesterfield）的高级烟。他原本每天抽一包烟，有 20 支之多，在军队里还抽过一段烟斗，而且啤酒喝得很多，"就像是喝可乐"，开始去教会以后，这些嗜好都渐渐地放弃了。

追求雷颂平的人很多，有两个男青年去找雷母问："我们应该做什么才可以得到她的注意？"雷母说："我们很开通，婚姻大事都是子

女自己做主。但我想你们两个都
不合她的条件，因为她一定会找
一个基督徒。"后来有人为雷颂
平而受洗，雷颂平对那个人说：
"我很为你高兴"，但却没有和他
交往，可见并非基督徒就一定能
得到她的芳心。有一个祖籍广东
的年轻人，服完兵役在华大读渔
业，是个老顽固，没人喜欢他，
雷颂平背后叫他"渔夫"。这位
"渔夫"对她穷追不舍，他说英
语时口音很重，n 和 l 不分，管
"娜丁"（Nadine，雷颂平的英文
名）叫"累丁"，他去雷家的面
厂买茶（那时面厂门市里也兼卖
一些中国杂货），雷颂平问他要
什么茶，他回答说我就是想和
"累丁"说说话，令人哭笑不得。

雷颂平毕业留影

雷颂平让弟弟拿茶给他，他就说："我要'累丁'给我拿。"雷颂平的
弟弟没好气地说："你不会讲（她的名字），就不要讲了。""娜丁"这
个名字来源于俄语中的"希望"一词，他就用双关语恭维雷颂平说：
"累丁，累丁，New hope of China（中国的新希望）"，只是在他的嘴
里"new"听上去像"lew"，"China"就像是"拆啦"。"渔夫"拿着夏
威夷小吉他跑到面厂里去给雷颂平唱《勿忘我》（Forget Me Not），他
说 not（不）听起来像 lot（好多），他一出现，雷母就不解地说："他
又来唱什么'don't forget me lot'[1] 了。"

　　因为很多人追求雷颂平不成，有人背后议论雷母"拜金主义"，

---

[1]　"Don't forget me"的意思是"别忘了我"，而"lot"的意思是"很多"，"forget me lot"是一句
不通的话。

猜测她肯定是想把女儿嫁到更有钱的人家，其实不然，吴文津是追求雷颂平的人里最没钱的一个，可雷家人都对他颇有好感。他一开始也不是基督徒，但是愿意和雷颂平一起去团契（基督徒的聚会）。成为基督徒以后，吴文津和雷颂平的关系更近了一层。他很受女生的欢迎，一年一度舞会的时候，不少女生都主动来邀请他，幽默风趣的男生讨人喜欢，雷颂平说吴文津那时候"讲笑话第一"。

> 我们认识的时候，他头上有几根白头发。我说："你有白头发啊。"他说："是啊，我四川老家有三个儿子呢！"
>
> 他有一次跟我说："你们吃东西，你没有分给我。你们卖鱼、卖鱼。"我说："什么卖鱼。"你猜卖鱼什么意思？原来是 selfish（selfish 是英语里"自私的"的意思，听着像 sell fish）！他讲过好多类似的笑话。

听了吴太太叙述，我想起钱钟书写过打油诗调侃他的好朋友向达——"外貌'死的路'（谐音 still，意思是"没有动静的"），内心'生的门'（谐音 sentimental，意思是"多愁善感的"）"，大概精通外语而又思维敏捷的人都爱开这样谐音加双关语的玩笑，有时候听的人一时还真解不过来呢。

40 年代的美国社会风气还很保守，在学校里男生要穿衬衫，大部分时间还要系领带，女生则穿裙子，没有像现在穿牛仔裤的。老师点学生名字的时候只称姓，要叫"某某先生""某某小姐"，直到 70 年代以后学生"造反"，社会上的习惯才完全改变。那时候约会，青年男女很少单独出去，都是一群人同行。他们第一次约会时，吴文津对雷颂平说："We will pick you up."（我们要来接你们），雷颂平就知道他会带男性朋友一起来。约会不是坐公车，就是用家里的车，雷颂平全家都很喜欢吴文津，她的大弟弟常开车接送他们。雷颂平还记得每年吴文津和他的几个同学都跟她家里人一起去西雅图郊外著名的雪山——雷尼尔山郊游野餐。那时候男女确定关系，不说"男朋友""女朋友"，只称对方为好朋友，但是不和其他异性出去，彼此就心照不宣了，吴文津和雷颂平就成为了"好朋友"。

吴文津谈恋爱时粗枝大叶，因为他人缘好，聚会之后大家都留他一起收拾清理，他也乐于帮忙，虽然约会后男生该送女生回家，吴文津帮人打扫，就让雷颂平和别人一起先回家。有一次我问吴先生以前有没有过旁的女朋友，在一边的吴太太突然握住身边吴先生的手腕说："有一个人，我从来没问过（是不是你女朋友）。"吴先生问是谁，吴太太低声说了一个名字，声音和平时说话的嗓音腔调都不一样，好像有点紧张，吴先生听了一笑，摇摇头说两个人只是朋友。听说那一位是国民政府一位要人的女儿。我忽然觉得他们虽然已经年近百岁，但还是那么"在乎"，那么"罗曼蒂克"，甚至会有点小小的"吃醋"，真是可爱极了。

# 中国城中的盛大婚礼

他们认识两年以后，有天一起看杂志，杂志上有漂亮房子的照片，雷颂平很是喜爱，于是说："我真希望哪天有一个这样的房子。"吴文津问："Could I share that dream with you（我可以和你分享那个梦想吗）？"雷颂平赶紧放下杂志"逃走"了，因为"那时候不敢听也不敢讲那样的话"。吴文津的翻译官朋友、同学加同乡范道钊正在追求雷颂平的妹妹贝茜，范道钊是吴文津的四川同乡，在华大学的是航空航天专业，人很严肃但有才华，平日里没事喜欢填词，他打电话给雷颂平说："你得帮帮我，没有贝茜我活不下去！"更是直截了当地跟周围的人宣布："贝茜是我的，你们不许碰她！"相比之下吴文津比较含蓄，朋友都劝他赶快把戒指戴到雷颂平的手上。

那时雷颂平的父母早已像喜爱儿子一样喜爱吴文津，他常在雷家，很快学会了讲广东话，刚认识的时候，雷颂平的父母因为不会说普通话，就对吴文津讲英文，熟悉了以后就跟吴文津讲广府（广州）话，非常熟了以后就讲台山话。两个人结婚以后，雷颂平至今在家也是讲台山话，两个人基本对答流畅，吴文津听不懂时，就让她用英语再说一遍。后来到了大学三年级，持重的吴文津第一次正式提起婚事，雷颂平至今仍然记忆犹新。

> 我记得那时候他常来我家弹钢琴。那时他自学弹钢琴，会弹一点抗战时候的歌自娱自乐。那天他弹着钢琴，问我："我们订婚好不好？"因为我们都知道大学毕业之前不能结婚，我就说："现在订婚还早，妈妈不喜欢订婚以后拖太久才结婚，不过也许快了。"后来他直接去跟爸爸说，爸爸问了他一句："你银行里有没有钱？"我不知道他怎么回答的，不过爸爸也并不在乎。

吴文津为了攒钱，假期到工厂做工也是这一时期。他用图书馆打工省下的钱分期付款，给雷颂平买了戒指。

那年代中国城中以广东人为主，广东人极重乡谊，对雷颂平要嫁给一个外乡人颇不以为然，说是"广东小姐嫁给北佬"。许多广东人看不起也不信任外省人，对雷颂平和家人说："你怎么知道他四川老家

吴文津、雷颂平和伴郎伴娘（首席伴娘是雷颂平的妹妹贝茜，另外两个伴娘是她的堂妹 Annie Louie 和大学好友 Jean Lu，首席伴郎是雷颂平的大弟弟亨利，另外两位伴郎是范道钊和雷颂平的二弟肯尼），花童是雷颂平的远亲 Penny Wong

没有老婆？"有人对雷母说这桩婚事是"一只鸡、一只鸭"（广东话形容两人结婚不般配），雷母说，没有的事。雷颂平大弟对姐姐说："他是个 keeper（指值得相伴一生、必须留住的人）。"雷母叮嘱雷颂平："你的父母亲都在此地陪你，但他没有亲人在身边，所以你要额外对他好。"雷颂平说："这些我都知道。"在后来的人生中，她一直对吴文津照顾得细致入微。

我曾经问吴太太，她漂亮能干家境又好，追求者很多，要如何选择自己的伴侣呢？她告诉我："因为他很老实，老实是最重要的。"而且"做事情不是敷衍过去就行，而是要做到很好"。时间证明了雷颂平的判断，在七十年的婚姻中，吴文津一直保持着他的诚恳和正直，在事业上也全力以赴，取得了令人称道的成绩。

他们在认识四年后的 1950 年 3 月订婚，6 月结婚，结婚典礼时华大的老师施友忠、华大"远东研究所"创始人弗朗茨·H.迈克尔教授（Franz H. Michael）都去了，还有胡适的老朋友、做过中央大学教育长的朱经农（1887—1951）也来观礼，他的儿子朱文长是吴文津和雷颂平在华大的朋友，老师和同学前去参加婚礼的有一百多位。雷颂平的父亲雷法贤是西雅图中国城里德高望重的侨领，很有声望。这是雷家在美国的第一场婚礼，办得十分隆重，中国城华侨和雷家的亲友一共有六百多人参加。

雷颂平那时已经是医院的化验师，周六举行婚礼，她一直工作到周四，但婚纱礼服、伴娘裙和新娘母亲的礼服，都是她亲手缝制的。这件美丽的婚纱后来借给了三位新娘。我们一起看照片的时候，我问她这么精致的婚纱有没有保留到今天，她冲身边翻翻眼睛说，"有的人"不小心把放在地下室的婚纱溅上水，结果发霉了。雷颂平还曾经跟邻舍陈毓贤抱怨，他们退休之后从东岸搬家到西岸，"有的人"把结婚时她最喜欢的一套瓷餐具里的船形肉汁盘打碎了，多年来她都很小心地用它，一直用手洗，不舍得放进洗碗机，得知被打碎了简直是晴天霹雳："我知道了站在那里差点哭出来！"陈毓贤后来在网上找到一只一样的买了送给她，她兴奋极了："简直是难以置信！真是一模一样的！"这件事后来成了吴太太调侃吴先生的一个话题。我想幸福

新婚留影

的婚姻都是这样，小的过错和失误，就只当是笑话讲讲。吴太太那些关于"有的人"的故事，似乎有一个系列，讲起来绘声绘色，好像是情景喜剧。

吴文津和雷颂平的婚礼，有很多好看的照片，婚礼之后寄给宾客的感谢卡上，都有一张两个人的精美小相，那是雷颂平的舅舅为他们做的。雷颂平的舅舅 1947 年开始在美国开照相馆，在华盛顿州、加州和俄勒冈州一共有十几家店，名为 Yuen Lui Studio，现在还在营业，雷颂平的很多照片都出自舅舅之手。

按照西式婚礼的习俗，仪式之后两人马上踏上蜜月之旅，在要钻进汽车的时候，大家发现雷颂平最小的弟弟坐在汽车的后座不肯下来，还从里面把门锁住了，他说："这是我的姐姐，谁也不能带她走！"那时这个小弟弟只有 11 岁，长姐对他来说就像是妈妈一样。不过他很喜欢吴文津，对他不称名，尊称为"吴先生"，他参加中文学校的春游，妈妈给他 1 美元，吴文津又给他三个"夸特"（25 美分的硬币），用来租脚踏车。他很高兴地对家人说："吴先生给了我三个夸特！"当时一杯咖啡只要 5 美分，75美分是很多零用钱了。

他们的蜜月地点是加拿大的维多利亚（Victoria），这座著名的海滨小城以十九世纪英国维多利亚女王的名字命名，位于加拿大西南的温哥华岛南端，从西雅图坐渡轮过去只需要两个多小时。那里气候温和，风景美丽，春夏之时蓝天碧海、鲜花盛开，因此常有西雅图人前去度假。维多利亚作为著名的港口城市，移民很多，也有一个小小的中国城，雷颂平至今还记得那里有个卖烧腊的中国馆子，店里的老人对这对新婚夫妇很亲切，临别时跟他们说："后会有期啦！"雷颂平自此学会说"后会有期"，时常想起他们的友善，现在自己老了对年轻人也特别亲切。

　　雷颂平结婚时在医院做化验师，那时候像她这样的化验师稀缺，她大学毕业后在离西雅图不远的塔科马（Tacoma）市圣约瑟医院（Saint Joseph Hospital）实习一年后，被正式录用，婚后雷颂平继续上班，让吴文津安心攻读图书馆专业的硕士学位，雷颂平的朋友戏称她得了 Ph.T.，因为博士学位的缩写是 Ph.D.，而 Ph.T. 则是"putting husband through"（养活老公）的缩写。婚后为了生活稳定方便，夫妇俩一起入籍，因为在美国大家都简称吴文津为"津"，他就把自己的名字注册成发音相似的英文名字 Eugene，而把中文名字"文津"作为"中名"（middle name），从此正式成为 Eugene W. Wu。

　　雷颂平的父母希望新婚夫妇与他们同住，但吴文津和雷颂平

吴文津婚后与雷颂平全家合影

还是觉得应该有自己的空间，两人在华大校园旁边一栋属于贵格会

(Quakers)[1]的大楼里租了一间小屋子。厨房是大家公用的，有一个小小的客厅，卧室狭窄到只能靠墙放下一张床，从床的一边上下。想要洗澡，从卧室迈一步就跨进浴室了，进了浴室发现忘记香皂，一步就可以跨出来拿上。因房子里没有电话，跟家里联系就打公共电话，为了省钱，雷颂平每次都用同一个硬币，跟家里说好，电话响一次半就是她，打通之后就挂掉，让家人打回来，那个硬币就会掉回来。住的地方没有洗衣机，为了省钱，要自己洗衣服，只有床单拿出去洗。虽然他们都曾经有过舒适和富裕的生活，却能共同审容膝之易安，夫妻之间相处和睦，从无争吵，他们在那里住了一年，直至迁居到加州。

　　1951年吴文津硕士毕业之后，因为华大的图书馆不招新人，吴文津与雷颂平便一起到加州寻找工作机会。

---

[1] 贵格会是基督教新教的一个派别。因一名早期领袖的号诫"听到上帝的话而发抖"而得名"贵格"（Quaker），中文意译为"震颤者"。但也有说法称在初期宗教聚会中常有教徒全身颤抖，因而得名，也称Friends（朋友）；教堂里没有牧师，教友互相激励凭良心行事。

斯坦福大学胡佛研究所

初出茅庐任职于

吴文津在华大取得图书馆学硕士之后，开始求职，他想在美国的东亚图书馆工作。二战之前美国的"中国研究"原本落后于欧洲，战后为了适应新的国际形势奋起直追，图书馆纷纷加强中国馆藏，余英时院士在 2009 年为李国庆、邵东方所编的《天禄论丛：北美华人东亚图书馆员文集》序言中提到了《尚书·多士》篇中就有"惟殷先人，有册有典"的记叙，《史记·老子列传》中记老子为"周守藏室之史"，汉代时也有刘向、刘歆父子"领校中秘书"，奠定了中国学术史研究的佳话，余先生说：

> 由治学有成的专家来领导图书馆的事业，在中国已有两千年以上的传统。这一传统竟在 20 世纪中叶以后移植到北美，并意外地得到发扬光大。

因着这批华裔学者在东亚图书馆的努力和奉献，带来了后面几十年北美"中国研究"的突飞猛进。在这批既有扎实的学术和专业素养，又对中国文化充满了解和热爱的华裔图书馆员中，吴文津就是先驱之一，而他在斯坦福大学任职，就是其半个世纪图书馆生涯的开篇。

## 胡佛研究所与芮玛丽

吴文津毕业求职的那一年是 1951 年，50 年代初期美国东亚图书馆还为数不多，最著名的是东部的哈佛大学（Harvard University）、哥伦比亚大学（Columbia University）、耶鲁大学（Yale University）、普林斯顿大学（Princeton University）和国会图书馆 [1] 的东亚图书馆，而这些地方当时都不缺人，吴文津便去加州大学伯克利分校询问是否有职位。伯克利是一所世界著名的公立研究型大学，其东亚图书馆历史

---

[1]　国会图书馆（Library of Congress），位于美国华盛顿，是美国国会的附属图书馆，是馆藏量全球最大的图书馆。

悠久，当时由哈佛大学毕业的伊丽莎白·霍夫（Elizabeth Huff）博士主持，她告诉吴文津伯克利的东亚图书馆也已经不需要人了，但可以去斯坦福大学看一看，因为那里的胡佛研究所可能需要图书馆人才。

同在加利福尼亚州的斯坦福大学（Stanford University）与伯克利相距不远，成立于1891年，在当时是所"后起之秀"的学校，并没有多少关于亚洲的书籍，当然也没有东亚图书馆，只在图书馆系统中设有一个"远东部"（Far East Asian Collection），里面保存了一些和亚洲有关的英文资料，由汉学家倪德卫（David S. Nivison，1923—2014）负责。虽然没有东亚图书馆，但斯坦福著名学术机构——胡佛研究所（Hoover Institution）以广泛收集当代历史资料而著称。斯坦福胡佛研究所成立于1919年，全名为胡佛战争、革命与和平研究所（The Hoover Institution on War, Revolution, and Peace），最初称为"胡佛战争特藏"（Hoover War Collection），其目的是为保存研究斯坦福大学1895年第一届毕业生、美国前总统赫伯特·胡佛（Herbert Hoover）在第一次世界大战之后，于1920年代在中欧、东欧及苏联从事人道救济工作时所搜集的战时及战后有关各国政治社会变迁的文档，包括大批当时俄国无产阶级革命的出版物。1926年，"胡佛战争特藏"更名为"胡佛战争图书馆"（Hoover War Library），是全世界最大的有关第一次世界大战的资料库。后因斯坦福大学图书馆地方不够使用，胡佛的朋友及赞助人开始筹划另迁地址并筹募建筑经费；1938年宣布在斯坦福校园建立胡佛塔（Hoover Tower）以纪念胡佛总统；1941年斯坦福大学庆祝建校50周年之际，胡佛塔正式开始启用。第二次世界大战后扩充收集范围，包括关于东亚20世纪的战争革命文献。2002年，胡佛战争图书馆的一般图书正式从胡佛研究所分出来，成为斯坦福大学图书馆系统的一部分——斯坦福东亚图书馆，胡佛研究所仅保留档案方面的资料。

吴文津前去求职之时，胡佛研究所的中国馆藏部分正由历史学家芮玛丽（Mary Wright，1917—1970）负责，她本名玛丽·克莱博（Mary Clabaugh），"芮玛丽"是她成婚改为夫姓之后的中文名字。她是中国近代史方面的著名学者，其博士论文《同治中兴：中国保守主义的最后抵抗，1862—1874》（*The Last Stand of Chinese Conservatism: the Tung-Chih Restoration, 1862—1874*）和《革命中的中国：第一阶段，1900—1913》（*China in Revolution：the First Phase，1900—1913*）都是研究近代中国的经典之作。

芮玛丽自 1948 年做馆长以后，就开始四处寻找人才，但一直没有合意的人选。1960 年代吴文津到哈佛大学工作以后，从哈佛燕京图书馆前任馆长裘开明（1898—1977）的档案里看到，芮玛丽当时和裘先生通信很密切，她找人有几个要求：中国人、在中国受过教育、对中国历史有丰富知识、图书馆专业毕业，当时这样的人可谓凤毛麟角，但这份工作简直是为吴文津量身定制的，所以他和芮玛丽面谈后，因为各项条件都十分符合她的要求，而她正急着找人，于是当场对他说："你什么时候可以来工作？"这一刻也成为吴文津重要的人生里程碑。

1951 年，吴文津被聘为胡佛研究所的第一位中文编目员，那时候还没用电脑，编目工作就靠一台打字机，而中文的书名则需要一笔一画手写上去。当时中文图书馆除芮玛丽外，只有吴文津、一位女秘书和一位中国助手。中文馆在地下室，但地位举足轻重，所以他们常说胡佛塔是中文部"顶"起来的。

芮玛丽本人的经历十分传奇。她是著名历史学家费正清（John King Fairbank，1907—1991）的得意门生，很受器重，在哈佛大学念中国近代史，费正清在他的回忆录中称赞她不仅人长得漂亮，还富有才学，又能干。她在哈佛时遇到他后来的丈夫、专攻中国隋唐史的芮沃寿（Arthur Wright），两个人修课完毕于 1939 年至 1940 年在日本京都大学进修，随后去了北京。那时虽然中日战争已经爆发，但外国人的活动尚不受限，他们就在北京收集资料做论文。珍珠港事变后，在中国的英美人士都被关起来，送到山东潍县外侨集中营。1941 年到 1945 年的拘留期间，芮沃寿在锅炉房工作，芮玛丽为医院洗衣。日本投降以后，他们回到北京，有一天偶然在"美国之音"广播里听到斯坦福大学历史系的俄国史教授、当时在胡佛研究所做主管的哈乐德·费希尔（Harold Fisher，1890—1905）正在介绍胡佛研究所当时的工作，得知胡佛研究所不但收集苏联、东欧、西欧和共产党有关的资料，也计划在东亚收集资料。费希尔是芮沃寿本科时期在斯坦福的老师，他们夫妻二人联系费希尔，毛遂自荐帮忙，这对费希尔来说求之不得，立即请他们代表胡佛研究所在中国收集资料，实际负责这项工作的就是研究近代中国的芮玛丽。

在1940年代的美国，图书馆都比较注重收集中国近代以前的资料文献，芮玛丽必须从头建立一个近代和当代中国的档案库。吴文津曾写有一篇文章《芮玛丽与斯坦福大学胡佛研究所中文图书馆》，其中提到芮玛丽当年收购资料挑战很大，但她"走遍主要城市去采购，向杰出的学者和目录学家讨教，不厌其烦地向政府机关索取官方出版物，并跟一流图书馆和大学协议交换"。经过她认识的人，如北平图书馆馆长袁同礼（1895—1965）、南京中央图书馆馆长蒋复璁等，到中国各地收集资料。她花费了大量时间在北京琉璃厂各书店仔细搜寻浏览。那时候刚刚打完仗，人们的生活很苦，什么东西都拿出来卖，她竟然用废纸论斤出售的价格购买到全套光绪宣统时期的政府公报《谕折汇存》（1892—1907）和《华制存考》（1908—1912）。当时美国图书馆都还没有系统收集期刊、报纸、短时效资料如传单等，芮玛丽很早便醒悟这些原始文件对研究历史和社会科学都非常重要，因此为胡佛研究所大批买进。

胡佛研究所注重近代和当代各国有关战争革命方面的文献，芮玛丽当然需要收集中国共产党的各种书刊资料。除公开的《新华日报》以外，要获得其他中国共产党的发行物，在当时的中国是一项几乎不可能完成的任务（《新华日报》1938年在武汉创刊，1947年被查封，1949年在南京复刊）。因为中国共产党的其他书刊除在延安和共产党控制的边区发行外，其他的地区完全禁售，违者查办。因此如何进行这项工作，成了芮玛丽的头号难题。那时候美国正在国共中间调停，在华设立与中国共产党的联络机构，名为"美国陆军观察组"（The United States Army Observation Group），得到国民政府的允许可以和延安联系，经常有美方的运输机前往延安，芮玛丽居然以胡佛研究所代表的身份在美军来往延安的飞机上争取到一个座位，到延安后得到共产党的同意，收集到很多延安和边区的出版物，收集之后由美国运输机运回美国。收集资料并不使用金钱交易，那时候共产党需要的是医药，她就按照共产党开的单子，用价值三四千美元的医药进行交换。她收集的珍贵资料包括当时全套的《解放日报》，到现在这还是西方收藏到的唯一一份原件。

芮玛丽于 1947 年底回到美国，1948 年胡佛研究所正式成立中文图书馆，芮玛丽做了馆长。有人告诉她，埃德加·斯诺（Edgar Snow，1905—1972）手上有很多珍贵文件，斯诺被认为是第一个参访中国共产党领导人毛泽东的西方记者，他的《西行漫记》原名《红星照耀中国》（*Red Star Over China*），是 1930 年代向西方介绍中国最有影响力的作品之一。芮玛丽和斯诺联络上时，得知资料基本在斯诺的前妻海伦·斯诺（Helen Snow，1907—1997）之手，海伦·斯诺也是一位记者，曾以尼姆·威尔斯（Nym Wales）为笔名，发表了不少有关国共战争的文章。经过胡佛研究所的争取，她愿意把在延安得到的一批原始资料转让给胡佛。另一个美国人伊罗生（Harold Issacs，1910—1986）也曾是一位深入中国内地的记者，美国共产党托派党员。他于 1932 年在上海创立英文杂志《中国评论》（*China Forum*），在上海期间与鲁迅、夏衍、周扬等左翼文化人多有来往，茅盾为其取中文名"伊罗生"。他编选过一本中国现代短篇小说集《草鞋脚》，得到过鲁迅和茅盾的帮助。他在 1938 年出版过一本《中国革命之悲剧》（*The Tragedy of the Chinese Revolution*），颇受关注。伊罗生在治外法权的保护下，也收集了很多中国共产党早期的资料，包括从 1921 年建党到 1930 年代初期的，特别是与托派（陈独秀）相关的资料。1935 年回到美国之后，他慢慢脱离了共产党，1980 年代在麻省理工学院（MIT）做研究工作。他的资料加上斯诺的资料，也就是伊罗生和尼姆·威尔斯两大特藏（Harold Isaacs Collection and Nym Wales Collection），再加上芮玛丽 1940 年代末在中国收集的资料，基本把中国共产党从建立到 1945 年的主要资料都囊括了，那时这些资料美国和西欧各国都未有收藏，胡佛研究所因而一举成名，成为全世界研究中国共产党历史的资料中心。

吴文津在开箱来自中国的图书。身后女子即芮玛丽（摄于 1950 年代中期，照片由斯坦福大学胡佛研究所档案馆和图书馆提供）

在这些研究中国共产党党史的资料中所欠缺者是 1931—1934 年在江西瑞金成立苏维埃政府的文件资料，这一空白后来被吴文津填补完整。

在吴文津的印象里，芮玛丽是一个"女强人"，"no nonsense, no small talk"（没废话，不聊天），永远都是谈和工作有关的事情。由于芮玛丽没有受过图书馆员的专业训练，所以整理资料的工作显得有些艰巨，吴文津被聘为中文编目员后，芮玛丽就可以全身心地投入到资料收集工作中去了。吴文津和这位上司"很合得来"，谈起她总是滔滔不绝。我曾问吴先生有没有和芮玛丽的合影，他笑着摇摇头。吴太太在旁边打趣说，他们两个都是"工作狂"，凑到一起都是公事，哪有闲情逸致拍照片，只有一张两个人在图书馆里各自埋首忙碌的照片，可以勉强算是"合影"。我问吴先生，和这样一位认真严肃的上司在一起工作，是否会觉得有压力，他这样回答我：

> 我在斯坦福上学的时候，有一门中国史的课是芮玛丽的
> 先生芮沃寿教的，他很随和友善，所以我和他们夫妇还有师

生的关系在。我们的关系很密切，但不是 buddy-buddy（指哥们姐们一般）那种，互相尊重的程度很高。压力当然有一点，但她并不是明显地表现出严厉，或是对手下颐指气使。但你知道应该做什么事情，就自己去做。

我和芮玛丽相处得很好，她鼓励我和时任胡佛研究所日文图书馆馆长的皮特·贝尔东（Peter Berton）合作，合著 *Contemporary China: A Research Guide*（《现代中国研究指南》，1967，斯坦福胡佛研究所），后来我受美国当代中国研究联合委员会（JCCC）委托去全世界考察，也是芮玛丽力荐的，她对 JCCC 说："最适合做这件事的就是吴文津。"

1950 年代，胡佛研究所承担了一项《中国手册》（*China Handbook*）项目，召集了一批学者做这件事，雇用吴文津使用的正是这一项目的资金。一年后项目完成，吴文津想另谋他就，芮玛丽很器重吴文津，非常不愿意失去他，便设法向上司争取资金支持，希望能够长期聘用吴文津。有一天胡佛研究所的所长 C.伊斯顿·罗思韦尔（C. Easton Rothwell，1902—1987）教授——他后来任米尔斯学院（Mills College）校长——叫吴文津到他的办公室去，跟他说："你知道我们的《中国手册》工作已经完毕，我也了解你在找另外的工作，但是玛丽一定要我想办法把你留下来，我现在找到一笔经费。你现在的月薪是 325 美元，如果你留下来的话，我只能付你 300 美元。你认为如何？我希望你能考虑。"

当时吴文津的好朋友、翻译官同仁许芥煜在加州蒙特雷（Monterey）美国陆军语文学校任中文教师，待遇优厚，每个月薪水 400 美元，吴文津前去申请，也得到了这份工作。而在胡佛研究所工作了一年，如今要是留下，薪水每月还要减少 25 美元！要知道 50 年代一杯咖啡只需要 5 美分，紧邻斯坦福的公寓月租 75 美元，而 25 美元相对来说并不是一个小数目。但吴文津经过考虑，还是想留在大学图书馆继续这份事业，谈到当时的选择，他并未有什么慷慨激昂之语，只是实事求是地说：

因为我对
这份图书馆工作
很有兴趣，所以
也就留下来了。

吴文津在开箱来自中国的图书，摄于 1950 年代末。身后为图书管理员吴铁瑛、代馆长杜联喆。（照片由斯坦福大学胡佛研究所档案馆和图书馆提供）

芮玛丽于 1951 年取得博士学位，哈佛破例让她免口试就升为博士候选人[1]，她的论文《同治中兴：中国保守主义的最后抵抗，1862—1874》于 50 年代初修订后由斯坦福大学出版社出版，颇获东亚学术界推崇。她为修改论文事由胡佛研究所休假一年，其中文部主任一职由杜联喆（1902—1994）代理，因之吴文津得以结识房兆楹（1908—1985）和杜联喆夫妇，他们夫妇是著名的明清史学家和文献学家，房兆楹于 1930 年代曾在哈佛燕京图书馆任职一年。他们夫妇后受聘担任美国国会图书馆东方部主任、汉学家恒慕义（Arthur W. Hummel, 1884—1975）的高级助手，编辑《清代名人传略》（*Eminent Chinese of the Ch'ing Period, 1644—1912*）。房兆楹后又与另一汉学家哥伦比亚大学富路特教授（L. Carrington Goodrich，1894—1986）合编《明代名人传》（*Dictionary of Ming Biographies, 1368—1664*），杜联喆亦任编辑助理。该书在汉学界影响很大[2]，汉学家杨联陞在写给周一良的信中曾评价说："论明清史料史事，今日当推房兆楹、杜连

第五章　初出茅庐　任职于斯坦福大学胡佛研究所

---

[1]　芮玛丽的博士学位来自拉德克利夫学院（Radcliffe College），该学院毗邻哈佛大学，在 1879 年创建之初即为附属于哈佛大学的一个女子文理学院，几乎全部教授都来自于哈佛，1999 年全面整合到哈佛大学。

[2]　*Eminent Chinese of the Ch'ing Period,1644—1912*（Washington D.C.: U.S. Government Printing Office，1943），2 册，后经中国人民大学清史研究所翻译为《清史名人传略》，青海人民出版社 1995 年出版，共上中下 3 册。*Dictionary of Ming Biographies, 1368—1644*，2 册（New York: Columbia University Press，1976），后由南开大学李小林及冯金朋教授领衔翻译为《明代名人传》，由北京时代华文书局 2015 年出版，共 6 册。

（联）喆夫妇。[1]" 由于房氏夫妇的学术成就，哥伦比亚大学于 1976 年赠予他们荣誉博士学位，可谓实至名归。吴文津对夫妇两人的印象都很好。

> 杜联喆人很和蔼，做事认真，大家都很喜欢她。房兆楹常常见面，是朋友，虽然没有工作上的关系，但我很敬佩他的博学和严谨的研究态度。

胡佛研究所图书馆中文馆的工作迅速开展，人员有大幅扩充。吴文津于 1956 年升为中文馆的副馆长，做芮玛丽的副手，同年他在斯坦福大学出版社出版了第一本学术著作——*Leaders of Twentieth-China: An Annotated Bibliography of Selected Chinese Biographical Works in the Hoover Library*（《20 世纪的中国领袖：胡佛图书馆部分中文传记类作品的带注解书目》），这是他五年的编目工作中博览群书的成果。

1959 年芮玛丽夫妇被聘任为耶鲁大学历史系教授，芮玛丽极力推荐吴文津继任她的职位，成为胡佛研究所图书馆中文馆的馆长。芮玛丽是第一位在耶鲁大学研究院任职的女性，也打破了夫妇不能在同一系任职的传统。因为他们夫妇虽然都是研究中国历史方向的教授，但是她丈夫教授中国上古史，她教授中国近代史，领域完全不同，同时他们并非上级下属，所以完全避免了裙带关系的顾虑。芮玛丽不幸在 1970 年因病去世，享年仅 53 岁，芮沃寿也在 1976 年病逝，享年 63 岁。夫妻俩都早早辞世，吴文津说恐怕和他们夫妇抽烟喝酒的习惯有关。在这位良师益友辞世之后，吴文津很怀念她，他在回忆芮玛丽的文章中说：

> 她以一个学者和图书馆的经常使用者的观点来看一个研究图书馆应该是什么样，应该怎样去运作。如果她能活得久点，她无疑地会继续敦促我们不要忘记一个研究图书馆在学术领域应该扮演一个什么样的角色。她曾以著名法国历史学家马克·布洛赫（Marc Bloch）的话提醒我们："对于过去无

[1] 详见周一良著作《毕竟是书生》，天津人民出版社，2016 年版。

知不免造成对现在的误解。"所以她要我们重视史实。她说："历史的长流在两岸间畅流。它可能改道，却不可能任意漫游。"她曾经提出这样的一个问题："独特的中国文明是如何形成的，又经过什么样的阶段引领到今天的中国？"我肯定她的答案会是："到图书馆去查中国的历史文献。"

1961 年，胡佛研究所决定将原有的中文馆和日文馆合并为东亚馆，吴文津被任命为合并后的东亚馆第一任馆长。

## 攻读博士和与学者们交往

参加胡佛研究所《中国手册》工作的大概有六七位学者，都是中国人，后来一直和吴文津做朋友的是知名的经济学家吴元黎（1920—2008）和北平图书馆前馆长袁同礼。吴元黎是民国时期金融家吴鼎昌（1884—1950）之子，伦敦经济学院的高才生，任旧金山大学（University of San Francisco）经济系教授多年，专攻中国经济问题，著作等身，在尼克松总统时期曾任美国国防部助理副部长职务，又任胡佛研究所资深研究员及顾问。吴文津的记忆中吴元黎是一位熟思寡言的学者，待人忠厚，也不出风头。在他 2008 年去世前，他们一直保持联络。袁同礼先生是中国图书馆界的长者，他们在胡佛研究所认识后，吴文津随时向他请教，得益甚夥。当时他们都住在学校附近的城市帕罗奥托。

吴文津受到芮玛丽的影响，深信最好的图书馆员也须是个学者，才能够站在学者的立场考虑如何发展图书馆。从 1959 年开始，吴文津便开始在斯坦福大学攻读博士学位。那时吴文津所读的博士是由历史系、政治学系和亚洲语文系合办的，因此他的博士论文委员会中有来自三个系的教授：

他的导师、政治系的罗伯特·诺斯（Robert C. North，1914—2002）教授是一位经历独特的学者，在没有得到任何学位之前，就自己做研究，写了一本有关中国共产党党史的著作，叫作《莫斯科与中国共产党》（*Moscow and Chinese Communists*），很受欢迎。后来他想教书，没有学位却不行，就申请在斯坦福读博士，把课修完以后，通过了博士资格考试，因为他的书很好，系里就把他的那本书直接当作博士论文了。他是一个很低调的人，后来和胡佛研究中心一位俄国女士合出了一本研究苏联党史的著作。吴文津笑称他和芮玛丽是"两个怪人"，两个人取得博士学位时，一个不需要做论文，一个不需要口试。

历史系的刘子健（James Liu，1919—1993），在燕京大学是洪业的学生，日本战败后洪业推荐他为东京国际军事法庭的中方法律代表团成员，因为他为人公正，没有偏见，除了能讲流利的英语和日语以外，也懂俄语和法语。他是研究宋代历史的，但当时美国还没有其他人研究宋代历史，因此在匹兹堡大学（University of Pittsburgh）读博士的时候写了一篇有关抗战的论文，毕业之后先后在斯坦福大学和普林斯顿大学教授宋史。有人说刘子健不容易亲近，吴文津却没有这样的感觉，刘子健虽然是老师，但吴文津却感到他很尊重自己。刘子健给吴文津写过一幅字，他一直小心收藏着。顺带一提，刘子健1960年开始在斯坦福大学任教，1965年就到普林斯顿大学去了。而1967年又有一位英文名字是James Liu的教授到斯坦福任教，他的中文名字是刘若愚，是研究中国古代诗歌和比较诗学的学者，两者容易混淆。

第三位老师则是亚洲语文系的陈受荣（Shau Wing Chan，1907—1986），他是斯坦福第一位教授中文的老师，他原本是英文系的，因为斯坦福当时还没有教中文的老师，于是开中文课的时候就请他来教，后来一直教授中国语言和文学方面的课程。

1965年，吴文津顺利地通过了博士学位资格考试的口试。

# 安家在斯坦福

吴文津在胡佛研究所工作期间，雷颂平考得加州医院化验师执照，在当地帕罗奥托诊所（Palo Alto Clinic）做化验师，一直工作到

吴文津夫妇刚刚搬到帕罗奥托时留影

他们的儿子章敏（John）、女儿章玲（Cheryl）1957 和 1960 年相继出生，才从全职改为兼职，那时候做母亲的出去工作还很少见，颇受各方尊敬。儿子两岁的时候曾经说："妈咪，我不要糖了，请不要去工作了。"雷颂平回答："妈咪工作也不是为了糖呀。"

结婚前几年，雷颂平厨艺有限，只会做火腿炒蛋、牛肉炒番茄和几样如猪排之类的简单西餐，家里来来回回只吃这几样。年轻学生都不擅做饭，雷颂平已经算是做得好的，她会在火腿炒蛋里加上绿绿的豌豆，又好看又有营养，因此常有单身的朋友来家里吃饭。雷颂平后来厨艺练得特别精湛，两个人还是总拿从前吃腻了的猪排开玩笑。比如吴先生对我说自己"吃饭不挑嘴"，吴太太就说："哦？真的吗？我做一样你就不喜欢吃了。""哪样？""猪排！"吴先生马上"求饶"到："猪排确实是不吃了。"两个人一起哈哈大笑。他们家厨房里的趣事还有很多，吴太太有时问吴先生："菜好吃吗？"吴先生问："你要我讲真话还是怎么样？"吴太太就说："那你还是不要讲了，我知道了。"后来他们到了哈佛以后家里常常请客，吴太太做的椒盐虾、陈皮牛肉、烧鸭等是很有名的，吴先生看她做饭辛苦就去帮忙，结果吴太太"损失惨重"："我后来一进厨房，几乎要晕倒了！我准备好的油

雷颂平做化验师时的照片

啊盐啊和预备做菜用的高汤啊都被倒掉了，所有的盘碗都洗得干干净净。我跟他说：'你以后还是不要进来了。'"

他们一开始住在和斯坦福校园仅有一街相隔的"大学区"（College Terrace），该街区内的街道名称均为美国著名大学的校名，从北往南依次是耶鲁街、威廉姆斯街、卫斯理街、康奈尔街、普林斯顿街、奥伯林街、哈佛街，吴家在威廉姆斯街第一栋，月租75美元。当时他们没有车，吴文津每天骑脚踏车上班，路程大概9分钟左右，中午回家吃饭后再回办公室。过了两三年，有位社会学系的中国教授把其在斯坦福附近东帕罗奥托市（East Palo Alto）的大房子低价租给了吴夫妇，因美国教授每七年可以带薪休假一年（称为"sabbatical"），这位教授出外旅行。随后吴夫妇搬入属于斯坦福大学的一栋位于门洛帕克（Menlo Park）市的研究生宿舍，这里从前是二战时的部队精神病院，斯坦福接手过来改建成宿舍。吴文津笑称因为原来是精神病院，所以房子外面的墙壁为安全起见修得特别厚，而里面改建为宿舍时才加上的隔间板壁却特别薄。隔着墙能听到早晨家家在吃早饭，傍晚人们回了家，邻居在家说话的声音也能互相听见，不过邻里相处得很好。

他们 1955 年在帕罗奥托市买了房子，房子本来的主人是雷颂平的同事，她的丈夫是美国联合航空公司（United Airlines）的飞行员，是位退伍军人，所以可享用利率特别低的贷款，吴夫妇接手了他们的房贷，用 13000 美元买下了他们三间卧室、一间卫生间的房子。1965 年到哈佛工作之际，卖掉房子的时候标价 24000 美元，赚到的钱加一点点，就做了他们波士顿新家的首付和购买家用电器之用。

1950 年代湾区华人仍然很少，大半是广东老华侨，而且集中在"大埠"（老一代华侨按照中国城的规模排序，称旧金山为"大埠"，加州首府萨克拉门托为"二埠"）。斯坦福大学也只有数位华人教授，城外华人餐馆寥寥无几，几乎没有卖中国食品的商店，买瓶酱油都不容易，常需要开一个多小时的车到"大埠"去。当时斯坦福的华人屈指可数，很多中国人到此地拜访都找吴文津，吴夫妇就尽力招待他们。在胡佛研究所工作期间的吴文津工作很忙，而他又是一个专注的人，雷颂平曾说他"即使回到家后想起要写一封信，也要回到办公室去写"，于是自己包揽了全部家务。吴文津在斯坦福大学的时候既要全职工作，还要做博士生，没有机会在当地认识太多的朋友，和他们长期保持密切联络的主要是吴文津的翻译官老友和雷颂平住在西雅图的家人。

值得一提的是，因为当地没有华人教会，吴夫妇便参加了帕罗奥托市中心的美国长老会。他们所住的帕罗奥托市紧邻斯坦福，城市南郊发展很快，该教会好些教友都住在那里。于是包括吴氏夫妇在内的十来家人发起了在南郊建植新堂的计划。大家一起出钱出力，买地建堂，许多事情都自己动手做，后来成立了一间叫做 Covenant Presbyterian Church 的教堂，这家教堂至今发展兴旺。

吴夫妇在一次去教会的公车上认识了也要去教会的六十多岁的伍天福女士，后来通过她也认识了她的恩人唐纳蒂娜·卡梅伦女士

雷颂平与儿子、女儿（摄于 60 年代初）

（Donaldina Cameron，1869—1968）。卡梅伦女士曾是一位旧金山中国城中的传教士，她先后解救了两千多名沦为奴隶和娼妓的中国妇女。19 世纪 80 年代，中国东南沿海许多穷苦的人听信人贩子的花言巧语，把女儿送到美国，这些无依无靠的女性到了美国后就被当地华人黑社会帮派卖掉，为奴为妓，饱受摧残凌辱。这些被称为"妹仔"（Mui Tsai）的年轻女孩大多在五年之内就被折磨致死。面对强大的黑帮势力，旧金山市政府和当地中华会馆都无能为力，接手长老会的卡梅伦女士开始拯救这些女性并且为她们提供庇护所，教授她们英文和在美国社会生存的必备技能，最后嫁给品行经过认可的基督徒男士。因为她不畏强权、嫉恶如仇，被称为"唐人街的愤怒天使"（the angry angel of Chinatown），又被人贩子咬牙切齿地称为"番鬼"（Fahn Quai），庇护所里的姑娘则亲昵地唤她"老母"（Lo Mo），就是广东话母亲的意思。

吴夫妇认识她的时候，她住在斯坦福旁边的一条街上，被她拯救的伍女士和她比邻而居，吴夫妇很快与两人成为好朋友，并且随着伍女士管卡梅伦女士叫"老母"，叫伍女士"Miss Wu"。"老母"和"Miss Wu"都很喜欢吴家的两个孩子。每周日早晨去完教堂后，吴文津夫妇都会带着孩子去看她们，她们总准备许多水果等着孩子们过去。吴夫妇搬去波士顿的第二年夏天，"Miss Wu"记得孩子们喜欢她院子里的葡萄，亲自做了葡萄果酱寄来给他们吃。在帕罗奥托时吴文津每次开车去旧金山，也会让卡梅伦女士搭车去中国城，她们很喜欢坐吴文津的车，说他开得很稳。卡梅伦于 1968 年去世，享年 98 岁，如今旧金山中国城里的"卡梅伦屋"（Cameron House）就是纪念她的。

除了到朋友家里串门之外，那时吴家常有的家庭娱乐是看汽车露天电影（Drive-in Theater），电影通常傍晚开演，小孩子换好睡衣和父母同去，开车到了指定地点以后，领取一个小音响放在车里，电影的幕布很大、挂得很高，无论停在什么位置，都可以清清楚楚、不被遮挡地欣赏电影。摇上车窗听音响里的声音也很清楚，各家在车里聊天旁人听不到，因此互不影响。第一场电影一定是卡通片，小孩看着看着就困了，父母把婴儿床的床垫放在后排，孩子就睡着了，于是大人可以放松欣赏后面的电影。电影一直演到午夜，看完之后回到家里，刷个牙就可以上床睡觉了。这样的娱乐方式在美国一度很流行，如今科技发达了，家家都有许多个大大小小的屏幕，再不需要一家人挤在一辆车里出去看电影了，但是从吴先生和吴太太的讲述中，我却感到一种不会淡褪的快乐和对过往温馨的怀念。

# 与翻译官老友们

这期间吴氏夫妇最开心的是每个月与六七个居住在湾区的前空军翻译官同事们团聚，他们有时候在斯坦福野餐，有时候到旧金山的餐馆聚会，也常常到其中一位翻译官朋友李益深的岳母家去，由李的岳母做东西给他们吃。当时湾区的翻译官中已经结婚的就是吴文津、李益深和许芥煜三人。李益深发明了一种小型的"太空吸尘器"，可以在没有重力情况下把乱飞的东西收集起来，他还发明了一种便携的供氧机器，供煤矿工人使用。许芥煜是吴文津最好的朋友之一，既是出色的文学教授，也是文采斐然的诗人，吴文津对他有这样的回忆：

> 芥煜和我都生长在四川成都，但 1945 年才在昆明相识。
> 我们都是在大学时投笔从戎的翻译官，他从昆明西南联大入伍，我从重庆中央大学入伍。1945 年春，有一批翻译官被选派到美国协助中国空军人员的训练，芥煜和我都被录取。启程前我们一起在昆明集训，是第一次见面。我们同乘一架美国军用运输机，在四天五夜长途飞行中，彼此交换了家世。那是我们 30 年间成为挚友的开始。[1]

退伍之后吴文津到西雅图华盛顿大学继续学业，许芥煜接受卫立煌（1897—1960）将军的邀请做他的翻译去欧洲访问一年，后在俄勒冈大学新闻系取得硕士学位，和两位翻译官朋友都在旧金山华埠的《世界日报》（*World Daily*）（非目前的《世界日报》[*World Journal*]）工作。他很有领导才能，当时报纸老板有事要离开半年到一年，委托许芥煜代管，他把工人都组织起来，成立一个小的工会，老板回来以后大发脾气，把他们三个人一起开除。他后来先后担任斯坦福研究所《中国手册》项目的研究助理，加州蒙特雷（Monterey）美国陆军语

[1]　本文后在澎湃新闻发表，原题为《悼芥煜》，发表时题为《吴文津：西南联大校友许芥煜》。

1958年，退伍翻译官朋友在美国加州帕罗奥托吴文津寓所。许芥煜（前排右一），许芥煜夫人（前排右四），吴文津（站在许芥煜身后），雷颂平（前排右二）

文学校（现属于美国国防部）中文教师，以及斯坦福大学《人类关系区域档案》（*Human Relations Area File*）的编辑。吴文津在斯坦福大学读博士和在胡佛研究所图书馆工作期间，许芥煜恰好也在斯坦福攻读中国现代文学博士学位，两人来往密切。

许芥煜才华横溢，喜欢写新诗和作画，吴文津十分欣赏他。许芥煜随卫立煌将军访问欧洲时，每到一个国家总要给吴文津寄明信片，明信片上的文辞优美动人，富有诗意。吴文津至今还保存着几张，其中一张是1947年4月30日从伦敦寄出的，另一张是同年6月10日自荷兰海牙寄出的，发自伦敦的明信片上写的是：

> 津：伦敦的雨比雾还多。来此已三朝了。朝朝点滴。那儿是伦敦桥东首的塔，看得见一点儿，但是迷蒙地。海德公园里站在肥皂箱上讲演的人淋着雨，听众圈外樱花残处，拜伦枕肱的沉思像也淋着雨。街头紫的伞、黑的伞、红的伞

一朵朵像菌，像春华。十天后赴巴黎，再 15 天后上比、荷，六月底上德国。到了那里数数柏林的残垣后，再去瑞士、意大利。七千哩外祝福你。芥子，四，卅日。

荷兰的明信片上写的是：

津：六月五日来此地，爱上了海。荷兰的风磨多不转了，因为每座唐吉坷德先生想象的巨人手臂下都新装了一架电动机。芥子。六，十日。海牙。

从这些明信片可以看出许芥煜作为诗人细腻的笔触和脱俗的才情。

许芥煜在斯坦福大学获得博士学位以后，在旧金山州立大学（San Francisco State University）执教多年，两家来往密切，吴文津说，也许他的这位好友生前最为遗憾的，就是他全家 1973 年访华被驱逐出境的事。许芥煜是尼克松访华后第一批极少数取得签证回国访问的美籍华人，因此颇受优待，那年 2 月回国后政府允许他与 28 年未见、曾被打为"右派"的二哥与他同住同行数月，两个人手足情深，无所不谈。因他曾经出版过周恩来的传记 [1]，所以积极地想与周恩来见面，又因他研究 20 世纪中国诗歌，还出版过学术专著，又请求安排访问若干依然在世的诗人，包括一些已被打为"右派"者。他回国时还受朋友之托，代为到处打听他们家人的下落。因为他是作家，所以在书店遍购文学书刊，并将各种书刊与其所见所闻的笔记寄香港朋友处代为保存。

该年 8 月许芥煜夫人和他们的两个孩子去中国与他会合。在济南时，当地公安人员来他们所住的旅馆，宣称他们"以探亲为名，进行间谍工作"，当场没收他手上的书刊、照片、笔记和所有字条，并在

---

[1]　*Chou En-lai: China's Gray Eminence* (1968)由张北生译，香港明报出版社 1976 初版，1977 再版。因为出版时许芥煜的英文名字写为 Kai-yu Hsu，所以他的名字在中国内地曾被误译为许开宇、苏开玉等。

当日将他们驱逐出境。回忆到此，吴文津说：

> 这件事对他是一个很大的打击。向来喜怒不形于色的许
> 芥煜回美和我谈到这件事的时候，确实抑压不住他的愤慨和
> 不平。

许芥煜回美以后，累向各方求助，希望能要回被没收的书籍、笔
记、照片、信件等，一直没有结果。他的夫人是来自比利时的留美
学生，名叫珍妮·玛蒂尔德·霍尔巴赫（Jeanne Mathilde Horbach,
1924—2015），许芥煜为她取中文名"碧姜"，后在加州公共图书馆
工作。他们的两个儿子继承了他们艺术和学术方面的才能，长子仰北
（Jean-Pierre Hsu）是知名的珠宝设计师，而次子若岚（Roland Hsu）
是芝加哥大学欧洲史博士，曾任父亲的母校——斯坦福大学欧洲中心
副主任，现任该校人文中心北美铁路华工项目研究主任。

1982 年 1 月 4 日旧金山湾区大暴风雨中，许芥煜家后山发生山体
滑坡，他在抢救书稿要件时，泥石流涌来，全屋尽没，房子的一半连
他在内一起被推下前面几百尺的深渊。因为这位老友遭此横祸，不幸
英年早逝，吴文津在许多朋友中尤其怀念他，在九十多岁高龄时曾专
门写过一篇文章《悼芥煜》。在本书收集素材的过程中也特意补充了
许多有关这位好友的内容，我想在他的众多朋友中，许芥煜令他格外
难忘。他突然的离世，令吴文津感到无比痛惜。[1]

如今吴文津的翻译官朋友们大多已经离世，健在的不仅寥寥无
几，也都近百岁高龄不方便走动，但他们后代还时常与吴家聚会，这
些人的子女——他们称为"FAB 第二代"——也十分亲厚。有一次我
到吴家去，听说吴先生的儿子才与另一位"FAB 第二代"一起去海边

[1]  许芥煜的著作包括他翻译的 *Twentieth Century Chinese Poetry: An Anthology*（《20 世纪中国诗》）
（1964），*Chou En-lai: China's Gray Eminence*（1968），*The Chinese Literary Scene: A Writer's Visit to the
People's Republic*（1975），*Wen I-to*《闻一多》（1980）（闻一多是 20 世纪中国新诗创始人之一，许
芥煜在西南联大的老师，这本书是他在斯坦福大学的博士论文的改编，后由卓以玉翻译为中文。题
名《新诗的开路人——闻一多》1982 年由香港波文书局出版）及 *Literature of the People's Republic of
China: Movie Scripts, Dialogues, Stories, Essays, Opera, Poems, Plays*（1991）。

捉螃蟹回来，吴太太还要送我一只张牙舞爪的珍宝蟹呢！

吴文津保存着两本厚厚的纪念册，名为《中国来美助战译员百人录》（*FAB Commemorative Album 1945—1997 ad infinitum*），里面是当初 FAB—100 的名单、同仁们退伍后的职业和家庭情况、大家相聚时的照片、各人撰写的回忆文章等，他对其内容如数家珍。每当有人问起他的翻译官旧友，吴文津总要把这本纪念册拿出来，让来人看看自己的翻译官同仁们不仅有一腔爱国热忱，退伍后也在各行各业做出了杰出贡献。虽然这段历史已经渐行渐远，但在他的心中，从没有忘记过自己的这些老朋友们。

## 第六章

足迹天下，
成为学界抢手人物

吴文津在 1959 年继芮玛丽成为斯坦福大学胡佛研究所中文馆负责人后的五六年间，为工作的缘故四处搜集资料和学术考察，不仅积累了许多毕生难忘的经历，也结识了不少有趣的朋友。在这数年间，他不经意打出了知名度，学界广知有这么一个学问渊博、见多识广、中英文皆佳而又待人热忱、处处顾全大局、办事四平八稳的杰出人物。数所机构都抢着要他，其中包括香港中文大学图书馆、美国国会图书馆、哈佛燕京图书馆等，而他最终决定接受哈佛大学的聘约。

## 为胡佛研究所收集中国共产党早期资料

胡佛研究所经芮玛丽和吴文津多年的努力，建立了中国共产党自 1921 年建党到抗战时期相当完整的原始资料文库，在芮玛丽收集的资料中独缺江西瑞金中华苏维埃共和国（1931—1934）那一段，吴文津听说台湾有这批资料，为陈诚（1898—1965）所收藏，存放于他的个人图书馆"石叟资料室"内，但不得其门而入。没想到 1960 年偶然在一个酒会上认识了斯坦福大学地质系教授休伯特·申克（Hubert G. Schenk，1897—1960），知悉他二战后曾任"美援总署"驻台湾地区的署长，便问他："您在台湾肯定认识很多官员，认不认识陈诚？"申克教授说："当然。有什么事？"于是吴文津告诉他胡佛研究所想借陈诚所收集的中华苏维埃共和国资料制成拷贝，问他是否可以写信征求陈诚的同意，申克教授立刻答应，说"不成问题"。一个月以后，吴文津便接到电话，说陈诚同意了，细节可以直接和其办公室联络。吴文津喜出望外，两周后即出发前往台湾。

吴文津到了陈诚的官邸，感觉对方是个儒将，很斯文，态度非常客气，在官邸里请他吃美味的浙江芝麻汤圆。吴文津和他谈起这批资料，问道："这批资料的来源，可以告诉我吗？"陈诚说："我围剿江西瑞金时获得了一些中华苏维埃共和国文件，因为是共产党的资料，当时部队要把它们毁掉，我听说后就下令禁止，叫他们保存起来。1934 年 11 月占领瑞金以后又收集到很多资料，包括中华苏维埃共和国临时中央政府的机关报《红色中华》。"他告诉吴文津这批资料在台湾已有学者使用，美国学者若也有兴趣利用做研究，他很高兴，因为那是他当年保存资料的初衷，为了方便日后使用，可以制成微缩胶卷。

问题来了，到什么地方去做胶卷呢？经吴文津打听，知悉当时台湾只有"中央银行"和"中央研究院"有拍摄微缩胶卷的设备，而"中央研究院"的院长是胡适之（1891—1962）先生。通过朋友郭廷以（时任"中央研究院"近代史研究所所长，1904—1975）介绍，吴文津见到了胡适，询问是否可以借用设备来拍摄这批资料。胡适深知这些第一手文献对研究的重要性，立刻允许了吴文津的要求。后来吴文津听说，在他之前已经有两个哈佛大学的学生到台湾要求看这批资料。陈诚曾经就此事询问胡适的意见，胡适说："不妨给他们看看。"有此事在先，胡适自然很快应允。

在当时的台湾，手上有中国共产党的资料"是件不得了的大事"，需要万分谨慎。美国驻台湾地区机构派了一部车给吴文津，每天早上从他在台北下榻的"自由之家"出发，八点到北投的"石叟资料室"去接该室的负责人。那人带出一大皮箱的资料，和吴文津一起去南港的"中央研究院"摄影室，九点左右开始关起门来，不准人进出，由"石叟资料室"负责人把文件逐一从皮箱取出，交摄影师摄制。吴文津还从台北请了一个人专门洗胶卷，随照随洗，如果有需要重照的立刻返工。中午工作告一段落，由吴文津请大家吃饭。因为天气酷热，当时空调设备并不普遍，所以午休时间较长，下午三点才又上班，每天工作到五点左右结束，再把"石叟资料室"负责人和他的皮箱送回北投。

如此工作一个星期左右，进度很不理想。因为拍摄文件时的次序是根据在书库书架上分类排列的次序，因而每次拍摄尺寸不一的文件时，必须重新调整焦距，相当费时。经与"石叟资料室"协商后，把尺寸大小差不多的文件摆在一起，不分编目的次序进行摄制，工作进展就迅速多了，吴文津在台湾待了两个月以后满载而归。他记得资料拿回来之后大家特别高兴，不仅在斯坦福大学引起巨大反响，还上了当地《帕罗奥托周报》的头版。

当时这批难得一见的资料引起了不小的轰动，也随之带来一些争议：

> 因为别的图书馆都想要，我向陈诚请示，陈说可以，于是我就将其分享给各个图书馆。但后来问题来了，我听说台湾有很多人攻击陈诚，对他把资料公开不满意，还谣传说胡佛研究所把这批资料供应其他图书馆，赚了不少钱。因之我觉得有向他亲自说明的必要，由于他的好意反而给他带来这些不当的批评和麻烦，我觉得很不好意思，就专程到台湾一趟向陈诚当面致歉。我说："听说有人对您把资料交给我们有些意见，给您带来很多不便，很不好意思。"他说："没有关系，人家攻击我的时候太多了，不要在意，这是为了学术。"从哈佛出发之前，我就做了准备，把分发资料的图书馆名单和进出费用清清楚楚地列出来交给他，减去成本还有500多美元的剩余，开了一张支票。我把支票和清单交给他，他说："你这钱不要给我，给'中央研究院'照相室使用吧。"

从这件事上，吴文津行事为人的坦荡和诚恳可见一斑。

胡佛研究所收集的这些中国共产党早期资料均为在西方前所未见的，使得海外研究中国共产党党史的工作开始了新纪元，回忆起往事，吴文津只是轻描淡写地说："当时一切的功夫总算不是白费了。"[1]

---

[1] 这一批资料后来由南伊利诺伊大学（Southern Illinois University）吴天威教授编撰附有注解的书目，题为 *The Kiangsi Soviet Republic, 1931—1934: A Selected and Annotated Bibliography of the Chen Cheng Collection* (Harvard-Yenching Library Bibliographical Series III, 340 pp. 1980)，（江西苏维埃共和国，1930—1934：陈诚特藏资料选辑注释书目，哈佛燕京图书馆目丛刊 III，340 页，1980）。胡佛研究所图书馆藏尼姆·威尔斯特藏与伊罗生特藏及其他资料也在早期由薛君度教授编撰附加注释书目，分别题为 *The Chinese Communist Movement, 1921—1937: An Annotated Bibliography od Selected Materials in the Chinese Collection of the Hoover Institution on War, Revolution, and Peace* (The Hoover Institution Bibliographical Series VIII, 131 pp. 1960)（胡佛研究所中文部收藏文献选辑注释书目，胡佛研究所目丛刊 VIII，131 页，1960）及 *The Chinese Communist Movement, 1937—1949: An Annotated Bibliography of Selected Materials in the Chinese Collection of the Hoover Institution on War, Revolution, and Peace* (Hoover Institution Bibliographical Series XI, 312 pp. 1962)（中国共产党运动，1937—1949：胡佛研究所中文部收藏文献选辑注释书目，胡佛研究所书目丛刊 XI，312 页，1962）。

# 与新知旧友的交往

吴文津来往台湾，见到了不少名人，其中有很多是他的四川同乡。当时赫赫有名的当局领导人办公室秘书长张群在1960年代是台湾地区四川人中的"老乡长"，所以吴文津到台湾后所相识的四川同乡——许芥煜的长兄许伯超（时任台湾地区教育事务主管部门第二科科长）和后来任台北建国中学校长的崔德礼等——都建议他前去拜见张群。张群字岳军，四川华阳人，人们尊称其为"岳军先生"，曾在保定军官学校与蒋介石同学，后又在日本士官学校就学，为国民党元老，先后任上海市市长、湖北省政府主席、国民政府外交部部长、行政院院长等要职。吴文津和岳军先生除了是同乡，还有另一层关系：吴太太雷颂平家和岳军先生的快婿刘毓棠（Daniel Lew）家都是西雅图的老华侨，而他几个妹妹都是吴文津和雷颂平在华盛顿大学的同学。刘毓棠则是哈佛大学毕业的。

本书第一章已提及，与岳军先生见面是吴文津一生中唯一一次与一个知道自己父亲的官员交谈，因此非常震撼。

> 在他阳明山的官邸，我生平第一次见到了一位台湾地区的高官，难免有些紧张，但是由于他没有任何官架子，又和蔼可亲，我也就放松了。跟他第一次见面后，我每次因公去台湾总是要去拜望他。他对我也非常亲切。几乎每次去看他的时候，他总是要留我和另外几位同乡吃饭。饭菜都很简单，没有大鱼大肉，但是十分精致。我记得我有生唯一一次尝到羊脑，就是在他家里吃的。岳军先生非常注重养生，活到101岁。他建议"人生七十古来稀"应该改为"人生七十方开始"那句话，颇为世人称道。

吴文津很认同这位长辈达观的生活态度，他至今记得岳军先生有一首24字的"不老歌"广传世间——"起得早，睡得好，七分饱，常常跑，多笑笑，莫烦恼，天天忙，永不老"。这首歌多么像是如今

吴文津一直珍藏的照片——张群（右）与李天民（左）

吴文津本人的生活写照！

　　1960年到台湾的这一次，吴文津还结识了著名学者、同为四川成都人的李天民（1909—1993）[1]，后来两人成为多年的挚友。我曾问过吴先生一生中最好的朋友是哪几位，他不假思索地说自己"和天民亲如兄弟"。他们在台湾相识时李天民任"台湾地区民意代表"，但不复在官场活跃，已开始他对中国共产党党史的研究与写作生涯。他们既是同乡，又都研究中国近现代史，因此一见如故。

　　　　李天民知道胡佛研究所收藏中国共产党原始资料很丰富，就提出一些问题请我代查，之后我们往来通信频繁，这就是两人以笔会友的开端。后来我请李天民在台北负责为斯坦福大学胡佛研究所做一项关于中国共产党领导人人物传记的编纂工作，也很顺利地完成了。1964年我请李天民到胡佛研究所进行一年的研究，他如鱼得水，详查了胡佛研究所收藏的中国共产党党史档案资料，所得甚丰。

　　1960年代时李天民的研究方向已经专注在中国共产党领导人的研究，他写的周恩来传记1970年由台北国际关系研究所以英文出版，

[1]　李天民毕业于中央军校武汉分校第七期政治科、日本东京早稻田大学，曾任国民党四川省党部执行委员、三民主义青年团四川分团干事长，南京《中国日报》主笔，抗战开始后，在中央军官学校成都分校、西安行政训练所执教，1948年高票当选为四川省立法委员，1949年到台湾任"台湾地区民意代表"。他还是著名学者，以研究中国共产党领导人物的生平来探讨中国共产党党史。

名为 *Chou En-lai*（《周恩来》），1971 年翻译成日文，1975 年修订出《周恩来评传》（香港友联出版社出版），1994 年复出《评周恩来》（香港明报出版社出版）。[1] 他写的刘少奇传在 1975 年也由台北国际关系研究所以英文出版，名为 *Liu Shao-Ch'i: Mao's First Heir-Apparent*（《刘少奇——毛的第一个法定继承人》），1979 年翻译成日文，1989 年由湖南人民出版社翻译成中文出版，名为《刘少奇传》。他的《刘少奇传》英文版就是在胡佛研究所的那一年定稿的。写完《刘少奇传》后，他全力进行关于其他中国共产党领导人的生平研究，李天民常到美国和研究中国共产党党史的学者交换意见，并到主要的东亚图书馆浏览新收的资料。1965 年吴文津到哈佛燕京图书馆任馆长后，李天民几乎每年都会拜访一次。

> 他来美时差不多都在我家做客，每日和我一起到哈佛燕京图书馆阅读资料。天民治学态度很严谨，他的写作毫无八股气息，立论都是有事实和资料的根据。他精通日语，看英

吴文津与李天民（摄于 1962 年）

---

[1]　此书为《周恩来评传》修订本，病中托他政治大学博士班高足王振辉、关向光二位完稿。

文文献比较吃力，但是他决心苦学，也打下了一些根基。他好学不倦的精神令我非常敬佩，为我们的友谊打下了非常牢固的基础。他也很虚心，不耻下问。他虽比我年长，但是也常常提出一些关于研究方法的问题和我讨论。几十年的切磋，我也受益不小。

随后李天民相继出了《林彪评传》（1978 年由香港明报月刊社出版）、《华国锋与华国锋政权》（1982 年由台北幼狮文化事业公司出版）以及《邓小平正传》（1986 年由东京千曲秀出版社出版）。1984 年台湾政治大学国际关系研究所东亚所聘他在硕士班教授"中国共产党党史"，在博士班教授"中国共产党党史专题研究"与"中国共产党人物专题研究"。

我曾经问过吴先生，为何在众多好友中与李先生感情格外深厚，他这样回答我：

> 除他在研究方面的成就外，天民的待人处世，也非常值得敬佩。在家里他们夫妇相敬如宾，对儿女他不是严父而是良友，这是我数十年亲眼所见。他对朋友一直是以诚相待，重宽容，不计利害，相护相助，凡事均以"福同享、难同当"的角度着想，这些都是我几十年来和他交友的亲身体验。他到台湾以后，与世无争无求，专致力于研究和写作的工作，得友朋的敬佩。

思索过后，他又告诉我：

> 人际关系的建立，不是一天两天的事，而是一个长期的过程。我和李天民的友情，用美国话说就是人与人之间的"chemistry"（化学反应）。这就是为什么在我所有的朋友当中，唯有李天民和我有如兄弟般的情谊。朋友之间的"化学反应"用中国话来讲可以说是"默契"或者"投缘"，是

意气相投、也是对人对事的
价值观的合契。李天民和我
在对家庭、对子女、对朋友
和处世的态度极为相似，就
是不霸道、不勉强、不卑不
亢。他的宽容和无求也是我
所向往的美德。

吴文津和李天民的友谊持续
了 33 年，直到李天民 1993 年去
世。他去世前的两个月，两位老
朋友还见过面。吴文津在悼念文
章《忆天民》中，一改自己严谨
平和的学者文风，事无巨细地回
忆了这位挚友生命最后的点点滴
滴：李天民住进荣总医院后，自
己到台湾出差，天天都会去探望

李天民之女李开敏订婚时吴文津作为家长出席（由李开敏女士
提供）

他。他胃口还好，但是不喜欢医院里的饮食，而是喜欢楼下卖的披萨
和汉堡，自己就陪他一起去楼下吃披萨，到医院的荷花池喂鱼。李天
民病中想念草莓蛋饼，女儿开敏在超市找到了原味蛋饼，但当时不是
草莓的季节，雷颂平知道了就在电话中对李天民说："你下一次来，我
们要天天都吃草莓蛋饼！"李天民在电话另一端大笑。但事实上那一
段时光，已经是两人最后的相处。

　　临行时我们都依依不舍，虽然当时我认为肯定还可以和
他再见面，但是仍然抑制不住心里的一股不可名状的悲切，
我怕他见我流泪，再一次紧握他的手后，我就急急转身走出
他的病房。开露送我下楼，我们都哭了。这是我和他最后见
面的一次。

钱穆大师曾书赠一副对联给李天民，一直挂在他的书房以为座右铭："有德容乃大，无求品自高。"李天民1993年过世后，他的子女在他的书桌抽屉里发现一纸，纸上书："老牛明知夕阳短，不必扬鞭自奋蹄"，显然是他用来鞭策自己的话语，也代表他孜孜不倦的治学精神。他去世后幼女开敏和幼子开复所写的《我的父亲李天民》纪念文中也提到了，他常以"天地何其宽，岁月何其长"这两句来鼓励他的子女，让他们能保持宽广的心胸和视野。

李天民元配吴兆兰女士于1935年生下长子开宁后不幸早逝，尚留有一女名开芸。他在西安时与在汉中女师任教的王雅清女士结识，1939年结为连理。李天民与王雅清女士婚后有四女一子：开蓉、开露、开菁、开敏和开复，幼子李开复为当今世界闻名的计算机专家。多年的友谊也让吴李两家成为世交，每一次吴文津到台湾出差或开会，都与李家相聚。李天民幼女李开敏订婚时，她的父亲不在台湾，吴文津就在订婚仪式上代替作为家长出席。

吴文津和李天民初次见面之后的第二年，李天民幼子李开复出世，因此吴夫妇总说他们是"看着开复长大的"，但吴夫妇在美国而

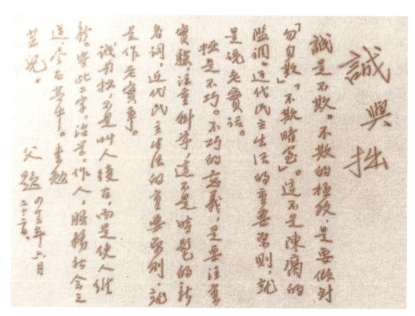

李天民给女儿李开芸的短笺（由李开芸女士提供）

李天民一家在哈佛燕京图书馆慈禧太后的画像前留影（1978 年）

李家在台湾，所以并没有一直"看着"。吴太太 1982 年第一次到台湾时，李开复已经于 10 年前（1972 年）来美国留学了，她第一次看见他还是好多年以后的事，那时他已经到大陆担任微软中国研究院院长了。

> 我们还在波士顿的时候，他每次路过总是要来电话问候。2002 年我们回西雅图和家人庆祝我们 80 岁的生日，开复夫妇正好住在西雅图的郊外贝尔维尤（Bellevue），于是请我们全家到他家吃饭，有一次他送我们一套从中国带回的红漆镀金的古董木雕，好像是从旧式门窗上拿下来的表示"福禄寿喜"的雕刻。现在还挂在我们的客厅里。

另一位同一时期结交的好友是蒋彦士（1915—1998）。他是南京金陵大学毕业的，习农科，后在美国明尼苏达大学获得农业硕士及博士学位。1960 年代他任"农村复兴联合委员会"（简称农复会）执行长，对台湾农业的改进，诸如稻米品种的改良、优质水果的引进，贡献良多，奠立了台湾农业发展之基础。蒋先生颇有才干，继农复会后，先后任台湾地区行政管理机构办公室负责人、台湾当局教育事务主管部门负责人、国民党"中央委员会"秘书长、台湾当局领导人办公室秘书长等职。

> 蒋彦士给我最初的印象是一位颇有风度的学者，认识他以后才发现他的另一面：豪爽、热心、平易近人；他也是一位非常务实的人，凡事都是从大处着想，小处着手。

## 环球考察之旅和收获

1964 年吴文津已经修完博士学位的所有课程，通过了口试，开始撰写博士论文，同年秋他离职一年，接受了美国"当代中国研究联合委员会"（JCCC）[1] 的邀请，到各国调察当代中国研究及其资料收藏状况。二战前美国关于中国的研究大都属于"欧洲汉学传统"，偏重古代中国，二战后美国汉学研究转型，各大学才展开对当代中国的研究，与此同时发展的就是东亚图书馆藏书建设工作，"当代中国研究联合委员会"（JCCC）的诞生就与美国汉学研究转型有直接的关系。

蒋彦士赠给吴文津的花瓶

---

[1] "当代中国研究联合委员会"（Joint Committee on Contemporary China，简称 JCCC）于 1959 年由"美国学术团体委员会"（American Council of Learned Societies，简称 ACLS）及"社会科学研究委员会"（Social Science Research Council，简称 SSRC）联合组成。其目的为协调全美各校关于当代中国之教研工作，下属若干专题小组（中国社会，中国经济，研究资料等），并设立奖学金及召开各式学术会议。

在这次全球考察中，他先后访问了英国、法国、联邦德国、民主德国、荷兰、捷克斯洛伐克、波兰、瑞典、丹麦、苏联、印度、日本、韩国等国以及中国的香港和台湾等地区。访问的对象是各地的主要公共图书馆、有中国课程的大学和他们的图书馆、专门研究中国的研究所（如像捷克布拉格的鲁迅研究所）以及其他对外开放的收集中国资料的图书馆，所得甚丰。关于此次全球考察的见闻，吴文津在他题名《他山之石》的文章里有详细的叙述。该文从未公开发表过，现收入本书"附录"。

吴文津的这次旅行专注于工作，连留念照片都没有拍一张，但是见闻颇多，其中一些经历反映了当时特殊的历史时期。

> 我在西柏林的时候，去美国总领事馆打听一下去东柏林是否安全、有些什么需要注意的地方。一位领事告诉我说："我们不鼓励美国公民去东柏林，因为如果有什么事，我们恐怕无法帮忙。"他又问："你要去干什么？"我告诉他我的任务，并且把 JCCC 给我的任命信给他看。他看了以后说："请你等一会儿。"几分钟后他回来说："总领事想见你。"见到总领事后，他说："我们基本上不鼓励美国公民到东柏林去，不过你的任务是学术性，我想无妨。你回来后希望给我们来个电话。"他又说，有几种方式可以去东柏林：可以步行通过检查站（checkpoint）过去；可以坐公共汽车去；也可以雇一部计程车去。计程车最方便，因为有专门来往东西柏林的，他们在检查站和两边的卫兵都很熟，也懂所有的规矩，可以帮忙代找一部车。果然如他所说，在检查站的时候那位司机和卫兵们谈笑风生，车辆检查时，车厢和车里一干二净，很顺利就通过了。当天午后回西柏林后，给美国总领事馆打了一个电话，说我已平安回来。

1960 年代中美还未建交，从美国购买中国资料非常困难，只能从香港地区买。材料交换方面，只能和北京图书馆交换，范围也很小。

经过这次考察，吴文津发现东欧及苏联和中国交换资料的范围比较广泛，西欧购买和交换的资料也很多。欧洲图书馆不仅收藏的资料比美国图书馆丰富得多，而且都愿意和美国图书馆交换资料，便把握机会建立了若干交换渠道。

吴文津考察回美后，在给"当代中国研究联合委员会"（JCCC）的报告中，建议在美国成立一个全国性的机构来主持这项交换工作，由单独的图书馆自行做交换颇费人力，如果有一全国性的机构来主持这件事统一办理，交换后再行复制分发，为所有图书馆代劳，可以替大家省力省钱，还能提高效率，可谓一举两得。于是"当代中国研究联合委员会"（JCCC）向提供经费的福特基金会（Ford Foundation）申请补助，获得拨款50万美元，1968年在华盛顿"美国研究图书馆协会"（ARL）[1] 旗下，成立了"中国研究资料中心"（Center for Chinese Research Materials，简称CCRM），后来取得了巨大的成果。

因为这个工作做得很好，该中心先后得到鲁斯基金会（Luce Foundation）、梅隆基金会（Mellon Foundation）和全国人文科学基金会（National Endowment for the Humanities）的资助，扩大工作范围，涵盖了近代中国19—20世纪比较罕见的研究资料，把他们用微缩胶卷的方式复制分发，渐渐成为收集和分发近现代中国重要研究资料的重镇。

该中心准备成立时，物色负责人是一个大问题，要找一位对近代和当代中国有相当认识的人，最理想的是此人对管理也有经验。1966年吴文津专程去香港找他的朋友余秉权（1925—1988），探询他是否愿意来主持这个中心的工作。余秉权毕业于广州中山大学，西雅图华盛顿大学中国近代史硕士，是吴文津的校友，当时在香港大学任讲师，并在香港和朋友经营颇负盛名的"龙门书店"，专做复制书籍，算是最理想的人选。可他是广东人，在香港的生活非常舒适，没有想要移动的意思。次年（1967年）吴文津再去找他，他当时受了时局的影响，也为了两个儿子教育问题考虑，竟然同意来美担任该中心的主

[1]　Association of Research Libraries，简称ARL。

任，这让大家喜出望外。于是他全家办理移民手续，1968 年就职，当年 11 月中心就开始运作了。1982 年余秉权因病离职，由前台湾"中央研究院"近代史研究所研究员亓冰峰博士代理，次年任正式主任。1986 年该中心从美国研究图书馆协会退出，自行成立为一独立的非营利机构以迄于今。

> "中国研究资料中心"的名字在图书馆界有口皆碑，很多著名知识分子都曾在该中心工作过，包括 1980 年代初期的台湾大学图书馆馆长陈兴夏、台湾地区领导人宋楚瑜（他是华盛顿美国大学 [American University] 图书馆学硕士）、现任哈佛燕京图书馆馆长郑炯文、香港商务印书馆总经理兼总编辑陆国燊等。

"中国研究资料中心"成立之前，正值中国"文革"初期，出版事业几乎全部停顿，红卫兵小报却特别多，如雨后春笋，但并未正式向海外发行。因为没有另外的出版品可买，加上红卫兵小报里载有各地的动态和各种文件，有些偷运到香港的被复印后出售，大家争先抢购，一时洛阳纸贵。原来在香港复印卖 5 美元一份的红卫兵小报，高涨到 25 美元一份。东亚图书馆遂请求"当代中国研究联合委员会"向美国国务院交涉，看美国政府是否可以把各机构收集的红卫兵资料公开供研究之用。国务院认为可以，但是要知道需要哪一类的东西。因为他们收集的资料种类繁杂。于是"当代中国研究联合委员会"派吴文津到国务院一行。

> 在国务院时他们给我一批有代表性的资料看，其中包括红卫兵小报、红卫兵其他的通讯、传单和油印的红卫兵代表和政府领导谈话的记录。这些东西太宝贵了。我对国务院说："我们都要！"接着如何接收这些资料和发行的问题来了。当时"中国研究资料中心"还正在筹备中，于是哈佛燕京图书馆毛遂自荐来负责这份工作。国务院陆陆续续把资料交给

哈佛燕京图书馆复制分发，世界各国图书馆都有订购。这样大约一年多，中国研究资料中心成立后，这项工作就转交给他们去做。前前后后中国研究资料中心复制的单印是红卫兵小报就有112大册，共46500页，是当今除中国以外全世界最多的公开的红卫兵小报。

关于那次环游世界的考察，值得一提的还有吴文津在台湾和蒋经国（1910—1988）见面，讨论对大陆学术研究的一段：

有一天一位国际问题研究所的人告诉我，说蒋经国先生想见你。我到了他的办公室去见他，他说："听说你在进行一项调查各国研究大陆的工作。"我说："是。"他就问："听说你要到苏联，你到什么地方去，见什么人？"我说："主要是莫斯科和列宁格勒科学院的东方研究所和他们的图书馆。看看他们有什么研究大陆的资料。"他又问："我们台湾出版关于大陆的刊物在美国学术界有什么样的影响？"我迟疑了一下，大概他看见了，就说："没有关系，你可以直说。"听他讲了这句话，我就坦白地告诉他："影响不大。因为研究中国近代当代史的美国学者认为台湾的研究缺乏平衡，多跟着国民党的立场讲话，从它们的名称，如像"匪情研究""匪情月报"等，大家都认为它们是宣传品，而不是学术研究。"他犹豫了一下然后说："这是不难想象的事。共产主义的弱点，我们知道的太多了，不用经常去大书特书。我们需要研究的是共产主义既然有这么多缺点，为什么它们的政权还能够在大陆继续下去？那才是我们应该去研究探索的重点。"他的回答让我非常惊异，因为那并不符合当时台湾的官方路线。也许是巧合，一年以后，那两种刊物的名字就改成《中共研究》和《中共月报》了。

顺带一提，吴文津第二次见到蒋经国是1980年代初期，是在台

吴文津参加第一届"中国问题研讨会"与蒋经国握手

北和六位美籍华人学者参加"中国国民党党史会议"期间，他当时已经是当局领导人。大陆那时已经开放，有不少学生来美国留学，蒋经国对相关情况问得很具体。

> 他问我们："大陆来的学生状况怎么样，都学习什么科目？是否理工科多于人文社会科学？学成留在美国还是回中国？是公费还是自费的？"我们据我们所知在各校的情形告诉他，有些情况，我们也不十分清楚。由他的发问可见他当时已经在思考，大陆留学生归国以后如何能将所学贡献给社会，让中国成为一个富强的国家，如果那个时候到来，对世界特别是台湾地区有什么影响。这些深思熟虑的远见，正是台湾地区当时所急需的。所以在那次见面后，我对他更为敬佩了。

吴文津认为蒋经国和他父亲蒋介石很不相同，他在重庆中央大学做学生时，蒋介石因为学潮亲任校长，他曾经远远听过蒋校长的训话。1971 年台北国际问题研究所主办的首次"中国问题研讨会"开会期间

（该研讨会后由台北国际问题研究所与斯坦福大学胡佛研究所合办，在两地轮流召开年会），蒋介石曾经邀请六七位从美国去参加会议的华裔学者茶会，地点在台北阳明山中山楼他的办公室。

> 我们到了以后先等了半个多小时，到了下午四点多的时候，门打开，进去以后是好大的一个办公室，他坐在一个很大的办公桌后面，走过来一一和我们握手，问我们开会的情形怎么样，大家讲了一点。他又问有什么意见，没有人提意见，因为会正在进行中，大家不愿意歌功颂德，也不愿意刻意批评。当时我们都感觉他非常严肃，小时候都称他为"蒋委员长"，是"最高领袖"，尽管时隔多年，见面之后还是觉得不能乱讲话，和见蒋经国的感觉完全不同，蒋经国是一个没有被神化的人物。

吴夫妇曾经和宋美龄（1898—2003）有过一面之缘，那是在 1995 年，宋美龄已经 97 岁高龄。当时正值抗战胜利五十周年纪念日，美国国会邀请宋美龄前去演讲，当晚在双橡园（Twin Oaks）举行酒会。酒会上当时美国参议院议员鲍勃·多尔（Robert Joseph "Bob" Dole）、尼克松的女儿特里西娅·尼克松·考克斯（Tricia Nixon Cox）都在场。雷颂平对宋美龄的美丽和风度记忆犹新。

> 她很漂亮也很热情，当时我对她说："夫人您好！"她问当时在她旁边的张文中（"北美事务协调处"驻波士顿办事处处长）："这位是？"张文中说："她的先生是哈佛燕京图书馆的馆长。"当时他（指吴文津）站在我的后面。钱复也在场，他是当时台湾对外交往部门负责人，他的父亲就是钱思亮[1]。

---

[1] 钱思亮（1908—1983），字惠畴，生于河南省新野县，籍贯浙江余杭。化学家、教育家，美国伊利诺伊大学博士，曾担任北京大学化学系主任、西南联合大学教授，台湾大学化学系教授、系主任、第五任校长，辅仁大学教授，"中央研究院"评议会评议委员、院士、院长。

吴文津与蒋家下一代的章孝严（蒋孝严）也是好朋友，提到这位老友，吴文津这样回忆到：

> 我很敬佩他，因为他的成就完全是靠自己，并没有以他的家世来求官进爵。我认识他多年，有一件趣事：在哈佛时有一年到台湾开会，到飞机场以后要换登机牌的时候才发现我的台湾签注已过期，华航说："抱歉，我们不能让你登机，因为这违反规定，我们会受到非常严厉的处分。"但是他们很客气地说："如果你有落地签注的许可，我们就可以让你上飞机。"这个许可必须由对外交往部门发出，所以当晚不能走，要再行办理。华航很帮忙，说："你可以用我们通台北的电话，看他们是否可以让你在电话上申请。如果可以并且批准，他们可以给我们来个传真，我们就可以让你登机了。"那时是美国东部9点钟，台北早上10点，正是办公的时候，章孝严时任对外交往部门负责人，我就不揣冒昧用华航的电话打到台北去，正好章孝严在办公室，等我说明我的情况后，他说："没有问题。"十分钟后传真就来了，解决了我的问题。这是件小事，但充分表现了他对朋友的热情。

## 接受哈佛大学聘约

1961年胡佛研究所中文部和日文部合并为东亚图书馆，吴文津担任第一任馆长（Curator），在图书馆界声望斐然，因此陆续接到世界上几大著名学术机构的争相邀请。

在1961年前后，香港的崇基学院、新亚书院及联合书院准备合并而成立香港中文大学（The Chinese University of Hong Kong），美籍华裔教育家、经济学家、加州大学伯克利分校经济系教授李卓敏（Li

Choh-ming，1912—1991）出任第一任校长。要组织一个大学图书馆，这件事相当复杂，原来的三个学校都有自己的图书馆，如何把他们联合起来组成一个大学图书馆，同时又能保持三个图书馆原来的特性，是一项很大的挑战。李卓敏校长请吴文津和当时斯坦福大学图书馆馆长史万克（Raynard C. Swank）到香港帮助筹划此事，他们二人去香港一两个星期的时间，跟三个图书馆的负责人深谈，聆听他们图书馆各自的历史、沿革和对未来的希望。回美后他们根据这些谈话和中文大学的一些想法，写了一个相当长的详细报告。李卓敏看到这个报告很高兴，就问吴文津是否有意去做香港中文大学图书馆馆长，那时候吴文津正在斯坦福读博士，还没有通过口试，他就把情况如实说明，李校长知道后回答说："那我等你。"

那时美国国会图书馆也托人前来打听吴文津是否愿意前去任职。国会图书馆位于美国华盛顿，是全世界馆藏量最大的图书馆，隶属于美国国会，经济实力雄厚，可以开出很高的薪水。他们直截了当地对吴文津说："如果你来这里，你太太可以直接退休了。"雷颂平听到后说："我工作是因为我喜欢做，而不是迫于生计必须做。"吴文津也对这份工作兴趣不大，因为他想做一番事业，而国会图书馆属于政府机关，条条框框太多，做事情会有很多掣肘的地方。他婉拒了对方，私下对雷颂平说："如果哈佛找我我就去。"后来没多久，哈佛真的来请他了。

1964年，吴文津正在撰写博士论文，内容是早期的国共关系，哈佛大学燕京图书馆在吴文津通过博士的口试之后向他发出正式的邀请，有意聘请吴文津去接替将要退休的裘开明任馆长。得知裘馆长亲自向哈佛大学推荐他为继任者，吴文津感到"受宠若惊"。而年初他受邀前往哈佛大学，见到了著名的哈佛汉学家、历史学家费正清教授，彼此留下了很好的印象。吴文津后来知道他们事先曾为此事询问费正清的意见。想必是吴文津以前的上司芮玛丽多次在她的导师费正清面前称赞过吴文津，费正清也力劝吴文津到哈佛大学。

吴文津替"当代中国研究联合委员会"（JCCC）进行全球考察结束回来后，哈佛大学前后曾经邀吴文津两次去剑桥面谈，希望他早做决定。之后不知道是什么人告诉他们说，吴太太因为家庭关系不大愿意离开加州。费正清洞悉了这点，于是请吴文津第三次前往哈佛大学，这一次吴太太也被邀请去了。费正清不但亲自接机，并且立刻送他们到他在剑桥温斯罗普街（Winthrop Street）41 号的家里。原来他已经准备好一个酒会，让吴氏夫妇和有关东亚的教授、访问学者和一些研究生见面。第二天费正清又请吴夫妇到他家，一起吃他做的早餐。后来的两天他亲自充任导游，带他们四处游览，下雨天也热情不减，因他开着一辆敞篷车，忘了遮篷，雨水都积在车里。雷颂平至今还记得，身材高大的费正清不仅脚步飞快，过马路时还不看红绿灯，害穿高跟鞋的她得赶紧急追。在他的热情攻势下，雷颂平终于"投降"，她说："我希望他没有邀请我，去了以后，真是盛情难却啊！"这一段有趣的经历被吴文津写在了他的文章《纪念费正清教授》中，费正清教授对哈佛大学燕京图书馆的热情令人感动。后来他曾数次陪吴文津替哈佛燕京图书馆向校友募款，对校友说："有一流的大学，必须有一流的图书馆！"

决定去哈佛大学以后，吴文津对香港中文大学的邀请就婉谢了。吴夫妇至今半个多世纪后回想起，仍说当年搬到东部，"是一个很不容易的决定"，因为去了以后工作生活能否适应，都是未知数。哈佛大学的热情邀请是一个因素，但对吴文津来讲最主要的原因是他当时才 42 岁，很多事情还可以做，而图书馆事业发展最先进的应该还是美国。哈佛燕京图书馆的工作范围比胡佛研究所更大，图书馆收集的资料更广，历史也更悠久，燕京图书馆前来主动邀请，是千载难逢的机会。当时正值美国的中国研究转型，从传统的汉学过渡到利用社会科学的"区域研究"，随着学科的迅速发展，图书馆的藏书建设工作也必然跟着发展，这项工作在哈佛大学有很大的发展空间。

吴文津考虑再三，决定前往哈佛大学，胡佛研究所对此非常失望。好朋友张嘉璈在他 1965 年 8 月 27 日的日记中载有："今日往晤胡佛研究所所长康培尔（W. Glenn Campbell，1924—2001）告以吴文津已决定改就哈佛大学哈佛燕京图书馆主任职务，无法挽回。所遗远东图书馆主任，只好另觅替人。康氏深感不快。"[1] 有趣的是在吴文津刚去哈佛大学不久后，张嘉璈因事去波士顿，吴夫妇请他到家吃饭。饭后他对吴太太说："你们任何时候想回胡佛研究所，告诉我一声，他们肯定会欢迎你们回去。"

做出离开斯坦福大学前去哈佛大学这一决定，整整历时八个月，两个人经过无数次的踌躇和反复，最后吴文津这样对妻子说：

> 如果我们当时不走，恐怕一辈子就在这里了。我们如果到东部去，可能会有更多的发展。

[1] 姚崧龄编著，《张公权先生年谱初稿》下册，台北：传记文学出版社，1982，1158 页。

## 第七章

主持哈佛
燕京图书馆

在吴文津的记忆里，四川成都的老家门前有一对石狮子，后来他远渡重洋定居海外，常常怀念幼时在家门口背诵《三字经》的时光，在梦里都想摸一摸老家的大黑门和石狮子。几十年后他曾回到故乡去寻找童年的回忆，世事变迁，石狮子早已不见踪影。缘分使然，在万里之外的美国，他却每天走入一扇由一对中国石狮子守护的大门中去，在这个对他来说就像是家一样的地方，倾注了三十余年的心血，那里就是哈佛燕京图书馆（Harvard–Yenching Library）。

哈佛燕京图书馆始建于 1928 年，最初名为哈佛燕京学社汉和图书馆，隶属于哈佛燕京学社（Harvard-Yenching Institute）。"汉和"的意思，就是指收藏的书籍主要是汉文和日文的。哈佛燕京学社是中国的教会学校燕京大学与美国哈佛大学在 1928 年共同成立的。这之中还有一段颇为曲折的故事，在陈毓贤女士所著的燕京大学教务长洪业（William Hung，1893—1980）的传记中有详细记载。

美国铝业公司创始人查尔斯·马丁·霍尔（Charles Martin Hall）因发明电解铝技术而致富，但他是单身，1914 年去世后其遗嘱指定将遗产的三分之一捐献给在亚洲或者东欧巴尔干半岛英美人所办的教育机构。到了 1929 年这笔钱最后分发之时，市值大约一千四百万美元。1921 年传教士路思义（Henry Winters Luce，1868—1941）为燕京大学募捐时，从这笔遗产中得到五万美元，并打听到还有好几百万美元必须在 1929 年以前分发，便与也正在争取这笔遗产的哈佛大学协商，以推广中国以及其他亚洲地区文化的研究与教育为由，一同申请到这笔钱，1928 年成立了哈佛燕京学社，由哈佛与燕京各派代表组织董事会监督。起初主要拨款资助燕京大学及其他美国人在中国办的大学，提供奖学金鼓励美国学生研究中国文化并到中国学习，同时在哈佛大学创立一个收藏中日文典籍的图书馆，后来把范围扩充到亚洲各国。

燕京大学在 1952 年中国高校院系调整中撤销后，哈佛燕京学社无法继续向其及另外美国教会支持的大学提供补助，遂一方面扩大在亚洲其他国家和地区有美国教会支持的高等教育事业，包括邀请日本、韩国（后来加上越南）等国和中国香港地区的访问学人到哈佛大学一年及资助有关亚洲书报的出版等工作，一方面继续全部支持哈佛燕京图书馆的开销。该图书馆一直到 1970 年代中期都隶属于哈佛燕京学社，1976 年在吴文津的馆长任期内正式收编为哈佛大学图书馆的一部分。

哈佛燕京图书馆坐落于哈佛大学校园内神学街（Divinity Ave.）2号，门口的石狮子给这座西式校园带来了扑面而来的中国气息，曾任善本室主任的著名学者沈津在自己的书话《书丛老蠹鱼》中写道：

> 哈佛燕京图书馆的门前两旁，各立有一座六米高的石狮，左雄右雌，外观大气，雕琢质朴，前额突出，目圆瞪，口露齿，有一种强悍威猛、守门壮威的感觉。国内访问"哈佛燕京"的学者或旅游者，多以此为一景，立其旁，摄影存念。我每天上班进馆，总觉得那二位被赋予神力的"百兽长"在对我微笑，似乎是认识我，并有一种默契。据说雕刻石狮，始于印度，随着佛教传入中国，成为中国传统建筑中经常使用的装饰物。"燕京"的两座石狮，不知何时舶载美东，我过去的同事张凤曾说过，这对石狮是波丽·柴尔·斯达太太（Polly Thayer Starr）为纪念母亲柴尔太太（E.R.Thayer），特地从中国买来的。但前些年，程焕文教授为撰写"燕京"第一任馆长裘开明先生的《裘开明年谱》，曾将"燕京"所有积年旧档翻遍，似乎也未查知石狮是如何报进"哈佛"户口的。我写石狮，意在为它"封官许愿"，即拟"封"其为并不存在的官名——"燕京镇守使"，愿上苍佑我"燕京"，使这座"藏古今学术、聚天地精华"的欧美汉学重镇，能永远为传播中国传统文化而尽其所能。

进入哈佛燕京图书馆的阅览室，可以看到许多名人的题字——从中国近代藏书家傅增湘的（1872—1949）的"艺海珠英"到书画大师叶恭绰（1881—1968）的"海外琅環"，对面还有溥仪老师陈宝琛（1848—1935）的"学者山渊"，日本学者苏富德峰（1863—1957）的书法"道者同于道，德者同于德"[1] 也是这里的文物之一。入门的墙上悬挂的是曾任燕京大学教务长、参与创办哈佛燕京学社的著名学者洪业的照片。

馆长室外面有罗振玉所写的"拥书权拜小诸侯"一匾，和捐款人查尔斯·马丁·霍尔（Charles Martin Hall）的照片遥遥相对。在聚会厅中，还有陈宝琛在84岁高龄时另题的对联"文明新旧能相益，心理东西本自同"。在此联的对面墙上，曾挂有一幅胡博·华士（Hubert Vos）所画的慈禧画像，该画像是华士为慈禧绘制肖像的样稿，华士的最终稿应慈禧的要求将容貌显著美化并年轻化，因此这幅样稿更加写实。吴文津的好朋友、曾任台北故宫博物院院长的秦孝仪（1921—2007）看到这幅画像曾评价说，其他慈禧的画像，不是很凶，就是太美，而这幅肖像则恰到好处，威严又带有点和蔼可亲的样子，并不拒人于千里之外，传达出了被画者的人性。这幅画现存于哈佛大学福格美术博物馆（Fogg Art Museum）作为文物保管。

如今步入哈佛燕京图书馆，在展览柜中左边是第一任馆长裘开明的照片，右边就是第二任馆长吴文津的照片。

哈佛燕京图书馆公认是亚洲以外最完备的亚洲资料图书馆。它最早的藏书可追溯到戈鲲化（1838—1882）在1879年（清光绪五年）到哈佛大学教中文时从中国带来的图书。戴着顶戴花翎来到美国的戈鲲化在哈佛教了数年去世后，遗留的书归了哈佛。一直等到快半世纪后哈佛燕京学社成立，哈佛大学才又再开以中国文学或历史为专题的课程。第二次世界大战以后，美国成为汉学研究的重镇，学者的研究分成了两派：一派承袭欧洲传统，一开始就读文言文，注重中国传统的经史子集，文化艺术和民俗宗教；另一派则以费正清为首研究近现代中国，探讨清代以来中国制度的变迁。

吴文津到哈佛燕京图书馆赴任时，该馆资料收集的重心尚以传统研究汉学的资料为主。这也是研究现代的费正清非要把吴文津请到哈

---

[1] 这幅字的落款是"日本营正敬"，营正敬是苏富德峰的别号。吴文津推测这件藏品可能是哈佛燕京图书馆早期（还叫做"哈佛燕京学社汉和图书馆"时）的收藏，当时如罗振玉等许多学者都与日本有密切关系。

佛不可的原因，吴文津可以说是当时全世界对中国近现代资料最熟悉的人之一。多年后著名学者余英时评论道："由一位现代图书馆专家接替一位古籍权威为第二任馆长，这是哈佛燕京图书馆的发展史上一件划时代的大事……这件大事之所以具有划时代的意义，是因为它象征着美国的中国研究进入了一个崭新的历史阶段。"

# 与裘开明馆长的深厚情谊

1965 年就任的吴文津是哈佛燕京图书馆的第二任馆长，任期长达三十余年。首任馆长是他一直在心中视为良师益友的裘开明先生，对吴文津的影响很大。耄耋之年的吴文津不仅专门撰文怀念裘先生，还时常在我们的谈话中追忆裘先生。

吴文津与裘开明馆长的合影

裘开明是浙江镇海人，年轻时曾在汉口文明书局（中华书局的前身）做了一年半的学徒，对中国古籍产生了极大兴趣。1911 年辛亥革命后，他曾在长沙一家教会学校学习"西学"，后成为中国第一所独立的图书馆学高等学府——文华大学（Boone College）图书科[1] 的首批学生，1922 年毕业后成为厦门大学图书馆馆长，结识了当时在该校执教的欧洲汉学泰斗戴密微（Paul Demieville，1894—1979），作家

---

[1]　美籍教师韦棣华（Mary Elizabeth Wood）1920 年在中国创办的第一家图书馆专门学校，1929 年设立该校为"文华图书馆专科学校"，1953 年并入武汉大学。

鲁迅、林语堂和广雅书局经理徐信符（1879—1947）等，并从徐先生处学到很多版本和目录学知识。1925 年裘开明到美国进修，获哈佛大学硕士和博士学位，当时哈佛学院图书馆馆长柯立芝（Archibald C. Coolidge，1866—1928）问他是否在图书馆正式工作，负责整理馆藏的中文和日文书籍，并且告诉他："你不用担心，你在中国怎么做，在这里就怎么做，不用管在美国有没有经验。"于是裘开明接受了这份工作，直到 1965 年在哈佛燕京图书馆馆长职位上荣退，前后 38 年之久，为美国华裔任东亚图书馆馆长之先驱。

裘开明创立的"汉和图书分类法"（A Classification System for Chinese and Japanese Books），吴文津还在华大图书馆打工时就已经开始使用。在这套中日文资料分类法之前，中国或日本都没有适用于美国图书馆的分类法可以借用。裘开明的"汉和图书分类法"另开境界，合并中西，将中国传统的四库分类延长到九类，与杜威以阿拉伯数字代表的十进法合成作为书号，著者的号码则取自作者名字的四角号码。使用十多年后，又经冯汉骥及于震寰的修正，由美国学术团体协会（American Council of Learned Societies）下属的远东学会[1] 于 1943 年出版，名为《汉和图书分类法》，出版后颇受欢迎，被美国、加拿大、英国、荷兰、澳洲等 12 个国家东亚图书馆采用。另外编目卡的作者和书名除使用中日文外还附加罗马拼音，以便中日文的卡片可以和西文的卡片一同排列，这种创新之举至今已成常规。

除了这一重要发明，裘馆长还是图书馆馆际合作的创始人，自 1935 年至 1949 年国会图书馆发起复印分发各东亚图书馆的编目卡片时为止，哈佛燕京图书馆已经供应各东亚图书馆该馆印行的卡片约两万张。[2] 1965 年著名美国汉学家费正清和历史学家、外交家赖世和（Edwin Oldfather Reischauer）特别把他们合著的《东亚：现代的转变》（*East Asia: The Modern Transformation*）献给裘先生，费正清称赞裘先生为"西方汉学研究当之无愧的引路人"。

---

[1]　远东学会（Committee on Far Eastern Studies），亚洲学会（Association for Asian Studies）的前身。

[2]　参见程焕文编《裘开明年谱》，桂林：广西师范大学出版社，2008；"裘开明与哈佛燕京图书馆"载吴文津著《美国东亚图书馆发展史及其他》台北：联经出版社，2016，179—186 页。

裘馆长对需要帮助的学者们关怀备至，而在图书馆管理上十分严格，非常受人敬重。哈佛燕京学社成员、著名学者邓嗣禹（1905—1988 年）在《纪念裘开明先生》一文中曾记有这样两件事，颇有代表性。第一件是邓在完成他与费正清合著的《中国对西方的反应》（*China's Response to the West*）期间，裘馆长对他的帮助。

> 笔者常去哈佛找资料，有一二次，裘先生给我钥匙，以便晚间及周末，至书库工作，夜以继日。他知中等收入之舌耕者，返母校一次不易，附近"吃瓦片"之房东太太取费昂贵，而斗室如囚牢，故尽量使我早日完工返家。这又是他对于用书者体贴入微之处。我每次去剑桥时，他必坚持请客，无法拒绝。或在家，或去饭店，或去夏天海滨避暑之家，每次请客，皆极丰富。可他所著衣物，非物体其用不舍，破旧失时样，在所不惜。我回敬，虽极忙，亦欣然接受。

第二件事是一位资深馆员购得一处房产出租，因为房子在维修方面出了问题，房客打电话到图书馆来。开明先生知道后便严厉地对该馆员说："要么留在图书馆服务，要么去做房东老板。"该馆员于是尽快卖掉了这处房产，安心在图书馆工作。裘馆长对待图书馆工作的认真态度可见一斑。

吴文津接手燕京图书馆的工作，是由裘馆长向学校极力推荐的。1965 年他走马上任后，二人关系非常融洽，工作交接也很顺利。裘先生告诉新上任的吴文津很多事情，其中令他印象最深的一句话是："不要让来图书馆的人空手而去。因为来图书馆的人一定有所求，要尽力满足他们。"这句话对吴文津启示良多，他告诉我："图书馆不能做藏书楼。"因为一座好的图书馆，绝不仅仅是一个存放书籍的地方，而是要能满足读者不同的需求，这点与裘先生的理念一脉相承。

裘开明是善本古籍的专家。吴文津知道裘先生一直有个愿望，就是做好燕京图书馆善本整理的工作，他为了表达对裘先生的尊重，上任后聘请裘先生为图书馆善本室顾问，这样可以让裘先生继续他所热爱的事业，两代老馆长的尊贤礼士、惺惺相惜可称佳话。裘先生不久接受明尼苏达大学（University of Minnesota）的邀请为其创办一东亚图书馆，1966 年香港中文大学又邀请裘先生任该校首任大学图书馆馆长，直到那里的图书馆步入正轨后，裘先生才于 1970 年返美，于 1977 年去世。

## 主持哈佛燕京图书馆转型

1960 年代是美国东亚研究的转型期，从原来着重于训诂考证的传统汉学转移到利用社会科学的"区域研究"，因之图书馆的工作，特别是在藏书建设方面，需要大幅度的调整。吴文津的第一个挑战是如何把图书馆行政、组织、藏书建设、编目和公共服务工作转型，去迎接一个新的东亚研究时代。走马上任不久，学校就请吴文津做一个哈佛燕京图书馆的十年计划。他当时还未从斯坦福大学毕业，一边忙碌工作，一边仍继续撰写博士论文，不由感到应接不暇。

> 在哈佛大学的第一个暑假，我利用整个暑假的时间在台北国民党党史委员会查阅 1920 年代国共合作方面的档案，看见很多宝贵的资料。我后来写的打算为我博士论文的头三章基本上是根据在党史会查到的第一手资料完成的。来哈佛后学校让我做一个哈佛燕京图书馆的十年计划，需要很多时间精力，我还把整个图书馆组织方面、收集资料方面、人员训练、经费筹划等方面重新调整，忙碌不堪。那时候罗伯特·诺斯是我的博士论文导师，我写信到斯坦福，跟他说自己真的很忙，询问是否可以延期交论文，他说可以，但是延期之后还是找不出大块的时间安静去写。

鱼和熊掌不可兼得，吴文津一度感到为难，和费正清聊过之后才略感释怀。

有一次我看到费正清，提到论文写不下去了，他问为什么，我说真的没有时间，还把已经写好的几章给他看。过两天他给我打电话说："你写得很好，有时间应该继续下去，不过我不认为你需要这个学位。"那时候我的心里稍微安定了些。

为了全身心投入图书馆的工作，吴文津没有时间完成他的博士论文，已经写完的几章后来收入他 2016 年出版的《美国东亚图书馆发展史及其他》[1]，可以看出他作为中国近现代史学者扎实的学术功底。

之前哈佛燕京图书馆以收藏东亚古籍闻名，现在极需要加强加速收集关于社会科学方面的近现代资料，包括非书资料。吴文津尽量协助图书馆各语文部的负责人进行这项工作，他自己也不遗余力地收集近现代有关中国的资料，包括著名的胡汉民的来往信札，还有他任内后期的各种档案文献。对此，好友余英时曾说：

> 吴文津先生自 1959 年担任美国斯坦福大学胡佛研究所东亚图书馆馆长以来，搜求资料的精神逐步透显出来。这个精神我无以名之，只有借用傅斯年先生的名言"上穷碧落下黄泉，动手动脚找东西"。事实上，无论是傅斯年先生或文津先生，所发扬的都是中国史学的原始精神，即司马迁最早揭出的所谓"网罗天下放失旧闻"。文津先生只要听说任何地方有中国现代研究所不可缺少的重要史料，他便不顾一切困难，全力以赴地去争取。

吴文津对藏书建设的基本态度和进行方式，可以从他怎样争取到胡汉民的手札得见，值得将细节在此顺便一提。他还在胡佛研究所工

---

[1]　前引《美国东亚图书馆发展史及其他》第 6 章"国民党早期政治史：第一次国共合作"，520—610 页。

作的时候，听说国民党元老胡汉民（1879—1936）的女儿胡木兰手里有一批珍贵资料，是她父亲在 1930 年代与其他政要来往的手札。胡汉民当时对抗南京，为中国西南举足轻重的关键人物，这批资料对研究民国史的重要性不下于蒋介石的日记，值得收藏。吴文津想方设法，经朋友的介绍得识胡木兰夫妇，之后三四年间在美国及香港见面多次，得他们的信任后才开始谈到将胡汉民手札存留在胡佛研究所的可能性。经过一些时候他得到胡木兰的同意，那正是他已决定去哈佛工作的时候，所以他立刻通知胡木兰，并向她保证自己离开后手札也能在胡佛妥善保存。他告诉胡木兰说："只要可以公开供大家使用，存在什么地方不重要。"胡木兰考虑再三后，说："我还是希望这批资料跟着你。"决定把资料放在哈佛燕京图书馆收藏。由此可见她对吴文津的信任，也可见吴文津收藏重要文献的谨慎态度和个人关系对于收藏工作的重要性。这批罕见的资料已于 2005 年由广西师范大学出版社以《胡汉民未刊往来函电稿》书名出版，共 15 大册。

在行政和组织方面，吴文津把中文部、日文部、韩文部的负责人提升为副馆长，并加添一个西文部，因哈佛燕京图书馆一向收集东亚方面重要的西文资料，此项工作原先都由裘开明先生亲自负责。图书馆组织规模扩大后，吴文津无暇继续担任这项职务，聘一哈佛大学东亚系博士担任半职（他的另半职系由吴文津推荐任哈佛学院图书馆 Harvard College Library ［通称为 Widener Library］的关于东亚相关西文书籍选购人）。其后又设立一越南文部。他在馆长室加设一行政助理和另一助理，公共服务部加添助理数人，并把图书馆开放时间延长至晚上十点（原来是早上九点到下午五点，关闭两小时后，晚间七点再开到九点，原因是五点到七点是吃晚饭的时间），原本仅开放半日的周六也全日开放到下午五点。至此，图书馆的规模增大，人员更加齐备。

吴文津常说越有名的大学研究需求越大、对图书馆的要求越高，所以加强服务最为重要。从前没有电脑，找书要靠卡片目录，哈佛燕京图书馆原来有几个目录，一个作者—书名目录（用罗马拼音排列）、一个分类目录、一个四角号码目录，但这三个目录因人力的关系都不完整，而全部时时更新很难。经过一次读者调查，发现用分类目录和四角号码的人很少，大家用得最多的还是作者—书名的罗马拼音目录，于是他决定去掉分类目录和四角号码目录，把罗马拼音目录补充完整，并与时更新，这一决定当然受到读者的欢迎。图书馆本来不让读者随便进书库，要靠卡片目录寻找资料。把罗马拼音目录更新以后，吴文津决定除善本室以外的书库都对读者开放。1980年代因为藏书太多，吴文津便把图书馆的书架改为开合式的，这样就可以增加一倍的容量，但是后来书库地方还是不敷使用，不得已只好把比较罕用的书籍存储在仓库里，需要的时候根据申请，24小时内再调回来。

千头万绪的工作在吴文津的带领下有条不紊地完成，一位教授笑说："哈佛燕京正在'闹革命'！"著名学者李欧梵在《我的哈佛岁月》回忆起吴文津，称赞他"效率奇高"，这是不少教授和学生的赞誉；李还提起研究蒙古史的教授柯立夫（Francis Cleaves，1911—1995）和裘开明馆长"声若洪钟"，根据吴文津回忆，裘馆长原本说话声音并不洪亮，可能是晚年有轻微听障所以声音大了些，现在吴文津自己也有类似问题，所以对这种情况颇能感同身受。

吴文津任馆长期间，很多研究中国，尤其是中国近代史方向的学生都找吴文津讨论问题并请他推荐书目，而他也尽力满足他们的需要，他对我说："学校教育要造就人才，就好像是造房子一样，造房子需要各种材料，造就人才也是一样的，而造就人才的材料就是知识"，"学习和研究需要一个资料库，而图书馆就是这个资料库。"作为馆长，他从不吝惜时间和精力，亲身为每一位有需要的人服务。

## 与哈佛燕京图书馆的同仁们

人才引进是吴文津对哈佛燕京图书馆的另一大贡献，吴文津用他的耐心和诚心为图书馆招揽了很多人才，其中他最得意是两位，一位是赖永祥，一位是沈津。

155

吴文津任馆长初期，书籍采购和编目都照旧由中、日、韩文部各自负责。因为编目工作没有统一，所以有时同类书可能编为不同号码。他认为这个工作应该统一来做，于是进行了改组，专门成立一个编目部，但是问题就跟着来了：应该找谁来负责呢？相比于作出成立编目部的决定，找到一个合格的负责人显得更加困难。

> 我自己在胡佛研究所进行编目工作近十年，深知要胜任这份工作，不仅要是具有高超业务水平的图书馆专业人员、还要有杰出的管理、交流、创新能力，此人要对东亚文化有足够的了解，同时中文、日文、英文都要流利。最后想到了台湾大学图书馆系的赖永祥先生。

赖永祥出生于 1922 年，与吴文津同年，本科在东京帝国大学攻读法律系，毕业后回到台湾，原本被聘在筹备中的延平学院任教职，后来学校因故停办，1951 年开始在台湾大学图书馆工作并任阅览组主任。当时美国支持台湾图书馆的发展，赖永祥在 1958—1959 年被推荐到美国田纳西州范德堡大学（Vanderbilt University）毕包德（George

　吴文津夫妇与赖永祥夫妇

Peabody）学院深造，获得图书馆学硕士学位，后筹办成立台湾大学图书馆学系，担任系主任，他的"赖式分类法"，台湾的大学图书馆都采用，对于吴文津来说他是最理想的人选。

> 我专门到台湾对他说："赖先生，我们想成立编目部，想请您去主持这个事情。"他说："我想一下。"最后对我说："对不起啊，我家人都在此地。"我当然不能勉强他，但也没有放弃。后来我又到台湾去，专门去找他，这次他说和家人商量以后觉得可以考虑。后来他来了，那时候大家都不敢相信，居然把此人请来了。他在台湾声誉很高，能够放弃那边到这里来很不容易。他后来把编目工作做得井井有条，包括更新裘开明先生的《汉和图书分类法》和后来负责出版哈佛燕京图书馆共72大册的中日文卡片目录。因为他来哈佛燕京贡献良多，可以说是"大材小用"，应该以适当的方式来表示感谢，当时图书馆还属于哈佛燕京学社，人事方面都是由我决定，因此升赖先生为哈佛燕京图书馆副馆长。

写作本书之时，赖先生也已经98岁高龄，对于吴文津当初邀请他的不懈努力，依然记忆深刻：

> 吴先生对我实在是很好，他就任馆长后不久——大概是1967年——当时哈佛燕京图书馆日文部的负责人离开，他就写信问过我是否考虑到哈佛燕京图书馆工作。我当时在台大的工作还算是很顺利的，所以并不想离开。不过他专门安排我到美国去一趟，参加当时的"国际东方学者会议"，我去参会后，就到哈佛燕京图书馆访问。我记得他也曾经到台湾当面问过我是否愿意到美国去。1970年他再次写信给我，询问我是否可以考虑到燕京图书馆工作，那个时候我就心动了，答应他会考虑。所以在1972年去美国，在当年2月开始在哈佛燕京图书馆工作，一直到1995年12月退休，最后

吴文津夫妇与沈津（左一）和胡嘉阳（右一）

离开是 1996 年。

对于吴文津的领导才能，赖永祥给予很高的评价：

> 我们到美国，一切都是吴先生安排的，作为领导，他的考虑非常周到。当时他想让我主持编目部，但他并不是一下就让我去做那个工作，而是给我相当充分的时间，让我了解馆内的运作，以及当时馆内编目所使用的裴开明先生的分类法，还要我了解每一个部门的情况、出席图书馆工作的相关会议，然后才让我组织编目的工作。后来我做副馆长，主要还是主持编目部，只有在吴馆长不在的时候，才暂时管理图书馆的事务。
>
> 吴文津作为馆长，对图书馆的同仁都非常和善，很尊重每一位馆员。为了哈佛燕京图书馆的扩大和发展，他想方设法将他认为最有能力的人才请来帮忙，中文资深编目员陶任简曾是台北"中央图书馆"编目部主任，韩文编目员白麟曾是韩国汉城大学图书馆编目部主任，聘用沈津为善本部主任又是一个很好的例子。作为一个领导人，吴馆长的能力是有口皆碑的。

另一个最让吴文津得意的人才就是后来在哈佛燕京图书馆任善本室主任的沈津，他是著名版本目录学家、文献学家、上海图书馆馆长

158

顾廷龙（1904—1998）[1]先生高足，原本在顾先生手下做善本室主任。从前裘先生想把哈佛燕京善本室的古籍做一个目录，吴文津一直没忘记裘先生的夙愿：

> 有一年沈津到美国各处有中文善本的地方访问，除了哈佛，还去了普林斯顿、哥伦比亚、国会图书馆、耶鲁等。他到我们这里来了一个月，走的时候给我们写了一个大致的目录，写得很好，那时候他很年轻，我感到很震惊，觉得这个人非常理想。我回美国之后就通过哈佛燕京学社，邀请他来哈佛做访问学者，开始做个比较详细的中文善本目录，一年以后他完成了一份草稿，之后我们又弄到一笔经费，就请他留下来任善本室主任，工作基本上就是做个完整的善本目录，同时协助使用善本室的哈佛教授、研究生和外来的访学者。后来出版的《美国哈佛大学哈佛燕京图书馆中文善本书志》，是美国所有东亚图书馆最完整的善本目录。当时最难的是鉴定哪一些是孤本，但是沈津都尽可能查证出来了。

那时从中国内地请人到美国长期任职还没有先例，也不好操作，后来吴文津偶然在香港中文大学看到沈津，原来他的舅舅杨振宁在中文大学执教，由杨振宁建议香港中文大学邀请沈津从上海到香港任职，打算全家在香港定居。因为吴文津十分看重沈津的能力，就费尽心血将他请到哈佛，为此沈津的老师顾廷龙先生还专门为求贤若渴的吴文津写了一幅单条，称赞他在甄选人才的时候慧眼识珠。在沈津的《书海扬舲录》中，专门提到顾先生对其赴任哈佛燕京图书馆的支持和对吴文津的赞誉：

> 顾先生后来又得知哈佛燕京要请我去写作该馆善本书志时，马上又写信力主我就任。有云："您有赴哈佛之意，我

---

[1]　顾廷龙，江苏苏州人，著名古籍版本学家、目录学家和书法家，上海图书馆原馆长。

很赞成，他们条件好，编书志，与您很适宜，待遇亦较优。我与哈佛燕京还有点感情，我助裘开明先生编卡片，校书本目录，您必知之。我上次赴美，未能前往，实一憾事。"顾93岁时致我的信又说："裘之后任，是否即吴文津继任？吴延请您去哈佛，编撰书志，他有见地，亦能识人，为事业着想。忠于事业之人，最可钦仰。"

沈先生如今也已年过古稀，但谈及与吴先生的多年情谊，许多细节依然能够娓娓道来：

　　我第一次和吴先生见面是1986年在哈佛燕京图书馆。当时从中国到美国的访问学者还非常少，社科人文方面的更是寥寥无几，中国图书馆界也少有人能够到美国来，我的目的非常明确——了解美国所收藏的中国古籍到底是什么情况？如此多的古籍是通过什么方法获得的？"物以稀为贵"，这些图书中有哪些是国内没有的？当时我在纽约州立大学石

　　吴文津80年代与顾廷龙先生在北京

溪分校（University in Stony Brook, New York）做访问学者，从石溪坐火车到纽约，在好友郑培凯[1]教授开车陪同下到哈佛燕京图书馆参观。在这之前我对哈佛燕京的了解是从香港《明报月刊》上钱存训的文章中得到的。钱先生在文中介绍了美国东亚图书馆的概况，不过讲得并不细致，只有在一座图书馆的书库里盘桓许久，才能够了解其大致情况。我到了哈佛燕京图书馆，他们让我随意游弋，我就在书库里待了整整三天，得出一个结论——这是一个东方文化，尤其是中国传统文化的宝库。

吴先生得知我的专业正是图书馆版本学和目录学，很希望我能够为哈佛燕京图书馆做点事情，这也是我非常愿意的。跟郑培凯教授去的那次算是"打前站"，后来吴先生又请我去了三次，每次两个礼拜，一开始是到地下室的普通书库中寻找善本书，那里线装书、平装书、精装书、杂志等都混放，我就在书库中兜兜转转。我选择善本书的标准很高，第一是根据《中国古籍善本书目》的"收录范围"，第二是参考台北"中央图书馆"善本书目的"收录标准"。后来吴先生请我把善本室中一个很大的保险箱里所有的东西都看一遍，写一个报告，我在报告中纠正了许多前人的鉴定错误。经过这几次的经历，我产生一个强烈的想法——一个大学的东亚图书馆，能够收藏如此丰富的中华典籍，是非常了不起的。这个过程也增进了吴先生对我的了解，并认为我的专业和能力能够对哈佛燕京有所帮助。

四次访问哈佛燕京图书馆后，沈津回到上海图书馆，工作很忙，按照中国的规定，访问学者回国以后两年内不能再受邀请，因此与国

---

[1]　曾任教于纽约州立大学、耶鲁大学、佩斯大学、台湾大学、台湾清华大学。1998年在香港城市大学协办中国文化中心（Chinese Civilization Centre）。

外基本断绝了音讯，但后来为了和太太团聚而定居香港，竟然得以与哈佛燕京再续前缘。

　　有天我在香港大学中文图书馆办公室工作，早晨十点多钟，办公室的门一开，怎么是吴文津先生进来了？我马上站起来说："吴先生，您好！"他看到我后非常惊讶，因为我回国后就没有对外联络，他并不知道我在香港。他看到我以后就讲了两句话——第一句话是："沈先生？你怎么会在这里？"于是我告诉他已经定居香港了，他的第二句话是："非常之好，这下我们请你就容易了。"中午香港中文大学图书馆馆长请他吃午饭，我也作陪，他就约我一起吃晚饭。我记得地点是他酒店附近的小饭馆，非常简单，只有我们两个人，两三个菜，他提出请我再到哈佛燕京图书馆去，经费由他向当时哈佛燕京学社的社长韩南教授提出申请。当时负责善本室的是戴廉先生，他是吴先生在成都时的高中同学，中文造诣很深，当时他在美国没有合适的工作，善本室需要一位管理员，吴先生就把他请来了，他在哈佛燕京图书馆工作了十几年的时间，后来我去的时候，他已年高，走路都颤颤巍巍的，不久就退休了。吴先生当时告诉我，戴先生退休之后，我可以负责善本室的工作。

　　到哈佛燕京图书馆工作，对我来说是重要的机会，也是新的抉择。当时我首先向他提出，如果到美国去全家可能都要一起去，他说"好"，并且还主动提出，如果我需要带参考书，可以邮寄到美国，所有的邮费由哈佛燕京报销。因为哈佛燕京图书馆工具书参考书虽然多，但每种只有一本，如果我拿到办公室长期使用，其他人就没法用，由此可见吴先生心思细密。这两个诺言，吴先生后来全部实现了。

　　我辞掉了香港中文大学的职位，把香港的房子卖掉了，"破釜沉舟"到了美国，在一个并不非常熟悉的国家从零开始。我在内地的时候，已经是80年代中国图书馆学界最年

轻的研究馆员，头上有十三顶"帽子"，从上海市政协委员
到各种学会的理事、委员、部门主任等，虽然这些头衔对我
意义不大，但也是通过努力得来的。从内地到了香港，就把
这一切都抛之脑后，从香港到波士顿，是再一次清零，可谓
"孤注一掷"。

　　我到哈佛燕京的那天——1992年4月29号，从香港
飞到波士顿，晚上十点多钟到达，吴先生和哈佛燕京中文部
主任胡嘉阳，还有我的表弟，三个人开了三辆车来接我们一
家三口。吴先生非常周到，他为我们物色的房子靠近哈佛大
学，在安全和方便上都为我们考虑。他把我们接到新房子，
帮忙将行李安置好，已经是凌晨一点钟了，我心里非常不好
意思。第二天他安排我们去中国城购买茶米油盐、熟悉环境，
5月1日我就开始工作了，吴先生和胡嘉阳帮我办理好手续，
他还亲自开车带我去附近的一个大商场去买电视机等，并陪
我去国际学生办公室办事。可以说，吴先生把我从香港请到
哈佛，改变了我的人生，如果没有他的厚爱和帮助，我们也
很难在美国立足。


当时吴文津的想法是写一本王重民《中国善本书提要》一样的书
志，沈津则认为《中国善本书提要》就是"一张卡片的放大"——无
非是书名、卷数、作者、版本等，这样太简单了，他的想法是把哈佛
燕京善本书的内涵——这之中包含经、史、子、集、丛五部——全部
揭示出来，对于许多没有条件亲身和长期在哈佛燕京查阅善本书的学
者会有极大帮助。这需要写到作者是什么人、为什么写这本书、书里
面的内容、这本书有什么特点、流传的情况等。沈津非常珍惜这个宝
贵的机会，从上班第一天起就全力投入。

　　我4月30号到达，5月1号就立即投入工作。我要求
自己每天必须完成3篇（大约三千字），写得非常辛苦，直
到用两年的时间完成152万字。除了一些重要活动——如泰

国的公主诗琳通来参观的时候，吴先生让我准备一个小型展览向她介绍，剩下的时间几乎一直都在翻书写作。戴廉先生曾写了一首词给我，录在辞书版《书志》的"后记"中，那就是我当年工作的写照，非常真实："经一篇，史一篇，书志撰成百万先，小楼人未闲。　风一天，雪一天，废寝忘餐志不迁，世间难此缘。"

**沈津的访问学者时间到了以后，正式成为哈佛燕京图书馆的职员，在这期间吴文津一直给他最大程度的信任和自由。**

吴先生是一个极其聪明的人，是一个真正的图书馆"事业家"，他非常大的特点是"用人不疑，疑人不用"。哈佛燕京图书馆善本室在三楼，他很少到三楼来"检查工作"，完全靠每个人自觉完成工作。"士为知己者死"，吴先生对我如此信任，我也用努力工作回报他。每月第一天，我一定会在早晨把前一个月写完的书志复印一份拿到吴先生的办公室给他看，我当时写作用的是从香港带去的500格一页的稿纸，没有多久，我带去的几大包稿纸全部用完了，有人帮我想了个聪明的办法——把稿纸拿去复印，于是我又复制了很多稿纸，继续拼命写。我每个月交给吴先生的书志很快在他办公室堆起了高高的一沓，他看到我的成果总是非常高兴，因为他知道，这么多成果，是我"屁股不动"，整日坐在那里一

吴文津向泰国诗琳通公主介绍哈佛燕京图书馆所藏善本书（1992年）

字字写出来的。

　　后来我正式担任哈佛燕京图书馆善本室主任，吴先生给我三个工作：服务读者、管好善本书库、继续撰写清代部分的善本书志。还记得吴先生跟我说过一段话："沈先生你知道吗？善本室主任这个位置是为你而设的，在全美国只有你一个人拥有善本室主任这个正式职位，我专门为你申请的。"有了这个职位，我才能拿到和图书馆下属各部门主任一样的薪水，可以以这个身份对外联络、开展相应的工作，有这个头衔的名片我还保存着。吴先生非常照顾我，我一直心存感激。

　　直到今天，对于任何一个规模宏大的图书馆，从善本书志的撰写方面，"哈佛模式"依然是不可超越的经典，《美国哈佛大学哈佛燕京图书馆中文善本书志》具有重要的指导意义和参考价值。后来《美国哈佛大学哈佛燕京图书馆中文善本书志》的清代部分提上日程。沈津邀请了严佐之、谷辉之、刘蔷、张丽娟四位中国学者合作撰写，请人的要求和吴先生当初请他一样苛刻——访问学者需具备一二十年的专业训练基础、到美国之前需熟读《美国哈佛大学哈佛燕京图书馆中文善本书志》（宋元明部分）。沈津说吴馆长在图书馆只谈工作，不和别人搭讪闲谈，他自己也是走马上任的第一天就开始提笔写作，因此他所挑选的四位学者也是马上进入工作模式，每人完成两百篇善本书志，二十多万字。这部书志将哈佛燕京馆除方志之外的所有中文古籍善本悉数囊括，总计 3098 种，400 万字，四位学者共撰写 100 万字，沈津一个人完成了 300 万字的任务。为了与之前的宋元明部分有所区别，这部书志取名为《美国哈佛大学哈佛燕京图书馆藏中文善本书志》，书名中增加一个"藏"字。2011 年由广西师范大学出版社出版，荣获中国新闻出版领域的最高奖——"中国出版政府奖图书奖"。

　　根据沈津的回忆，吴文津工作时非常认真关注，哈佛燕京图书馆的馆长办公室在一层，吴文津在地下室里还有一个办公室，那是整个图书馆最小的房间，吴文津常常在那里思考问题、处理各种事物、回复信函，"那间小屋的门一关上，没有人敢去打扰"，大家经常在走廊里看到吴文津，手拿一张信纸，就知道他刚刚回复完信函，从地下室那间小小的办公室出来。

> 吴先生从没有大发雷霆或者飞扬跋扈的样子，但是工作起来非常严肃，工作人员都有点敬畏他，只有在这几个地方，他才会说说笑笑：大家在哈佛燕京图书馆附近的草地上露天烧烤的时候、在哈佛燕京的公共休息室里或是圣诞、春节大家在外面餐厅聚会的时候，还有就是在中文编目部办公室里参加大家 potluck（每人带一个菜的聚餐）的时候，他私下里是非常放松活泼、不拘小节的。我们还去他家里聚会过，他家后院的草地绿油油的，没有一根杂草，一看就知是精心打理过的，他和吴太太对大家都很热情。

回忆起在哈佛燕京的岁月，吴文津的管理才能和人格魅力也令沈津记忆深刻。

> 吴先生在美国东亚图书馆系统中的威望极高，这和他个人的魅力是分不开的。吴先生工作的时候有一种威严，但他对待人之道非常了解，走到哪里都很受欢迎，也很有识人之明，别人到他的办公室，交谈几分钟他就知道谁值得信任。作为一个被他请来的学者，我感受到了他极大的尊重、他希望我为哈佛燕京图书馆做出贡献的期望。吴先生在任期间，我工作时身心都非常愉快，没有任何的包袱，一心一意地把他所交付的工作完成。吴先生是一个正直的人，作为一个学者他说话实事求是、见多识广，他待人真诚、乐于助人，这也与他的基督教信仰有关。我认为他也是一个儒者，行事宽厚而具有分寸感。因为对他的感激之情，我在 1996 年出版处女作《书城挹翠录》的时候，在扉页上将此书献给两个人，一位是我的老师顾廷龙先生，还有一位就是吴文津先生。

另外一位由吴文津请到哈佛
燕京图书馆，后来成为他的老同
事、老朋友的就是日本学者青木
利行先生。青木先生原本在耶鲁
大学东亚图书馆任职，成绩有口
皆碑，1968年吴文津请他主持哈
佛燕京图书馆日文部的工作。因
为日文部急需学术期刊和政府文
件，二战之前的社科类资料也不

吴文津和青木利行先生在哈佛燕京图书馆门前

多，青木先生接手后就和日本的大学与学术机构积极交换资料，还参
加了哈佛燕京与其他东亚图书馆分工合作收集资料的项目（这一项目
在下一节有详细介绍），1985年他协助赖永祥先生出版了长达33卷的
哈佛燕京日文编目卡目录，1994年参与编纂了早期日本图书的目录，
让哈佛燕京图书馆日文部更加为人所知。青木先生在这个职位上工作
了31年，于2016年去世。在吴文津的回忆里，青木先生是一个沉默
谦逊，而又对图书馆事业充满激情的人，吴文津的许多老友都是沉默
寡言的，但他似乎总能感受并且欣赏他们细腻丰富的内心世界。在他
悼念青木先生的文章中，吴文津深情地说，如今他闭上眼睛，"似乎
还能听到青木先生在哈佛燕京图书馆同仁们的聚会上，吹奏着他的单
簧管"。

在这里工作了33年的原中文部主任胡嘉阳与吴文津相处二十余
年，她本科和硕士均毕业于台湾大学中文系，后在加州大学伯克利分
校取得图书馆学硕士学位，毕业后进入哈佛燕京图书馆工作，被吴文
津称为"哈佛燕京图书馆最好的职员之一"。吴文津称赞她"将自己
的知识应用在维护和保持中文馆藏的优秀质量上，并且在管理工作上
非常有条理"。除了1970年到1975年为编目员外，胡嘉阳一直在吴
先生手下做收集中文资料和为读者做参考咨询的工作，她告诉我：

> 吴馆长做事明快，凡有疑难，即刻就可得到解决。我最
> 欣赏他的是跟馆员们只有工作关系，没有私人关系，也因为

他这种态度，不同背景的同仁才能和乐相处。吴太太爽朗可亲，1970年感恩节是我第一次被邀请到吴馆长家，尝到吴太太做的一大桌火鸡大餐，往后好多年我和几位单身同事都是吴家感恩节的座上宾，也才知道吴太太不仅西餐做得好，中餐也做得好。

**陈毓贤女士这样对我回忆吴文津领导下的哈佛燕京图书馆：**

> 我记得一位负责关于东亚的西文书的 Raymond Lum（林希文，1944—2015），很受行内人爱戴；另一位是何谦，她父亲是早年留日的台湾名医，她中英日语都流利，人又那么漂亮和气，做哈佛燕京东亚图书馆的前台太恰当了，可以说是"the face of the Library"（图书馆的脸面），多少男人为她倾倒！吴先生独具慧眼，能够招揽不同背景的人才，让他们各发挥所长，你可以清楚地看出，他们都很热爱自己的工作！

## 与其他图书馆共享资源

提起美国东亚图书馆的发展，吴文津常说的一句话就是："水涨才能船高。行业发展起来了，每一座图书馆都能受益和进步。"哈佛燕京图书馆拥有丰富的资源，但吴文津从来没有把它当为自家独大的利器，处处考虑如何使资源发挥最大的功能，从而让更多的学者受惠。他借到陈诚"中华苏维埃共和国"的资料后，复制给别的图书馆，便是一例。他推动东亚图书馆电子化，包括成立"OCLC CJK Users Group"（OCLC中日韩文用户咨询委员会）的工作，又是一例。由于书籍昂贵而带来对东亚图书馆经费的压力，他曾与耶鲁、哥伦比亚、普林斯顿大学东亚图书馆协商，建立一分工合作的采购制度，由每一图书馆负责尽量采购某一省份或地区所有研究价值的资料，集腋成裘，相互共享。非但能减轻书价对各图书馆的压力，并可增加收藏的数量及避免重复。1964 年随着他世界各国访问后创立的"中国研究资料中心"也是他为资料共享所做出的努力。

1992 年《台湾光华杂志》采访吴文津时，曾问近年来不少大学的东亚图书馆办得有声有色，"对燕京这个老大哥急起直追"，例如伯克利、斯坦福等学校，都在燕京之前就出版了中、日文书目，以自动化来说，密西根大学的借书流程已经自动化。历史最久、规模最大的燕京，怎样因应这些竞争？

吴文津回答说：

吴文津与哈佛大学校长德里克·C.巴克（Derek C. Bok）访问东亚，途经夏威夷檀香山（摄于 1977 年）

> 图书馆的工作太多了，尤其隔着半个地球搜集东亚的资料，该做的太多，没有一家图书馆有能力做完。所以，现在的重点不是竞争，而是合作。
>
> 目前该注重的，不是怕别人抢你要做的工作，而是怎样透过合作，像联合采购、馆际借阅等方式提供给使用者更好的服务。

正是因为他一直坚信"合作大于竞争"，所以在百忙中长期参与各种图书馆同业组织与活动，慷慨地献出他的时间和精力，为东亚图书馆提供建议，以及不遗余力地提携后进等，这些都是同行人尊他为元老的原因。

# 从事图书馆事业的心得

吴文津从事图书馆事业，一直践行自己要做"服务型馆员"和"学者型馆员"的理念，图书馆工作人员应该是"通才"，了解多学科的知识、关注各个学科最新进展。

大学图书馆收集的资料很广，从考古到当代的政治，要胜任图书馆的工作，最重要的就是做一个"通才"，知识愈多、愈丰富就愈好。以美国的东亚图书馆为例，因为东亚图书馆中大部分的资料还是关于中国的，如果想要在东亚图书馆工作，最好有丰富的和中国相关的知识，对文化、历史，还有政治、经济等各个方面都应该有所涉猎，因为图书馆的编目、采购、参考等工作都需要这些知识，如果进入图书馆以后再学就晚了。

如果一个人来到图书馆询问："现在中美关系进展如何？图书馆有哪些相关资料？"图书管理员不能目瞪口呆，应该知道自己所工作的图书馆里有什么资料可供使用，而这家图书馆中没有的资料可以到哪里去找。

因为好的图书馆要紧跟学术动态，吴文津提倡馆员应当和教授与学生有密切的联系，多参加学校里和其他地方的学术会议。

图书馆的工作有繁琐细腻的一面，也有活泼前瞻的一面，因为它除了要满足现在使用者的需要，还得预期到未来的需要。我自己研究民国史，深深知道：愈是近代、当代的资料愈难找，除了因为有些资料还未公开外，也因为它是动的，还在变。

就以采购来说，必须掌握政治、经济、社会……每个范畴的方向，知道哪个题目有发展潜力、哪个学者的著作值得注意。这方面燕京可以说得天独厚，因为哈佛的东亚研究很强，教授们的研究走向与建议，就可以提供很好的参考。来自东亚的访问学者，也是我们"挖"线索的目标。

他还认为馆员也要做一点自己的研究，才能够为学者寻找资料提供帮助和便利条件。

基本上，我是以研究者的立场经营图书馆；事实上，我也曾经直接应用自己的图书馆作学术研究，真正体会一下使用者的感觉。

现在在美国的中国留学生中，也有不少人在学校的图书馆里兼职，很多从事中国研究方向的学生，也考虑毕业后在东亚图书馆工作。从图书馆里打工的学生助手到世界著名图书馆学家，吴文津的经验很值得青年学习。

虽然现在很多中国留学生都在图书馆打工，但未来是否能够在图书馆工作，要看个人的兴趣。我打工时图书馆规模很小，从搬运图书到编目，什么事情都要做一点，可以了解图书馆工作的方方面面。现在图书馆的人员编制很完整，打工的时候也许只能接触到一小部分的工作，如果自己对图书馆事业有兴趣，要积极主动地找机会学习。

现在中国人在美国公立图书馆工作的也很多，因为

在哈佛燕京图书馆（摄于 1980 年）

171

大的公立图书馆都收集中文的东西，而中国人有着语言和文化背景上的优势。一个有趣的现象是，现在美国几个规模较小的大学图书馆馆长是中国人，图书馆专业教书的也有很多中国人，但绝大部分还在东亚部分，做一般工作的比较少。中国留学生毕业后如果想从事图书馆事业，需要提高自己的英语能力，在图书馆工作，不仅要知识丰富，更要有好的交流技能，否则难以胜任行政管理上的工作。

吴文津的一生，见证了图书馆事业的日新月异，对经营图书馆的方方面面都有独到见解，首先他认为藏书建设无论何时都是图书馆的基本任务。

> 做资料搜集工作的人，头上的天线要放高一点，我们要为今天及后世的研究者留住了解这个时代的依据。而且，有很多东西如果今天不搜集的话，以后就找不到了。举例来说，有些边缘的、零零碎碎的东西，像我们搜集了台湾选举的海报、宣传单。这些东西因为不好整理，一般图书馆多不收藏，但其实有高度的研究价值。此外，美国的图书馆目前都有一个迫切的需要——搜集"非书"的资料，包括录音带、录影带、照片、纪录影片等。以这些形式保存的资料一直没有受到跟书一样的重视，但随着视听技术的进步及应用的普及，已成为不可忽视的资料来源。

吴文津特别强调这些短暂性的非书资料对研究的重要性。他说：

> 如果我们有一批在五四运动时的传单、标语、学生领袖的访问和各地响应以及目击者的报道等，那对我们的研究应该是如何的重要。

他也意识到应用高科技是图书馆的未来趋势，但"人"的作用和

吴文津在哈佛燕京图书馆馆长办公室（摄于 1987 年）

高科技的应用缺一不可、相辅相成。

　　我念书的时候，图书馆专业和现在的主要不同是高科技在图书馆的应用。当时还没有电脑，所以诸如图书馆的管理、采购、编目、咨询和公共服务的工作都从传统的方式出发。换言之，一切都是由人工处理。高科技在图书馆应用后，让图书馆工作发生了质的改变，一切都要重新来过。随着科技的发展，还有一件前所未有之事，就是由于各种资料库的建立，咨询管理就成为一种新的学问，现在差不多所有的图书馆学校都更名为"图书馆和信息管理学院"（School of Librarianship and Information Management）或者就称"信息管理学院"（Information School），高科技给了图书馆一套前所未有的工具，让图书馆的工作方便得很多，更有效率。然而工具仍然是工具，比如说，高科技可以在各方面提高采购工作的程序和效率，但是机器终究不能告诉我们去如何执行图书馆的基本任务，那就是藏书建设。如何去做藏书建设的工作还是需要人的智慧去挑选、发掘。

173

1994 年 12 月，吴文津和哈佛燕京同仁在圣诞派对的合影

　　说到构筑人际关系，华人学者初来乍到时对美国的学术和文化情况不太了解是正常的，而吴文津总能架起沟通的桥梁。在吴文津手下工作二十余年的中文馆主任胡嘉阳曾说，正是因为有吴文津在哈佛燕京图书馆中，不同专业、不同国籍、不同政治立场、不同宗教、不同性格的人们才能够和谐相处。陈毓贤女士在本书序言中也说："1970年代哈佛教中国文学和历史的教授们分成好几个阵营，几乎老死不相往来：才华横溢的学者大都有点愤世嫉俗，加上有些人深感怀才不遇，闹起意见来局面很容易便僵化了。在吴文津的领导下，哈佛燕京图书馆却秩序井然，气氛安宁谧静，人人流连忘返，成了一个大家擦身而过即使不愿意也互相点个头的地方；远道而来的访问学者们更有宾至如归之感。"斯坦福大学总馆顾问邵东方谈到前辈吴文津时曾说，读者们的思想千差万别，而图书馆是一个中性的学术空间，最可贵的是能够兼容并包，就像《礼记》中说的"君子和而不流"，吴文津就是这样一位君子。

## 第八章

「愚公弄」的生活点滴
与在哈佛的朋友们

# 从斯坦福搬家到哈佛

吴文津 1964 年开始全球考察之旅后，先后前往欧洲和亚洲各国和地区，只在圣诞节回家一次，而旅行结束以后就需到哈佛上任，在此期间家里全靠雷颂平支撑。她的娘家人得知他们以后即将举家迁往东岸都很不舍，雷颂平的姨妈对她说："你如果去了，你妈妈一定会很伤心，短了十年寿命。"雷颂平说："不会的，我们是信主的，生命前途都在主的手中，要是神不许可，我们也不会去。"

吴文津考察结束之前，雷颂平一个人在家把一切弄好，找好房产经纪人，准备卖房子，以准备来年全家搬到哈佛。七岁的儿子章敏觉得爸爸不在家，自己是家里唯一的男子汉，有重活都抢着做，包括帮他妈妈从家里把垃圾桶送到垃圾站，每天晚上睡觉前还会检查一遍门窗是否全部锁好。雷颂平回忆起那段时光，并没有觉得辛苦，只是感叹孩子的乖巧和卖房子的顺利，她只有对自己的骄傲，没有对旁人的怨言。

> 打理草地、洗地板、管孩子都是我自己。为了卖房子，我自己重新油漆了三个卧室，那时候女儿才五岁，我告诉她："你进来的时候要先叫我，直接推门会把油漆撒满地。"她很乖，就自己拿本杂志在外面看，后来她过来跟我说："妈妈，那上面每个字我都看了。"我觉得她很可怜。卖房子那一天下雨，我以为不会有什么人来，结果两点钟把牌子挂出去，五点钟房产经纪人就说房子卖掉了。我非常高兴。他（指吴先生）后来回家还说："看，我一回来房子就卖掉了！"其实他什么都没做，都是我做的。不过他出差我从不介意，我一直觉得是他的事情更重要。

每每听吴太太讲起自己对吴先生的支持，我都觉得她既是个聪明能干的现代女性，也依然有着"传统"的思想，这不仅源于中国女性相夫教子的传统，在五六十年代的美国家庭中大多也是"男主外、女主内"，女性出去工作还是比较少见的情况。吴太太无论是在做主妇还是出去工作的时期，总把吴先生的事业看作第一位，而这一点非但不是困扰，反而让她快乐，我想这是因为她在家庭中的地位绝不是附属的，与之相反，正如吴先生是图书馆的主心骨一样，她是一个家的主心骨。说起搬家到东岸时自己从不情愿到同意，吴太太笑嘻嘻地说："如果我当时不同意，他就去不了咯！"

# 初到哈佛的生活

吴文津一家搬到马萨诸塞州（Massachusetts）后，发现美国东西海岸有着截然不同的文化，半个世纪以前，这一差异非常明显。他们在剑桥以西大约 13 英里的一个小镇韦斯顿（Weston）买了房子，发现和热情友善的加州人相比，这里的民风非常保守，土生土长的当地人不习惯和陌生人打交道，在商店里买东西付账，有时对方连一声"谢谢"都不说，让人觉得很奇怪。后来才知道，在美国东北部的新英格兰地区生活的许多人都是 17 世纪移民到美洲的英国清教徒的后代，本身家族人口众多，几乎不需要与家族之外的人接触。后来和邻居熟了以后，发现他们虽然世世代代居住在新英格兰地区，还是有热情的一面。他们说："我们不是排外，只是没时间和外人交朋友。"这一点有些像中国传统的大家族，人口多、事物多，一辈子接触的人也许都沾亲带故，无暇主动和陌生人建立友谊了。

他们刚到东部的那一年，有一件事给雷颂平留下很深刻的印象：

> 有一天我去超市买东西，刚停好车，就发现一位上了年纪的女士的车子在路中央抛锚了。我发现她在猛踩油门，想把车子重新发动起来，虽然我也不太懂车，但我想因为她一直踩油门，发动机溢油了，于是我就跑过去给她一些建议，至少让她不那么着急。正在这时，另一位较年轻女士很不高兴地走了过来，抱怨我们把路堵住了，我告诉她："非常抱

歉，这位女士的车抛锚了，麻烦您等几分钟，如果车子还不能发动的话，我到路边商店里找人帮忙。"对方打量了我一下，说："女士，你一定是刚从加州来的！"我非常惊讶，于是问她："你也是从加州来的？"她说："我曾经在伯克利住过六个月，所以我知道加州人会这样跑去帮别人。但是听着，在此地我们不找不认识的人帮忙，因为没人会理你。如果你的车坏在路上了，把引擎盖打开，在收音机天线上系一块布，想帮忙的人会自己来，记住了？"

不过几十年过去了，这一点已经发生了很大的改变，如今的新英格兰人也和过去不一样了。因为波士顿（Boston）已经成为教育、文化、医疗、高科技产业的中心，有许多人才从不同的地方来，对这一地区的人际关系有深远的影响。

吴文津决定从斯坦福大学到哈佛大学任职之初，加州的朋友不愿意他们搬走，在他们动身前大肆渲染波士顿冬天的酷寒——一年有三个月不能出门，大雪之后常常有几周困在家里！吓得他们一到新家，就买了一个超大的立式冰柜用来储存食物，以免暴风雪之后家里断炊，不过在后来的几十年之中，这样大的雪只下了寥寥几次，但每次下雪以后路面都结冰，很容易出交通事故。

东部生活对于他们一家都很新鲜，章敏和章玲在加州长大，很喜欢吃黑莓，可东岸少见这种水果。黑莓是加州特产，长得有点像中国的桑葚，但形状没有那么长，表面的凸起比较大，成熟之后紫得黝黑发亮，酸甜可口，但是不易保存，当年在美国东部还很难见到。刚搬到东岸时，别人问章敏想吃什么口味的水果派，他说："黑莓！黑莓！"对方说："那你来错地方了，这是产蓝莓的地方。"不过他们的子女对东岸生活适应得很快。

当年波士顿地区华人不多，要去当地的中国城里才能买到大米，吴文津去买的话八美元，雷颂平去买只要七块五，虽然只是五毛钱，能够便宜些的缘故是因为店主都是广东人，见到老乡会给优惠。很早就移民到美国打拼的广东人非常团结，有时有点排外，要和不会说广东话的人打交道时甚至有点恼火，说对方是"唐人不识唐话"，而见到讲"唐话"的同胞，自然格外优待。

过去美国的女性有了孩子以后就很少出去工作，五六十年代美国经济特别繁荣，一般一个人工作就可以养家；70年代妇女解放运动后，即使丈夫能够养家，做妻子的也想有自己的事业。他们初到东岸，儿子八岁，女儿五岁，基本没有托儿所，雷颂平只能在丈夫不工作的时候出去做一些事，每个星期四，孩子上学以后，她就和其他年轻的妈妈在一起吃糕点、缝衣服，谈天说地，小孩放学之前回到家。后来她还参加了教会里五六位教友组织的

吴文津全家在位于韦斯顿的家中

义工队，每星期做些点心，到精神病医院做义工，医院里有做过电疗的病人，身心俱疲，雷颂平就坐在他们身边和他们谈话，安抚他们的情绪。她的性格既细腻又爽朗，很受病人欢迎。

美国东海岸的房子相对于西海岸来说院子都很大，刚到哈佛吴文津就常常出差，他们在韦斯顿的房子有1英亩的院子，旁边就是十几英亩杳无人烟的林地，属于不能开发的政府保护区；后院里经常有鹿、鹌鹑等动物路过，夜幕降临之后一片黑黝黝。吴文津出差，雷颂平独自一人带着孩子在家，一向坚强能干的她也感到很害怕："我那时候就想，可不可以请人来陪陪我！"不过后来也就习惯了，院子大也有好处，就是请客的时候人多也不显得局促。

这栋房子所在的街道叫做"四月巷"（April Lane），也是那条街唯一的房子，门牌号码就是"四月巷一号"（1 April Lane）。有一天著

"愚公弄"街景

"愚公弄"印章

名学者周策纵（1916—2007）到吴家吃饭，他以研究五四运动而闻名。他问吴文津："你这个地方有中文名字吗？"吴文津说没有，周策纵说："那我给你起一个好了。"吴文津拿来纸笔，周策纵就一本正经地写下了"愚公弄"，因为"四月一号"正好是西方的愚人节，是大家互相捉弄取乐的日子，而"愚公"又让人想到愚公移山的故事，这个名字取得别致又幽默，吴文津非常喜欢。后来一位到哈佛的访问学者给吴文津刻了一个"愚公弄"的图章，吴文津在哈佛燕京图书馆工作了三十多年，也在"愚公弄"住了三十多年，直到吴文津退休，他们的客厅至今还挂着几张"愚公弄"的照片。

## 在哈佛的学者朋友们

　　吴文津在哈佛燕京图书馆工作时认识了许多杰出学者，他的多年好友余英时是香港新亚书院第一届毕业生，师从国学大师钱穆先生，后在哈佛大学随汉学泰斗杨联陞先生，得历史学博士，旋执教密西根大学。1966年余英时回哈佛任教时，吴文津刚继任哈佛燕京图书馆馆长不久，两人常常在图书馆相遇，成为相交半个多世纪的朋友。其间余英时应聘去香港母校新亚书院任院长兼香港中文大学副校长，后任耶鲁大学及普林斯顿大学讲座教授，2001年荣休，著作等身，2006年荣获有"人文诺贝尔奖"美誉的美国国会图书馆克鲁格人文与社会科学终身成就奖（Klug Prize），2014年又被选为汉学"唐奖"的首届得奖人。吴文津告诉我：

> 我认识余英时半世纪，我们之间的交往算是"君子之交淡如水"。他是一位比较沉默寡言的学者，我从未看见他和人争吵过，和他后来写作犀利的文风不大一样。我认识余英时的岳丈陈雪屏先生是1960年在台北，雪屏先生前后曾任北大及台大心理学教授，后投笔从政，当时他是台湾地区行政主管部门的秘书长。我去台北拍摄"陈诚特藏"（中华苏维埃共和国档案）时，陈诚时任行政主管部门负责人，因此我主要联络的人是雪屏先生，后来又见过几次，他也是闻名的书法家，所以我请他赐一幅字，他写的是元好问的诗歌"正须谋独往，何暇计群飞"，可能是影射了当时陈诚与蒋经国阵营在政治上不十分投契的情景。我在哈佛期间，这幅字一直挂在我的客厅里。我们和余英时太太陈淑平（Monica）相当熟，她是一位典型的贤妻良母，与余英时十分般配，对他也很支持，正合美国话说的，她是余先生的"更好的一半"（The better half）。

2017年吴文津出版他的《美国东亚图书馆发展史及其他》，余英时欣然为其作序，在长达6000字的序言里，余英时详述了吴文津对美国大学在中国研究的转型过程中所作的贡献，序言中说：

> 吴文津先生和我相知已近半个世纪。现在为他的文集写这篇序文，我实在感到无比的高兴，因为这恰好给我提供了一个最适当的机会和方式，藉以表达对老友的敬意。

直到现在，他们每年圣诞还会交换礼物。2020 年本书完稿之际，我曾致信余英时教授，他在九十岁高龄时还很快回信，信中说："为吴文津先生夫妇写一详细传记，是一件极有意义的事……必将取得学术史上重要成绩。"

著名历史学家黄仁宇（1918—2000）也是吴文津的老友，他是湖南长沙人，1940 年成都中央军校毕业，1943 年被派驻印度远征军，任孙立人指挥的新一军上尉参谋。二战后 1946 年赴美，在美国陆军指挥参谋大学（U.S. Army Command Staff College）受训。后被派任中华民国驻日军事代表团团长朱世明将军的副官。1950 年退役后，进入密西根大学转念新闻系，1957 年获得硕士学位后改念历史，1964年以明代漕运为题的论文得博士学位，是余英时于密西根所指导的博士生。1968 年由余英时介绍，去纽约州立大学新帕尔茨分校（State University of New York at New Paltz）教中国史，1972 年蒙邀赴英国剑桥参加李约瑟（Joseph Needham）主编之《中国的科学与文明》的集体编撰工作。1970 年去哈佛大学东亚研究中心（后改名费正清中心）继续他的明史研究期间与吴文津相识。

> 我对他（指黄仁宇）的印象很深，因为他是一个很有个性的人，待人诚恳，生性豪爽，由军人成为历史学家，十分罕见。

1979 年当黄仁宇 61 岁时被纽约州立大学新帕尔茨分校解聘。根据吴先生回忆，他被解聘的原因传言很多，想系累积而来。校方的说法是因为预算关系。有人说是选修他课程的人数过少；有人说他所倡导的"大历史"观和美国研究中国历史学界的"微观"主流背道而驰，因而未受到重视；也有人说他执教时期没有出版东西，在美国"不出版就消亡"（"publish or perish"）的学术界环境里，这是一个大忌；也有人说他的性格倔，过于固执己见。吴文津认为这些原因也许都有或大或小的影响，他很欣赏黄仁宇，至今仍然保存着黄仁宇在写作《从大历史的角度读蒋介石日记》时，与他讨论问询的信笺。他还曾回忆说，黄仁宇在哈佛时 90% 的时间都在图书馆里。

他是一位非常有主见而达观的人，在学术研究方面很能创新立异，深信他自己的看法，但是为人非常低调，也许因为如是，他在美国的东亚学术圈里没有得到他应该有的声望和荣誉。我想或者这是他引以为憾的事。很讽刺的就是他声望渐高，特别是在美国以外变得出名，是在他被解聘以后的事。

黄仁宇的《万历十五年》(*A Year of No Significance: The Ming Dynasty in Decline, 1587*) 1981 年由耶鲁大学出版社出版，接着 1982 年北京中华书局出中译本，成为畅销书后名噪全国。他写的 China: A Macro History[1]，中文版叫《中国大历史》，1993 年由台北联经出版社出版，最近（2019 年）联经又出《黄仁宇的大历史观（黄仁宇一百周年诞辰首次结集生前未出版专论纪念版)》。除了学术专著，他在生前为自己作了

1995 年黄仁宇的一封来信

---

[1] 纽约 M. E. Sharpe 出版社 1988 年出版。

一个总结，用英文写了一本回忆录，名为 *Yellow River and the Blue Mountains*，注明必须在他去世后出版，后由张逸安译成中文，题名《黄河青山：黄仁宇回忆录》前后由台北联经出版社和北京九州出版社于 2001 年及 2007 年出版。书名中的"青山"源自日本明治时期政治家西村隆盛的诗句："男儿立志出乡关，学不成名誓不还，埋骨何须桑梓地，人生何处不青山。"十足描述了黄仁宇的治学精神、奋斗过程和他豁达的人生观。

在学术界颇具盛名的杨联陞（1914—1990）教授也是吴家在这一时期的好朋友。杨家常常高朋满座，包括张大千、梅贻琦、赵元任、李方桂、钱穆等都曾是座上宾，杨太太出身书香世家，是著名学者缪钺 [1] 的妹妹（缪钤，字宛君），烧得一手好菜。杨家请客时杨太太总在厨房先拿点东西请雷颂平吃，说："你在外面工作了一天，一定很饿了。"对她这种关怀雷颂平感到异常温暖和感激。杨太太不大会讲英文，一向也不穿洋装，她说有个心愿，想买两套西装，问雷颂平能不能带她去买，雷颂平爽快地答应，两个人便一起去了，买了西装杨太太和杨先生都高兴得不得了。

每次请客杨先生必要拿出一本小册子，请大家在上面写一点东西。杨先生外孙蒋力所写的《我的外公杨联陞》中提到，1980 年 8 月 12 日，时任哈佛燕京图书馆馆长的吴文津在杨家的册子上写道：

> 莲生年来身体不适，今痊愈，快如何之。并赐贵州董酒，
> 不下茅台。唯颂平在西雅图探亲，未能参与盛会耳。

"莲生"是杨联陞先生给自己取的名字，好朋友都这样称呼他。

吴夫妇还记得到杨先生家吃饭，常常玩联句接龙（也叫顶针续芒），内容可庄可谐，第一位先题四个字，接着下一位就用第四个字或其同音字开始再题四个字，最末一位所提的第四个字，又要回到起

---

[1] 缪钺（1904－1995），字彦威，江苏溧阳人，出版有《元遗山年谱汇纂》、《诗词散论》、《杜牧诗选》、《三国志选》、《读史存稿》、《杜牧传》、《杜牧年谱》、《三国志选注》（主编）、《冰茧庵丛稿》、《灵溪词说》（合著）、《三国志导读》（主编）、《冰茧庵序跋辑存》、《冰茧庵剩稿》、《词学古今谈》（合著）等专著。

句的第一个字，这样的游戏，继承了过去的文人雅集，不少名人都在杨家参与过。梅贻琦去世后，杨联陞曾写下《梅校长的幽默文字》一文，其中记录了一次 1955 年 4 月 11 日的联句：

> 烧饼很好 梅贻琦
>
> 好好好好 张充和（傅汉思夫人）
>
> 好酒好菜 金毛云琴（金龙章夫人）
>
> 菜好酒佳 傅俞大彩（傅斯年夫人）
>
> 佳人才子 杨联陞
>
> 子曰不可 傅汉思
>
> 可以衅钟 赵元任
>
> 钟鸣即起 金龙章
>
> 起头发烧 赵杨步伟（赵元任夫人）

在哈佛常常请客的除了杨联陞教授夫妇和赵元任的女儿卞如兰教授，吴文津夫妇也广交朋友，留下了许多难忘的回忆。

# 闻名哈佛的吴家菜肴

吴文津夫妇很好客，有华人朋友来一定要请到家里吃饭，以表尊重，也给远方来的人吃一点家乡菜。那时候雷颂平已经从她的父亲那里学会做许多广东名菜，所以请客不成问题。有一次一位她父亲的好朋友路过波士顿，到吴家吃饭，大吃一惊，连说不敢相信这么多好菜都是雷颂平的厨艺。雷颂平有一道拿手的鸭子，师承她的父亲，自己又做了许多改良，雷父在鸭子周围摆上炒火腿等各色辅料，雷颂平独出心裁，在油亮亮的烧鸭下面铺上绿油油的菠菜，命名为"西湖鸭"，成为她的招牌菜，不仅是客人们，他们的儿女和孙子孙女也都很喜欢吃这道菜。

吴氏夫妇美国教会的朋友很喜欢吃中国菜，请雷颂平在教会开班

精于烹饪的雷颂平

雷颂平在教会和大家一起做饭

授课，收到的学费全部捐给教会。那时候正好教会要建新堂，烹饪班的学生毕业时举办一个中国美食大派对，卖票所得的收入不少，印制出当天的菜谱又卖五美元一份，总共募得3000美元也都捐给教会的建堂基金。多年后他们退休回到加州，有人发邮件还提起这件事，对他们说："那次的中国餐派对真有意思，可惜我们收费太少了！"另外一位也曾经发电邮说："我现在想做咕咾肉，菜谱找不到了，可以寄一份给我吗？"

提到那段岁月，吴文津说太太"不辞劳苦"，而吴太太却只说"lots of fun"（很有意思）。

刚结婚的时候，就只会做猪排，一个朋友在斯坦福吃过我做的饭，后来到东岸又吃我做的饭，吃了之后说："你的进步好大！"让我觉得有些不好意思。到了哈佛以后常常有人来家里吃饭，不管我去哪儿，他（指吴文津）都能找到我，然后过来说一句："今天有人来吃饭。"我从来没有说过一次"不"。那时候就觉得是自己的本分，这么多年来，问心无愧！

每年感恩节、圣诞节的时候，吴夫妇都会请波士顿地区的中国学生到自己家里吃大餐，让他们在异国他乡感受到家的温暖。雷颂平婚前在西雅图的家中就有此传统，雷父雷母体恤只身海外的中国学生，时常请他们到家里吃饭，大多是雷父亲手做菜给这些年轻人吃，其中也包括吴文津。2019年我见到雷颂平在西雅图的侄子雷基立先生，他告诉我现在家里还有经常邀请中国学生来吃饭的传统；他还特别提到"娜丁姑妈"（指雷颂平）很会做菜，也非常热情好客。

　　曾经去吴家吃过饭的，有当时在哈佛大学法学院读书的马英九，后来马英九两次台湾地区领导人就职典礼，都邀请吴先生和吴太太参加，奉若上宾，还对吴太太说："在您家吃的烤火鸡，好好吃啊。"马英九和吴先生的生日只差一天，他每年都记得寄生日卡给吴先生，2018年他的《八年执政回忆录》出版后，还专门寄到胡佛研究所赠给吴先生，胡佛研究所就请斯坦福东亚系系主任、吴先生的邻居艾朗诺教授转交给他。当时在波士顿塔夫茨大学（Tufts University）福莱切法律与外交学院（Fletcher School of Law and Diplomacy）攻读、后任台湾人事行政主管部门负责人的关中说："好喜欢吃你家的扒鸭。"而他说这话时已经是在吴家吃饭十年后了，还念念不忘。还有台北故宫博物院院长秦孝仪、"中央银行"副总裁兼台湾哈佛校友会会长李幹、"荣民"工程事业管理处处长兼台湾哈佛校友会副会长严孝章等人。秦孝仪曾两次造访吴府，1991年第二次造访后，曾赠吴文津及雷颂平篆书一幅，题为"图书满室兰芷环阶"以留纪念。"图书满室"说的

吴文津夫妇与秦孝仪夫妇在吴寓（1991 年）

是吴家虽然简朴，但是满室的书籍，显示出主人的深厚学养和高雅品味，兰芷环阶不仅是指吴家花木扶疏，更代表主人高洁的品行。这幅字现在还挂在吴家的客厅里。

中国人说"善始者实繁，克终者盖寡"，意思是开始做一件好事很容易，能够一直坚持下去的人却寥寥无几。吴文津和雷颂平几十年如一日地在哈佛自己的家中接待照料远来的中国同胞，实属不易。在雷颂平的印象里，在哈佛的漫长时光里，自己只有一次没有请来客到家里吃饭，结果对方抱怨了几十年。

> 有一个朋友从台湾来，他也是四川成都人，是台北最好的男校建国中学的校长崔德礼。我那天实在很忙，有点急事要办，就只做了甜点，先请他到外面餐馆吃，然后回家吃甜点。结果他很不高兴，回去到处讲："吴太太没有请我到她家里吃饭！"

我想对方之所以念念不忘，是因为当时几乎所有到哈佛拜访的中国学者，都被邀请到吴家吃饭，而自己居然例外的缘故。


## 活跃在当地华人社区


1970 年代，雷颂平的儿子已经上了高中，女儿也开始上初中了，雷颂平正式回归职业女性的角色。那时在波士顿中国城有一个"耆英会"，是政府拨款为老人设立的福利文娱中心，为中国长者免费提供各种服务，诸如各种咨询、陪同外出、读写信件、填写表格等。雷颂平在报纸上看到该中心要聘请一位副主任，条件是必须懂中英双语，中文包括广东话（特别是台山话）和普通话，如果有医药背景当得到优先考虑，还得会开车。这对雷颂平正是量身订制，当然就被聘请了。她在任内得到波士顿大学一位社会系中国教授和一位有执照的中国社会工作者的个人指导，考得社会工作的执照。雷颂平聪明能干、富有爱心，老人们都很信任和喜欢她，只是她开始工作以后，有一次女儿章玲嘟哝到："圣诞也不像圣诞，新年也不像新年。"因为雷颂平做全职太太时，每逢重要节日都会把家里的各个角落布置得漂漂亮亮，工作忙了以后，家里的事情就得从简了。

"耆英会"里很热闹，老人们大多是雷颂平的老乡，他们不会英文，有的甚至不识中文字，喜欢聚在一起聊天、吃饭、打麻将、看看中文报纸。她的工作无所不包，负责"耆英会"的"营养午餐"，她便从市政府买来厚厚的营养学书籍悉心钻研，为老人们设计菜单，肉类、蔬菜、饭和汤都搭配得很好。当时去"耆英会"吃饭的老人生活都不宽裕，"营养午餐"由政府补助，每顿仅要价5角，没有钱的人还不用付，但菜不好老人们还是会抱怨的，可他们从不埋怨雷颂平，因为她做事认真仔细，设计的菜单让大家心服口服。有时候司机休息，雷颂平还帮忙开车到地铁站接老人们到"耆英会"、带老人们去看医生、送他们回家。这些老人很可爱，在车上七嘴八舌热热闹闹，到了路口，她问老人们该往哪边拐，一半说左，一半说右，让她哭笑不得。

> 我说："你们怎么回事，你们知道我不认识路啊！"他们说："哎呀，因为你问得很急，我们只好乱讲一气啊！"

雷颂平在"耆英会"帮助了数不清的老人，工作虽然辛苦，但也碰到许多令人忍俊不禁的事。当时很多华侨不会讲英文，却很积极地想要融入美国社会，闹出一些笑话。

> 耆英会的隔壁有个"华人医务中心"，有一位王太太的英文名字叫Gloria（歌莉娅），另一个老太太就说："如果以后我有了孙女儿也要叫王太太的名字。"我说很好啊。她后来把宝宝带来，我问孩子取什么名字了？她说："我不会读，就写给你看。"她写下来我一看，大叫："哎呀，不行啊！"你知道是什么吗？她写的是gorilla（大猩猩）！我问她："你

雷颂平在"耆英会"做副主任时，为老人们做翻译、和市政府交涉、接待参观人士等也是她的责任。很多东西都要自己执笔写，她有一手漂亮的字，写的东西条理清晰而语言简明，有一次杨联陞先生看到雷颂平写的东西，惊奇地问是谁写的，得知是雷颂平写的，赞不绝口。

这一时期吴文津和雷颂平和当地华人的交往很多，华人社区里有什么事，两个人也积极帮忙。1980 年代初有一批华埠热心公益的人士想要成立一个专为华人而设的疗养院，最初的计划是到银行贷款来进行这件事。吴文津被邀加入这个团体后，问他们有没有考虑去募捐来代替银行贷款？得到的回答是"没有经验"。吴文津主持哈佛燕京图书馆颇有募捐的经验，因此建议他们在贷款前先自己募款，大家认为这是一个好主意，却不知道怎么实行，在吴文津的建议下，去了波士顿各银行和当地主要的公司，募到了很多捐款。

吴文津认识当时名声如雷贯耳的波士顿"电脑大王"王安（1920—1990），当时他的电脑公司能够与 IBM 分庭抗礼，美国政府和许多大企业都使用他的产品，而他本人也以 20 亿美元的个人财富名列美国第五大富豪。比尔·盖茨曾说，如果王安公司没有陨落，世界上可能就没有今日的微软公司，而他自己可能就在某个地方成了一位数学家或一位律师了。吴文津去见王安请他捐助，王安毫不犹豫用个人的名字捐了一大笔款。吴文津为图书馆募捐的时候，得识台湾"荣民"工程事业管理处处长严孝章，后该处成为哈佛燕京图书馆的赞助者。1980 年初期严孝章来哈佛大学商学院高级管理训练班进修。吴文津和他谈起华埠创建疗养院的事，问他是否可以考虑协助这项公益事业，出于对吴文津的信任，严孝章马上说："可以。需要我捐些什么？"吴文津就说："他们正在造房子，你可以捐钱造病房，每一个房间捐款 5000 美元，就可以在病房的门上用铜牌注明'台湾"荣民"工程事业管理处捐赠'。"对方考虑了一下，说："很好。"后来大部分的病房都是这样命名的。

中华颐养院董事的照片

在吴文津的帮助下，他们从香港、台湾和当地一共募款百万余美元，1985 年疗养院落成后，那些不会英语的老人在晚年就有个舒适的养老之所，可以用中文和照顾自己的人交流，还能吃上中国味的饭菜。这座老人院的名字是中华颐养院（South Cove Manor）。在美国专门为亚裔所设立的养老院很少，这算是最早的一个。2014 年该院迁移到波士顿附近昆西市（Quincy）新建有 141 个床位的中华颐养院康复中心（South Cove Manor Nursing and Rehabilitation Center），规模更大了，里面还挂着包括吴文津和其他创办人的照片。

正如吴文津所希望的那样，到哈佛大学工作开始了他们夫妇两人事业的新篇章，也打开了人生的新世界，在斯坦福时吴文津既读博士又工作，周围中国人也不多，来往的人大多是当年的翻译官同事和胡佛研究所的工作伙伴。到了东部以后，因为哈佛大学是美国东亚研究的领头羊，吴文津得以结识许多优秀的学者，大大开拓了自己的见识，而且雷颂平后在华人医务中心工作且担任董事，在当时的中国城非常活跃，由此认识了很多朋友，参与了许多当地华人的事务，其中最令吴夫妇引以为傲的就是他们协助波士顿华人社会建立了这所规模相当大的疗养院。而这一时期他们的经历见闻，夫妻同心协力在事业和家庭上的努力，也成为日后宝贵的人生财富。

吴文津和雷颂平在哈佛时期广交朋友，除了和当地华人交往外，还和世界各地的学者交往。因为哈佛大学在学术研究方面的盛名，波士顿地区的学者交际圈更大。在波士顿那些年头，逢年过节吴文津夫妇都要邀请在波士顿区域的中国学生到家里吃饭。最多的一次，去了二十几个人。

吴太太对那些中国学生的印象很好，还想起一件让她难忘的事："他们回去的时候，把我们家弄得干干净净，就像是没有人来过一样，这让我很惊讶。"

吴文津在这一时期认识了世界各地的优秀学者，并且有机会了解他们的研究，拓展了他的学术视野，对他个人的阅历和事业的发展都大有裨益。雷颂平在工作上也很优秀，在华埠的老人中心"耆英会"工作十年后，1982 年就被"耆英会"隔壁的"华人医务中心"挖了去任"健康教导员"（Health Educator），从事医疗健康教育工作。那时候同时精通粤语、英文、普通话而又会开车的华人太太凤毛麟角，这让雷颂平十分"抢手"，"华人医务中心"的薪水并不是很高，朋友笑说她是"带了米来煮水的"。

> 当时我说了一句话："我到这里来，是因为想让中国城成为一个健康的中国城。"别人知道了这句话都问"华人医务中心"："你们是从哪里找到她的？"

雷颂平离开"耆英会"，那里的老人很伤心，有空还总来找她，她也念念不舍，对"华人医务中心"的主任说："他们来找我，我不能叫他们走，我可不可以在午饭休息时帮助他们？"中心的主任说："当然可以。"她就用自己的午休时间帮老人们写家书。

雷颂平在"华人医务中心"的工作之一是提供健康方面的培训。当时需要从各种关于健康方面的英文资料中择其重要者，翻译成中文和越南文供华人参考。这项工作艰巨费时，有两位中心的同事帮忙处理，一位帮忙中文的翻译，一位帮忙越南文的翻译。雷颂平还负责开办各种免费健康讲座，比如戒烟讲座等等。同时每逢节日都上街设立摊位提供各种免费检查，并分发翻译的中越文健康手册，颇受当地居民和游客的欢迎。

大约在 1985 年左右，华人医务中心一位小儿科医生得到一笔美国国立卫生研究院（National Institute of Health，简称 NIH）的补助来做地中海贫血症（Thalassemia）的筛检工作。她很希望雷颂平跟她一起合作做教导的工作。她答应后一直做到 1992 年退休，可以说她此后在华人医务中心最重要的工作就是防治地中海贫血症。地中海贫血是体内的珠蛋白链不足或缺少，因而导致异常血红蛋白产生的血液病群，影响血液带氧能力，损害肝脾功能，是一种非常严重的遗传性贫血病，无法医治，只能靠长期每个月的输血延长寿命，患此疾病的人大概只能活到 30 岁左右。地中海贫血病起源于地中海地区，后来发现东南亚人也是这个病症的受传人群。华人医务中心的工作是积极筛检和教导，为华人解释病症的严重性和提供如何处理或避免这个病症的方法，雷颂平常常提着沉重的机器，为大家播放自己自制的胶片幻灯片。波士顿"华人医务中心"是全国第一个开展这项工作的中国医疗机构，让雷颂平获得很大的成就感，她常常说，这些年所做的事情让她觉得"真正开心和骄傲"。

雷颂平在华人医务中心组织的健康培训活动中

# 温馨的家庭生活

在哈佛期间，一双儿女已经长大成人。美国青少年一般到了十几岁就有很强的逆反心理，他们的孩子谈不上叛逆，不过儿子有段时间一回家就躲在自己房间里，但更让他们担心的是乖巧懂事的女儿章玲。女儿有个暑假让雷颂平担忧得头发都白了，因为她坚持到南方田纳西州很荒凉贫穷的地方上夏令营并做义工。吴文津和雷颂平把她送去，看到女儿单独住在个偏远的木屋里，连门也没有，简直被吓到，还好后来和别的女孩一起搬到别处。

他们的儿子章敏（John）本科在塔夫茨大学（Tufts University）学化学，毕业以后有个很有名的公司想要雇用他，因为该公司和生产化学武器有关，章敏不愿意去。因为他对数学很有兴趣就改行学起了计算机，先在一家小公司工作，后来转到西岸旧金山湾区一家很有名的 IT 公司——太阳计算机系统（Sun Microsystems）公司 [1] 工作，娶了他原来的同事凯瑟琳（Catherine）。雷颂平原本对媳妇不是华人还抱些保留态度，但洋媳妇人很好，出自美国东部罗得岛州（Rhode Island）首府普罗维登斯（Providence）的爱尔兰裔家庭，曾经在法国念书，所以精通法文，后来又在哈佛大学夜间部和章敏一起念中文，很欣赏中国文化。雷颂平后来说："凯瑟琳比有些中国女孩还中国化！"根据美国习俗，新郎要选一个最好的朋友做首席伴郎（best man），儿子居然请吴文津来担任这个角色。吴文津说："你应该去找你最好的朋友。"章敏的回答是："你就是我最好的朋友！"在一边听到这话的雷颂平"心都融化了"。

他们的女儿章玲本科就读于布朗大学（Brown University）生物系，原本想进医学院，毕业后到台北参加了一个为期六周的学习和旅游活动。该活动专为美国大学刚毕业的华裔孩子设置，一边上关于中国历史文化的课一边去台湾各地游览。这个活动儿子章敏也参加过，

---

[1] "SUN"（太阳）这个名字来源于"斯坦福大学网络"（Stanford University Network）的缩写。这家公司最著名的功绩包括开发了 Java 技术。

六个星期后就回来了。女儿章玲却是例外。六个星期以后她决定留在台湾学习中文。这个决定改变了她的人生轨迹。她在布朗时曾经参加的课外活动包括帮助当地社区智力发育迟缓的中小学生，其中有许多聋生，所以学会了美国手语，她留在台湾后受台北启聪学校聘请教英文和美国手语，在台湾两年，回来时中国手语也很流利了。因为她特别有爱心，后来从事了聋哑人的教育事业。她放弃医学院的时候对父母说："我希望你们不介意，我将来不会很富有。"因为医生在美国的薪水很高，是从事社会福利工作远不能比的，吴文津和雷颂平支持了女儿的决定。

吴章玲在台北启聪学校教书的时候，有些事她认为应该积极改进，但是本地的老师不愿意讲话，所以她求好心切就站出来替老师和学生抱不平，因之在校方眼里她变成了不受欢迎人物。接着她遭遇到各种的不便，包括迟迟不发给她薪水。正好那时吴文津夫妇从大陆回来去台湾看他们的女儿，知道了这些事情。他们请校长一起吃饭，感谢他让章玲在他们学校教书，也请了吴文津多年的朋友蒋彦士，当时的教育主管部门负责人。饭局只是寒暄，别的话什么都没有讲，之后薪水立刻就发下来了。女儿回到加州在贫民窟做聋哑学校老师，住在一个朋友家，朋友对雷颂平说："你晓得女儿多晚回家吗？凌晨一两点钟！"女儿说没办法，学生有问题，她必须和学生的家长交谈，因为家长工作的关系有时只得等午夜后。女儿的追求者很多，但她永远把学生放在第一位，台湾有一位很想和她结婚的男士，希望她婚后可以做全职太太，但看到只要聋哑学生需要翻译时，章玲无论什么时间都会赶去，那位男士说："我不能和你的学生竞争。"女儿事业心很重，告诉雷颂平，如果找不到志同道合的伴侣，宁肯不结婚。

吴夫妇几十年来相互扶持、风雨同舟，自然希望女儿也能和他们一样，找到合适的人生伴侣，拥有美满的家庭。可贵的是婚姻问题上他们从没有给过女儿任何压力，我曾问吴太太："您和吴先生明着不干涉，那有没有暗示过女儿，想要她早点结婚？"她摇摇头，我又问："女儿没有结婚生孩子，您会有点遗憾吗？"她有点忧伤地说："当然。"但很快又补充："但是她现在很开心，如果她不开心，我就会很难过。"

即使年近百岁也不固守自己的想法，能够尊重后辈的选择，不将想法强加在下一代人的身上。

吴文津和雷颂平关爱儿女，也总不忘孝顺长辈，雷父雷母 80 岁生日的时候，因为雷父在当地的华人社会很有威望，前来祝寿的人特别多，在西雅图请了两处，一个地方五百人，另一个地方三百多人。雷母在 1980 年代先去世。雷颂平说母亲一生那么聪明，但就做了一件"笨事"，医生说她血压高要吃药，但她不喜欢吃药，相信真有问题的话自己会感觉到，结果 84 岁就中风去世了。雷父九十大寿有 700人到场，很多人从中国香港、澳大利亚来参加，雷颂平毛笔字写得好，当时负责写请柬，"一直写到手上的血管都破了"。雷父的最后几年生活不便，常常感到非常累，雷颂平就经常从东岸飞过去看他。从

雷父雷母八十大寿

雷颂平和父亲

波士顿飞回西雅图要横跨整个美国，年轻人尚且觉得疲劳，当时已经是中年人的她却不辞辛苦。她和父亲的感情很好，常回忆起父亲晚年就像小孩子一样可爱。

> 爸爸最后就一个人在家生活，他有一条狗，24 小时和他在一起。爸爸晚年爱吃糖，每天要吃一包。我问他："你吃糖怎么吃得这么快？"他说："还有狗呢！"原来他吃一块糖，就要给狗吃一块。

雷父年轻的时候经营面厂，赶上美国经济大萧条，面厂里做的面条有时候销路不好，只好自己吃，于是到了晚年就不再碰面食，特别喜欢吃米。雷颂平一回去，父亲就用商量的口气有点恳求地问她："能不能吃一点粽子？"因为做粽子很麻烦，要连夜把粽叶洗了又煮，第二天才能吃上，雷颂平总说没有问题，马上亲手去做，父亲心里很感激。

> 他很客气，有一次他用英文说："I thank you！"（我感谢你！）我说："Thank me for what？"（谢我什么？）他说："Thank you for taking care of me so well。"（谢谢你把我照顾得这么好。）我说："It's my pleasure！（我很高兴做这些！）你要听话，我叫你吃什么你要吃。"

雷父去世的两年前，面厂的新厂开幕，刚好与他重孙子的降生是同一个月，他因此非常高兴。雷母 84 岁去世以后，雷父就与长子雷建德（亨利）夫妇同住。1994 年有一天，雷父身体不舒服到医院去，不思饮食，医生要插管，雷颂平和弟妹们都说不要，听其自然，他在此跟我们在一起，在那边就会见到我们母亲。那菲律宾裔医生很惊讶中国人有这种态度，结果他没有受苦，"一个礼拜后就安详地回天家去了"。雷父享年 97 岁，因为他生前为人公义、乐善好施，有许多人赶来参加葬礼。

# 推动与中国图书馆界的交往和回乡之旅

1979 年吴文津随美国图书馆代表团访华

自从 1940 年代离乡以后，转眼到了 1970 年代，美国的东亚图书馆开始与中国进行直接交流，这是前所未有的新契机，吴文津到哈佛工作的第二个十年，终于有机会回到祖国。早在"文革"末期中国就曾派图书馆代表团到美国来，由当时的北京图书馆（后来的国家图书馆）副馆长刘季平（当时馆长职务缺）领队，到美国各大图书馆参观访问。

1979 年中美建交后，受北京图书馆的邀请，美国国会图书馆也组织了一个全国性的图书馆代表团访问中国，进行为期三个星期的参观访问，访问团一共 12 个人，包括美国图书馆协会会长、美国研究图书馆协会会长、主要大学图书馆馆长等，由美国国会图书馆副馆长领队，吴文津是其中四个华人之一，另外三位是国会图书馆附属法律图书馆东亚部主任夏道泰、中国研究资料中心的余秉权和芝加哥大学东亚图书馆的钱存训。[1] 访问团在北京与上海做了很多次演讲，这是吴文津自抗战时期离开祖国大陆以后，第一次回归故土。

吴文津这次访问带了一些中国学者尚未见过的资料复印本，包括鲁迅和茅盾在 1930 年代应上海《中国评论》创办人、美国记者、《中国革命之悲剧》的作者伊罗生的要求，介绍当时中国左翼作家和他们代表作的书信。伊罗生当时打算翻译一套中国青年左翼作家的代表作介绍给西方读者，但是这本题名为《草鞋脚》的书 40 年后才与读者见面 [2]。吴文津将这批中国研究鲁迅和茅盾的学者从未

---

[1] 这次访问的详情见于 CEAL Bulletin , no. 61（《东亚图书馆委员会通讯》第 61 期），1980 年 2 月。CEAL 为 Committee on East Asian Libraries（东亚图书馆委员会）的缩写。该刊物为现在的美国东亚图书馆权威刊物 Journal of East Asian Libraries (JEAL)（《东亚图书馆杂志》）的前身。

[2] 《草鞋脚》英文书名为 Straw Sandals: Chinese Short stories,1918—1933，由当时伊罗生执教的麻省理工学院出版社（Massachusetts Institute of Technology Press）1974 年出版。这批资料是在《草鞋脚》出版后，伊罗生赠送给哈佛燕京图书馆的。1979 年 12 月北京图书馆出版的《文献丛刊》把这批资料全部复印并加注释出版。关于伊罗生收藏转让给胡佛研究所有关中国共产党早期党史的"伊罗生特藏"，参见第五章。

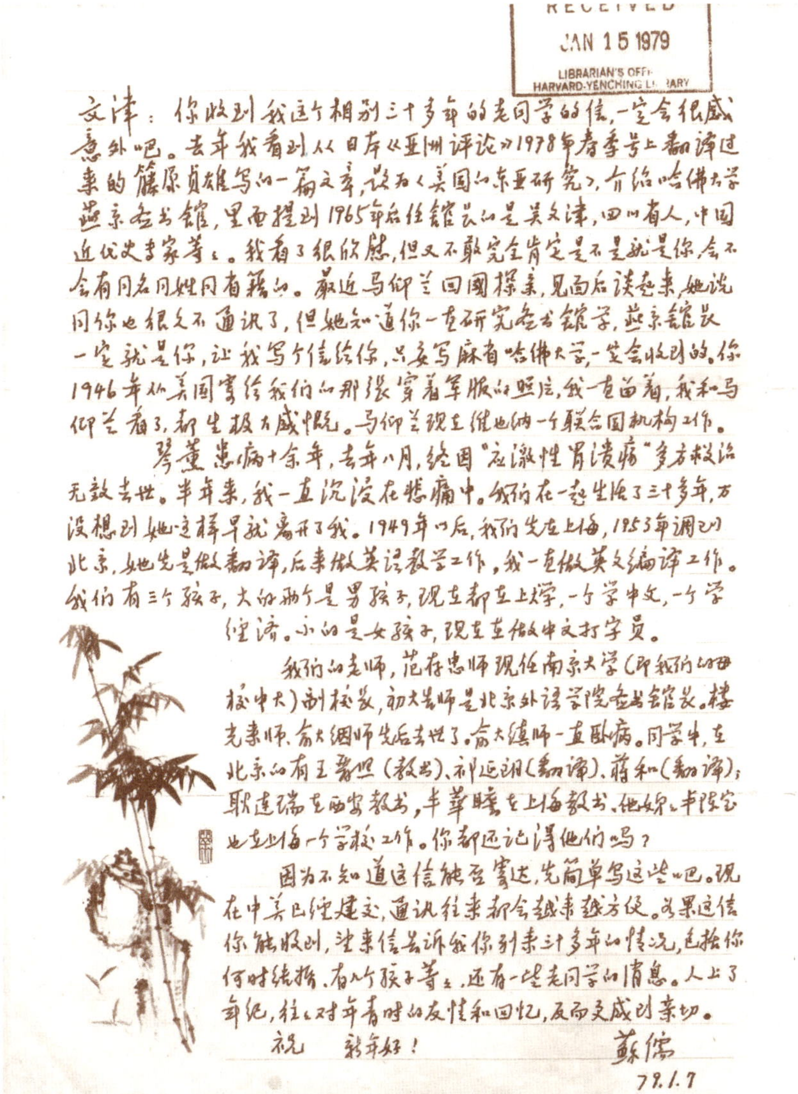



文津：你收到我这个相别三十多年的老同学的信，一定会很感意外吧。去年我看到从日本《亚洲评论》1978年春季号上翻译过来的篠原贞雄写的一篇文章，谈为《美国的东亚研究》，介绍哈佛大学燕京图书馆，里面提到1965年后任馆长的是吴文津，四川省人，中国近代史专家等等。我看了很欣慰，但又不敢完全肯定是不是就是你，会不会有同名同姓同省籍的。最近马仰兰回国探亲，见面后谈起来，她说同你也很久不通讯了，但她知道你一直研究图书馆学，燕京馆长一定就是你，让我写个信给你，只要写麻省哈佛大学，一定会收到的。你1946年从美国寄给我们的那张穿着军服的照片，我一直留着，我和马仰兰看了，都生极大感慨。马仰兰现在维也纳一个联合国机构工作。

琴薰患病十余年，去年八月，终因"应激性胃溃疡"多方救治无效去世。半年来，我一直沉浸在悲痛中。我们在一起生活了三十多年，万没想到她这样早就离开了我。1949年以后，我们先在上海，1953年调到北京，她先是做翻译，后来做英语教学工作，我一直做英文编译工作。我们有三个孩子，大的两个是男孩子，现在都在上大学，一个学中文，一个学经济。小的是女孩子，现在在做中文打字员。

我们的老师，范存忠师现任南京大学（即我们的母校中大）副校长，初大告师是北京外语学院图书馆馆长。楼光来师、俞大絪师先后去世了。俞大缜师一直卧病。同学中，在北京的有王寿根（教书）、祁延翊（翻译）、蒋和（翻译）；耿建瑞在西安教书，丰华瞻在上海教书，他妹妹丰陈宝也在上海一个学校工作。你都还记得他们吗？

因为不知道这信能否寄达，先简单写这些吧。现在中美已经建交，通讯往来都会越来越方便。如果这信你能收到，望来信告诉我你别来三十多年的情况，包括你何时结婚，有几个孩子等等，还有一些老同学的消息。人上了年纪，往往对年青时的友情和回忆，反而更感到亲切。

祝　新年好！

苏儒
79.1.7

沈苏儒写给吴文津的信

见过的资料复印本分赠北京图书馆和上海图书馆，让他们喜出望外。

吴文津此次在北京见到了自己阔别多年的老友、著名翻译家沈苏儒（1919—2009）。沈苏儒是吴文津抗战时期在重庆中央大学外文系的同班同学、著名民主人士沈钧儒（1875—1963）的堂弟，也是国民党高层人士陶希圣（1899—1988）的女婿。陶希圣是蒋介石的"文胆"，曾为他执笔《中国之命运》，顾颉刚说他是"研究社会经济史最早的大师级人物"。沈苏儒的太太，也就是陶希圣之女陶琴薰，也是吴文津在中央大学的同班同学。这一次 36 年后的重逢，陶琴薰已于年前病逝。沈苏儒请人为吴文津写了一幅字以表离情，抄录的是唐代诗人韦应物的《淮上喜会梁州故人》：

> 江汉曾为客，相逢每醉还。
> 浮云一别后，流水十年间。
> 欢笑情如旧，萧疏鬓已斑。
> 何因不归去？淮上有秋山。

这首诗写了一对朋友多年之后再度重逢时悲喜交加的心情，此次见面让吴文津得以了解他的好友几十年来的遭遇：

1949 年沈苏儒和陶琴薰在上海，该年 5 月陶希圣正随蒋介石乘"太康"军舰去台湾，到上海吴淞口复兴岛一带时，请求蒋介石暂停军舰，让自己带上女儿女婿同行，蒙蒋的特许后，给陶琴薰发电报，

沈苏儒拜访吴寓与雷颂平在"愚公弄"后院

并派出一只小汽艇接陶琴薰夫妇到吴淞口会合。但是陶琴薰和沈苏儒寄望于新中国，决定留在上海，这让陶希圣非常伤心。他在日记中记录了此事。

原来是沈苏儒的堂兄沈钧儒力劝他们留在大陆。沈苏儒和陶琴薰留下来后，起初沈苏儒担任记者，后来主要从事翻译工作，曾任《中国建设画报》的副总编

1979 年吴文津在天安门广场

辑。但"文革"时沈苏儒和陶琴薰受到了冲击，1978 年 8 月陶琴薰因病去世。

沈苏儒的三个子女后来都到了美国，有时还会拜访吴氏夫妇，他们的长子沈宁是一位作家，他的长篇传记小说《唢呐烟尘》中记录了父母的这一段历史，吴文津为此书作序。

吴文津回中国时因是美国公民的身份，在北京申请延长签证三个星期回四川老家探亲，除了去成都，还想到岳池探望妹妹吴文锦。北京市公安局一直回复"不方便安排"。他托四川大学图书馆打听，得知岳池县从来没有接待过"外宾"，还是没有开放的城市之一。吴文津声明只是和妹妹相聚，终于得到批准。他到岳池县后见到妹妹的领导，后来当"海外关系"已不再是坏事时，妹妹被派为岳池县侨联的负责人。

吴文津回到成都老家，得知母亲已于 1959 年去世，父亲唯一的照片也已毁掉，家里原来的大宅子也变成了"大杂院"。时移势易，有趣的是分别数十年，亲朋好友都说吴文津的成都话一点没变，吴文津笑称这很简单，到了美国没有机会讲四川话，就放在头脑里"冷藏"起来，现在拿出来还很新鲜，只不过他说的有些词句还是几十年前的，后来已经没人用了。这真像是唐代诗人刘禹锡诗中写到的"到乡翻似烂柯人"。晋代有个叫王质的人伐木山中，看到有童子下棋唱歌，要离去时才发现木头的斧柄已经完全腐烂，家中父母也早已去

世，中国人用此来形容人世沧桑变化的恍如隔世之感。

70年代末中国货物很短缺，粮食布匹都要凭票购买，手表、自行车和收音机被称为"三大件"，一般只有结婚时才能买齐，特别抢手的货物即使有钱也买不到。一辆崭新的自行车——尤其是"凤凰牌""永久牌"或"飞鸽牌"的——可以说是财富和面子的象征。回故乡探亲的吴文津是"外宾"，外宾买东西可以去专门的"友谊商店"，里面有很多常人买不到的紧俏货，光是自行车，吴文津就受人之托去买了两三次。

1982年吴文津又受教育部邀请，在陕西师范大学和四川大学分别举行历时一个月的图书馆管理研讨会。在陕西师范大学参加者包括西北各省的图书馆馆长，在四川大学则包括西南各省的图书馆馆长。他被邀请与"文革"后中美文化交流的发展有直接的关系，这要追溯到北美教会在中国办学的历史。

1949年前中国教会学校的主要财政支援来自美国的基督教教会，实际往来是通过在纽约设立的"亚洲基督教高等教育联合董事会"（United Board for Christian Higher Education in Asia）办理。1949年后

1979年吴文津与家人在四川团聚，前排从左到右：吴文锦、吴文春、吴文泉、谭培之，后排吴文润、吴章麟、吴文津

这项工作已不复可能。"文革"后，中国渐渐对外开放，联合董事会与中国政府取得联络，看是否可以恢复在中国基督教高等教育的工作。中国政府的答复是可以考虑高等教育相关的合作，但不能复办教会大学，因此提出在图书馆管理方面训练的可能性。联合董事会和中国方面进一步商讨后，决定在中国西北和西南举行这个训练的项目，这符合当时中国教育部考虑在这两个区域建立两个区域性图书馆中心的计划。吴文津无论从资历还是背景上，都很适合这项工作，当时联合董事会的主席是前哈佛大学校长普西博士（Nathan Marsh Pusey, 1907—2001），他打电话告诉吴文津这件事，希望他能去主持这项工作，他当然答应了。

开放初期的中国人对外面的一切都觉得新鲜，吴文津等人在中国受到了热情的欢迎。中国图书馆对管理、藏书建设、公共服务、人员训练和美国图书馆刚刚开始使用高科技的经验都非常有兴趣。比如说，中国内地当时还没有开架，想要借书得先从图书馆目录里查询书目信息，填写索书单，由工作人员把书交到读者手中，这样的方式让读者没有自由浏览的机会，而在美国开架图书馆早已普及。中国图书的管理者觉得图书馆开架会造成混乱，因此向美国同仁提了很多问题。那时候美国图书馆的自动化也已经起步，开始把资料卡片目录变为机读性目录。在这方面美国东亚图书馆也在参与，引起中国图书馆界浓厚的兴趣。

原本的计划中每天上午四个小时是关于美国图书馆管理、编目、公共服务、藏书建设、人员训练等的密集课程，下午四个小时供大家提问。会场上听者虽众，但提问者寥寥。晚上吃完晚饭之后，在吴文津住的学校外宾室，排队来找他单独谈话的人却很多，吴文津鼓励他们课堂上提问，但大家第二天在公开场合还是一片寂静，最后只好取消互动时间，变成每天讲课八个小时。

此次吴文津在中国讲学，雷颂平自己从美国到中国与丈夫汇合，这是她战争年代背井离乡以后第一次回到中国，也是第一次去中国广东以外的地方。她根据回过中国的朋友的建议，从美国给小孩带了很多玩具，又给大人带了很多布料。飞机到了北京，教育部的人在北京

第九章　推动与中国图书馆界的交往和回乡之旅

接机，她被告知当天不能到成都去，因为飞机上没有座位了。

> 他们说："你要在这里过夜"，我说 ok，那时候已经等了
> 两个钟头了，所以我问："那现在怎么办？"他们说："太晚了，
> 今晚也不能出去，过夜的钱要自己付。"我身上有两百块人
> 民币，他们说住宿不够。后来等到晚上七点，他们说飞机上
> 又加了一个位置，让我飞往四川，那飞机上没有安全带，我
> 就坐在厕所外面，厕所里的不知道什么水都渗到外面的地板
> 上，邻座有个年轻人给我一个绿色的水果让我吃。我尝了一
> 下，心想这么酸怎么吃，他说："九点以后就买不到吃的东
> 西了，赶快吃一点。"

整架飞机上只有她一个女人，而且是外来人，雷颂平觉得她一举
一动都受人注目，非常不自在。晚上九点到了四川，已经错过了饭点，
吴文津带她去外宾的咖啡厅喝了一杯咖啡，售价两美元。雷颂平记得
探亲访友的时候除了花生瓜子，没有什么零食吃，在友谊商店里看到
一个洋娃娃，想买来给亲戚的小孩，售货员说："只有一个，摆出来看
看，不卖的。"结婚三十多年，雷颂平终于见到了丈夫的家人，她对
他们感到亲切和喜欢。

> 大嫂人好漂亮，穿了旧式的袄，很美丽，个子很娇小。
> 我们很喜欢彼此，可是语言不通，我们两个人拉着手，我走
> 一步，她走一步，我对她说："你真是美人啊！"

那一年吴文津还在上海华东师大讲学，周末两个人同游西湖，风
景很美，但是公交车太挤了，雷颂平挤不上去就说等下一趟车，吴文
津告诉她，那样就永远上不了车了。等了很久好不容易才上了车，里
面的人你推我搡，雷颂平感到很不习惯。

> 大街上都是很好听的标语，写着"讲礼貌""讲清洁"，

但是坐公车的时候乘客都在使劲挤别人。我跟他们说："标语上的怎么都没做到？"他们就看看我，然后接着挤。

# 与中国学者交往

八九十年代中国学者访问哈佛大学都要到燕京图书馆去，吴文津总会尽力招待他们，吴家的热情好客是有名的。现任斯坦福大学图书总馆顾问邵东方先生曾经告诉我，吴先生担任馆长期间，接待了无数来往的客人，促成的"学术姻缘"数不胜数，哈佛燕京图书馆因此也就成为学者们的"水陆码头"，其中就包括他的老师刘家和教授到哈佛大学做访问学者时，吴文津请刘家和教授与杨联陞教授一同吃饭，促成了两人多年的学术往来，而刘家和教授对此一直十分感激。吴文津一直保持中国传统待人接物的方式，令远道而来的学者们都深感亲切。

许多人在后来的著书立说中，都不忘记感谢吴文津的热情帮助。其中颇有代表性的是著名历史学家杨天石先生，令他大感兴趣的胡汉民手札正是吴文津为燕京图书馆收藏的，该手札的收藏始末在本书第七章中已经交代过，在此引用一段杨天石先生的《访美漫记》：

> 7月5日，会见哈佛燕京学社吴文津馆长。吴馆长既是图书馆学家，又是中国近代史专家，承他相告并惠允阅读馆藏胡汉民晚年往来函电。这是一批珍存于保险柜中的未刊资料。粗粗翻阅之后，我立即被这批材料迷住了，感觉到它包含着30年代中国政坛的大量秘密，但是，它使用了许多隐语、化名，很难读懂。这倒激起了我强烈的兴趣。于是，一边阅读，一边揣摩，幸而大部分破译，举例如下：
>
> 门，门神，蒋门神，均指蒋介石，取《水浒》中武松醉打蒋门神之义。
>
> 不，不孤，均指李宗仁，取《论语》中"德不孤，必有

邻”之义（李字德邻）。

水云，指汪精卫。宋代词人汪元量有《水云词》，故由此取义。

香山后人，指白崇禧。唐代诗人白居易字香山，故由此取义。

渊，指张继，取《礼记》"溥溥渊泉，时而出之"之义（张字溥泉）。

远，指邓泽如，邓字远秋，从中取一远字。

马，马鸣，均指萧佛成，佛教有马鸣菩萨，由此取义。

跛兄，跛哥，均指陈铭枢。1931年陈在香港，所住旅馆失火，陈从窗口跳下，自此不良于行，故以此称之。

矮，矮子，指李济深；有时指日本。

其他如马二先生指冯玉祥，八字脚指共产党，都是容易想到的。随着化名的破译，有关函电的内容也就豁然贯通。终于从这批函电中发现了一个迄今为止不为人知的秘密——胡汉民曾几次准备发动军事起义，推翻以蒋介石为代表的南京政府。

　　杨天石也研究第一次国共合作，和吴文津的研究兴趣相同，所以二人相熟后，杨还曾给吴提供了一些这方面的资料。杨曾经在一篇文章里提到吴文津从苏联文献中发现蒋介石1923年到莫斯科访问的详情，这篇文章后来收入其学术专著，名为《战略上之分歧：民国十二年蒋中正先生赴俄报聘之研讨》。文章分析了1923年蒋介石受孙中山指派赴俄访问的真实目的：当时英美支持北洋政府而不支持孙中山，所以国民党需要的物资尤其是军火，想通过长江运输阻碍良多，因此谋求与苏联合作，通过苏联向中国西北运送物资，但遭到了斯大林的拒绝，理由是政治动员应在军事行动之先。苏联的重要考虑还包括维护其在蒙古的利益，以及发展强大的中国共产主义运动，因此蒋的访问原本就没有成功的可能性。然而对于此次访问的目的，外界无从知晓，胡佛研究所所藏《蒋介石日记》中也语焉不详，而吴文津利用俄国方面的资料分析解答了这一问题，杨天石对此非常欣赏。

从哈佛燕京图书馆获益的中国学者很多，许多人在参观使用图书馆后也提出自己的疑问，葛剑雄先生在自己的《读万卷书——葛剑雄自选集》中提到，1985年在哈佛燕京学社访学期间曾经赶上图书馆处理复本图书："一大堆书放在那里任凭挑选，一般每本收一美元，有的几本收一美元，甚至一大捆才收一美元。我是第一次遇到这样的机会，等我下午去时，剩下的书已不多，不再收钱，看中的拿走就是。"所谓的复本，就是图书馆中多于一本的重复书籍，一般在年底时会被处理掉。葛先生提到其中有不少签名书，如他自己就买到了学者罗香林签名题赠的《兴宁语言志》，与此同时他也产生疑问：此种情形是否会影响作者向图书馆赠书？是否会被认为对作者的不尊重？而这些问题都得到了吴文津的耐心回答。我在斯坦福读书时也曾"白捡"过图书馆清理的复本书，上面写明由某某基金会赠送，于是也好奇问起吴先生这件事，他告诉我关于图书馆是否应该保存作者签名赠书或者文章抽印本（指将一篇文章单独印行的小册子）的事不是那么简单，因为它牵涉到图书馆的基本任务问题。

> 图书馆与博物馆的任务不同，前者主要的任务是收集和供应研究资料，后者是保存文物。因为图书馆不是博物馆，捐赠给图书馆的书籍也不太可能像文物一样被"子子孙孙永宝用"。所以保存作者签名书籍并不是因为有签名就必须要保存，而是那本书是否有学术价值值得保存。如果那是一本重本的话，我认为有签的那一本应该保存，但也并非绝对。复本清理有几种方式，有时候是赠送给其他图书馆，对方如果需要这些书只负担运费即可，也有的就在学校里出售或者赠送了。因为图书馆的空间有限，有限的空间有时比书更珍贵。有时清理的复本可能有签名，但这并不涉及是否尊重作者或是捐赠者的问题，因为这是图书馆的功能和性质决定的。

吴文津（前排右二）、雷颂平（前排右三）、善本室主任沈津（左五）和中国的访问学者们在吴寓

吴先生的讲解让我更加了解图书馆的运营——更好地利用图书馆资源，最终的受益人是读者。

## 第十章

『哈佛因你而成为

一个更好的大学』

# 为哈佛募捐

到了 1990 年代，也是吴文津在哈佛的最后十年，整个哈佛开启很大的募捐运动，图书馆也在其中。由于日本、韩国等国货币对美元升值，书价也相应水涨船高，其中日本书尤其贵。另一个原因则是业务范围扩大，例如制作微缩影片、推动电脑化、收集范围扩及视听资料等，人工费也高涨。很多图书馆买书的经费削减得厉害，买书预算原就不足，可以说是"截短补短"。吴文津作为馆长频繁地到美国本土各地以及日本、韩国、中国台湾、中国香港出差募集款项，这是个很不容易的工作，募捐的人要诚恳、具有说服力，又不能违背学校关于募捐必须遵守的原则和牺牲个人的形象。

> 哈佛当初请我去做馆长，如果那时候告诉我说"你的任务之一是要去募捐"，我可能不会去。我的经验是——伸手去管别人要钱，是大部分中国人不愿意做的事情。但既然已经去了哈佛，工作上有这个需要，非做不可，也是一个挑战。

募款的对象往往是哈佛校友。费正清教授数次热心地陪吴文津一起去募款，他慷慨激昂地对被访问的人说："一流的大学，必须有一流的图书馆！"有次吴文津陪哈佛校长德里克·巴克（Derek Bok）经夏威夷到亚洲募款，先由校长请吃晚饭，校长亲自出面请客招待，吃过饭后具体募款由手下人进行。

> 我们当时精心设计了一份介绍哈佛燕京图书馆的彩色小册子，包括图书馆的历史沿革，以及它如何支援哈佛大学和全美东亚研究和教学的工作。我们募款主要目的是设立图书基金和支持图书馆一些特定的工作项目，比如自动化工作开启等。图书基金则是永久性的，使用年息作采购的经费。

吴文津夫妇与何清（Ho Chinn），1978年摄于哈佛大学教员俱乐部

　　当时哈佛大学规定在图书馆建立一个命名的图书基金需5000美元。吴文津在哈佛燕京图书馆前后设立一二十个这样的图书基金，大多超过5000美元的最低要求。到吴文津退休时，图书基金的总金额达到237万美元，加上专用于非基金、用于短期特殊项目的费用，总共募款550多万美元。

　　吴文津出面为燕京图书馆募捐，按照他一贯行事为人的作风，向别人细致地介绍图书馆正在做的项目，耐心阐明资金的重要性，不仅许多人因此而慷慨解囊，在此过程中还交到不少朋友，哈佛的"吴文津图书基金"（Eugene Wen-Chin Wu Book Fund）就是他的一位朋友、檀香山著名企业家何清（Ho Chinn，1904—1987）捐赠的。当年吴文津请何清为燕京图书馆捐款20万美金，将一个阅览室以他的名字命名。两个人相熟以后，何清说："我来捐一笔钱，以你的名字命名。"1986年就捐款成立以吴文津命名的图书基金。

　　募款活动成绩斐然，吴文津把自己的经验做了个总结：

　　　我的经验是如果你想做好这项工作，先要考虑两个主要问题：第一，你要钱要做什么？对整个东亚研究有什么好处？

有什么重要性？第二就是人的关系：别人是否喜欢或是信任你？觉得你老实？这些是主要的问题。还有就是要有耐心，人与人之间关系建立起来之后，我再去找人家，总是有求必应。

他还说募捐得到的资金要能按照自己的意愿使用，不能为了募到钱，就被捐款人牵着鼻子走，更不能在募捐过程中卑躬屈膝。吴文津说话做事一向有理有节、不卑不亢，深受捐款人的敬重，这既是一种品格，也是一种修养，他将这种不加矫饰总结为"做自己"：

还是要 be yourself（做自己），不能假装，因为关系是长期的，不能为了一件事情出卖自己。

和吴先生的相处过程中，常常感到他的正直和诚恳，他非常注重事实的严谨和表述的精确，也许这是图书馆学家的特点，也许正是因为一丝不苟和实事求是的性格，所以才特别适合图书馆工作。无论大事小事，工作与生活上的，他都绝不会刻意取悦别人，正是这一点，格外让人尊重和佩服。

有一件生活小事，很能体现他的处事风格：师母陈毓贤曾经和吴太太都到同一个理发师那里，有次理发师用的染发剂致使师母头皮过敏了。后来吴太太问师母为何不再去那里剪发，师母就告诉了她。有一次理发师问吴太太："苏珊（师母英文名）怎么不来了？"吴太太怕理发师知道了尴尬，就善意地告诉她苏珊出门旅游了。一天吴太太和师母聊起这件事，吴先生在旁边听到了，一直大声反复对吴太太说："你应该跟她（指理发师）说实话！"其实在美国，这种"实话"大多数人都不会直说，怕引起对方的不快，吴太太心地善良，不想让理发师觉得难堪或内疚，但吴先生就是一个实话实说而直来直去的人，在他看来，事实比什么都重要。正是因为他的诚实在工作中有目共睹，才能积累如此高的威望。

# "哈佛因你而成为一个更好的大学"

1990 年吴文津接受台北《远见》杂志采访时，曾被问到"一流图书馆馆长的任务为何"，他给出了既凝练而又详细的回答，而这一切都是他身体力行的。

一、一个大学的研究图书馆必须要有一批不但具图书馆专业知识，而且对于该馆未来所想发展的每一学术领域（如本馆的中日韩历史文化）较有研究的菁英人才，从事馆藏发展工作。因此馆长的首要任务是罗致一流人才。

二、馆长务必要办好图书馆的公共服务、读者服务与读者咨询工作。如果使用者无法有效的利用图书馆，就是图书馆未尽其责，虽然这种工作不容易做得好，但仍要以尽善尽美的心意去做。

三、馆长应该把主要的时间花在策划和解决问题上，把日常业务全权交由他人处理。

四、馆长要与外界保持最大幅度的接触，尤其应和学校的教授、行政人员保持融洽关系；明了其他学校的图书馆在做什么；并且要有远见，掌握未来几年学者的研究动向。所以我经常鼓励本馆的各部主任去听演讲、开学术会议。

五、馆长和各部的负责人应尽可能地从事研究出版工作，因为不做研究，是很难明了"使用者"的需求。这种研究，不论专著或论文；也不管与图书馆专业有关与否，都能令人深切体会图书馆资讯服务的复杂化，从而得到许多改进图书馆的启示。

六、私立大学的馆长要额外担负募款任务。

能够做到这一切，不仅因为他具有先进的理念，还要有坚定的意志和不屈不挠的精神。

1990 年代图书馆数字化已经成为潮流，哈佛开始将各个图书馆的卡片目录转变成机读格式的时候，却没有把燕京图书馆包括在内，官方的解释是费用太高，吴文津对此"很不以为然"，觉得哈佛大学的大学部图书馆（Harvard College Library，通称 Widener Library）"对我们有点歧视"。面对此种棘手情况，他并不想争执，当时哈佛此项工作的费用分配办法是由每个图书馆自己找一半钱，学校提供一半钱，便自己想办法把这项工作先做个开头，再积极寻找后续的资金。

> 我心想："你们这么对待我们，走着瞧吧！"我找"联机计算机图书馆中心"（Online Computer Library Center，简称 OCLC）询问要把哈佛燕京图书馆的中日文卡片目录转为机读式需要多少钱，他们报价 220 万美元，所以我们需要自己找 110 万，再向校方找另外 110 万。我找到台湾《联合日报》的社长王惕吾，募到了 25 万，到"韩国基金会"（Korea Foundation），募到 10 万，拿到以后就跟"联机计算机图书馆中心"签约，做一个 pilot project（试点项目），这样我再去和哈佛燕京学社请求资金支持（彼时哈佛燕京图书馆已经从哈佛燕京学社中分出），说的时候就比较有利，因为项目已经开始了。

万事开头难，已经上马的项目更容易得到关注和支持。吴文津用最初募到的款项，把四万余种中文资料目录和一万七千多种韩文资料目录成功地转换成机读格式。1995 年在文学院院长亨利·罗索夫斯基（Henry Rosovsky）教授和哈佛燕京学社社长韩南（Patrick Hanan，1927—2014）教授的支持和协助下，哈佛燕京学社董事会同意拨款 110 万美元，这样再由校方支持剩下的 110 万，就将燕京图书馆剩余的三十多万种资料目录转换成机读格式了，可谓是水到渠成。

在大家的不懈努力下，哈佛燕京图书馆成为当时唯一可以提供全部机读格式卡片目录的主要东亚图书馆。这一项工作不单是哈佛受益，其他较小的东亚图书馆都藉此不必再重复这项工作，因为哈佛燕京图书馆的馆藏基数很大，差不多包括了其他较小的东亚图书馆的藏书，他们可以利用哈佛燕京图书馆已经转换成机读格式的目录了。此外，全世界的读者都可以轻而易举地线上查询哈佛燕京图书馆的目录。为此"联机计算机图书馆中心"（OCLC）为吴文津颁发了奖状，感谢他为全世界图书馆目录做出了贡献。

吴文津退休前夕，发生了一件很不愉快的事情——居然有人想要强迫他辞职。这件事要从燕京图书馆归属的变动说起：哈佛燕京图书馆自 1928 年创立以来，哈佛燕京学社一直对其提供资金支持。随着燕京学社和图书馆各自的开销日益增大，燕京学社的资金已经无力支持图书馆的长远发展，因此决定将管理权移交给哈佛的图书馆系统。1976 年，图书馆从哈佛燕京学社分出，成为哈佛大学大学部图书馆的一部分，是其下属的大小 20 个图书馆之一，隶属于哈佛大学文理学院[1]。

1990 年哈佛大学部图书馆新任馆长就职，他曾经在该馆任助理馆长，与吴文津熟悉，1970 年离职后，以倡导图书馆自动化著名，收获了一些名声。1990 年他回哈佛后却一意孤行，多与同僚不合，以至有因他被迫离职者，吴文津认为他和往日判若两人。其时哈佛燕京图书馆有一"咨询委员会"（Advisory Committee），由一批教授、哈佛燕京学社社长以及哈佛大学部图书馆馆长组成。1995 年哈佛燕京图书馆卡片目录转换成机读格式后的会议上，吴文津报告该项工作的进展过程，说跟"联机计算机图书馆中心"（OCLC）的工作关系非常愉快，准备和他们继续合作，进一步发展图书馆自动化的工作。对此，这位哈佛大学部图书馆馆长说这是"不明智的决定"，哈佛燕京图书馆应该选择与"研究图书馆团体"（Research Libraries Group 简称 RLG）合作才对，因为 RLG 是专为研究图书馆设立，并且已经开始发展处理中日韩文的工作，"联机计算机图书馆中心"（OCLC）服务的对象则是普通图书馆。吴文津说："理应如此，不过自动化的工作日新月异，需要充分的经费和足够的人才来发展，在这方面 OCLC 的成就有目共睹，有记录可查。"当天下午这位先生给吴文津电话，质问他为什么

---

[1]　文理学院包括哈佛大学大学部（Harvard College）、研究生院（Graduate School）和若干研究所，是哈佛大学各学院中的龙头。

要在会议上和他唱反调，并且说："六个月以内 OCLC 的中日韩文的工作就会垮台。"在挂电话以前，他又对吴文津说："我要你辞职！"吴文津平静地问为什么，他说："我需要一个能够跟我合作和听话的人。"吴文津不紧不慢地答："你让我想一下吧。"面对这位先生如此无理的要求，他表现得不动声色，但心里却起了一些波澜。

> 我想他提这种无理要求应该是因为哈佛燕京图书馆是当时唯一没有加入 RLG 的主要东亚图书馆，我拒绝参加的立场让这位先生在他 RLG 的同僚面前失去面子。所以他恼羞成怒，强迫我辞职来挽回颜面，并取得杀一儆百的效果。但是我在这里这么多年，费尽心血，做出的贡献有目共睹，你却无故让我辞职，心里很不服气。我和哈佛研究院的副院长很熟，就去问他："这个人有没有这个权力，强迫我辞职？"他说："你让我看一下。"过了一个星期，他打电话告诉我说："我查了一下，他没有权力强迫你走。而且你已经过了六十五岁，政府现在有禁止年龄歧视的法令，他说让你走的理由不充分。如果他无故解雇你，你可以告他和哈佛年龄歧视。"

再过一个星期，那位要吴文津辞职的先生给他打电话请吃午饭，说："你不必辞职。"吴文津说："我已经知道了。"他后来跟同事说："我已经 73 岁了，本来想要退休的，其实我辞职之后收入不用交社会福利税（Social Security tax），反而可以赚得更多。但他要是强迫我辞职，我就偏偏要留在此地看谁先走。"之后，文理学院院长也约吴文津在办公室谈话，想知道那人逼吴文津辞职的详情。

不到一年后这位不得人心的先生自己宣布辞职先走了，吴文津便坦荡荡地跟着退休。最讽刺的是，RLG 后来因为经费不足，2006 年并入 OCLC，时间证明了吴文津的决策是正确的。吴文津说这件事是自己职业生涯中最不愉快的，但是结果很好，他笑称：

> 美国是个有理就必须力争的社会，针锋相对的情况避免

不了。一些中国人不喜欢正面冲突，吃了亏就在背后抱怨，不正面去解决问题，不敢争取自己的权益，因此在美国常被人"半夜吃柿子——专拣软的捏"。时间久了，累积了满肚子的委屈、焦虑与不平，精力都浪费在情绪问题上，也没办法再求进步。这种例子，我看过太多。要能够建立人际关系、据理必争。平心静气面对自己的处境，就能用节省下来的精力，改善情况。

吴太太在旁边补充了一句英语：

If life pushes you around, you need to push back.
（如果生活想要摆布你，你得反过来摆布它。）

听他们讲这一段往事，在我心中引起长时间的感慨。我很敬重吴先生沉着稳健，不失君子之风，既能坚持原则，绝不受人的欺负，而又刚柔并济，对棘手的问题也能处置得宜。他常说做领导时，对上级不能谄媚，对下级不能独裁，否则就是德行人品出了问题。

吴文津与雷颂平在吴文津的退休晚宴上

做领导绝对不能道貌岸然、拒人千里，也不能够百分之百坚持你的意见，要是下面的人有不同的意见，你应该有意愿去倾听，如果不同意对方的意见，应该作出解释。你叫下面的人去做什么事，他们也非做不可，但这样不好，要能够集思广益，不能嫉贤妒能。

吴文津退休之际，为他所举办的晚宴和招待会很多，图书馆同仁们还把他的文章精装起来，命名为《吴文津选集》。吴文津作为馆长心胸开阔、为人公允，一直很受爱戴，他的离开让图书馆同仁们难掩依依不舍之情。时任善本室主任的沈津依然记得，在郑培凯教授主持的《九州学刊》为吴文津举办的欢送会上，他发表了一段讲话，祝愿吴先生离开波士顿以后，能够享受加州的阳光海滩，含饴弄孙、身心愉快。

我讲完之后回到座位上，吴先生就坐在我旁边，他用手在桌子下握住我的手，捏了一下，我能感到他在用这种方式表达"谢谢你"的意思。吴先生不是一个习惯于当面用语言表达感情的人，但他的内心是感情细腻的。

在哈佛大学工作多年，吴文津很喜欢哈佛的治校理念——"Every tub on its own bottom"，直译过来就是"每个桶都立在自己的底上"。

哈佛不是一个权力高度集中的学校，虽然有很多院系部门，但都很独立，在不违背学校基本政策的大原则下，想做什么事情都可以放手去做，主动权在自己手里，但有什么问题和困难，也要自己去想办法处理。哈佛为什么这么好，就是因为每个愿意做事情的人，都可以发挥自己的才智，不必等有命令才做事。我在哈佛这么多年，觉得这个治校理念是最好的。

对于我来说，我在哈佛燕京图书馆所做的一些事情是原本的预算无法支持的，比如为捐赠的款项建立图书基金、收

吴文津和家人、同事在退休晚宴上。后排（左到右）：吴章敏、哈佛大学东亚语言文化系系主任包弼德（Peter K. Bol）、哈佛燕京学社社长杜维明、杜维明夫人。前排（左到右）：包弼德夫人、哈佛学院图书馆馆长南希·柯莱恩（Nancy Cline）、吴文津、雷颂平、吴章玲

> 集对学术研究有价值的非书资料、将图书馆的编目作为可机
> 读的形式等，正因为我可以放手去进行这些工作，才让哈佛
> 燕京图书馆做得更好。我认为"每个桶都立在自己的底上"
> 这个管理哲学，让哈佛得以成为哈佛。

　　吴文津对世界图书馆事业的贡献良多。他 1968 年在华盛顿美国
研究图书馆协会下设立中国研究资料中心和 1980 年代初期倡导东亚
图书馆自动化的工作已在上面提到。1991 年他组织了"使用 OCLC
的中日韩文图书馆团体协会"（OCLC CJK Users Group）作为采用
OCLC 的东亚图书馆和 OCLC 的沟通桥梁。1969 年他曾在威斯康星
大学、芝加哥大学，1988 年在华盛顿大学开办的暑期东亚图书馆馆
员培训班授课；在他的任内也曾先后被聘为伯克利加州大学、明尼
苏达大学、匹兹堡大学和多伦多大学的东亚图书馆顾问。因为他的
建树，他的母校华盛顿大学图书馆学校于 1974 年颁发给他"杰出校
友奖状"（Distinguished Alumnus Award），实至名归。1988 年他荣获
美国亚洲学会（Association for Asian Studies）该年的"杰出服务奖"

(Distinguished Service Award），至今仍为仅有的获此殊荣的图书馆工作者。奖状中有下面的词句：

> 三十年来，你一直是发展现代和当代中国研究资料的中流砥柱，我们牢记中国的传统价值，景仰你作为先驱在旁人心中激起的雄心抱负，你有惠他人的成就，以及你无私分享给他人的知识。本学会为能够表彰你杰出的事业而感到无比光荣与自豪。[1]

在他 1997 年荣休之时，OCLC 和 CEAL（Council of East Asian Libraries 东亚图书馆协会）也分别颁赠给他"杰出服务奖"；2001 年 CALA（Chinese American Librarians Association 华人图书馆馆员协会）颁赠了同样的奖状。哈佛大学校长鲁登斯廷（Neil L. Rudenstine）在贺文中除了列举吴文津对哈佛的贡献外，更在末尾说：

> 我非常高兴加上我个人以及哈佛全体同仁对他致谢。文津，你为哈佛作出了示范性的杰出贡献，发挥了重要的作用，哈佛因之而是一个更好的大学。[2]

吴文津、雷颂平两个人退休以后，因为当时儿女都在旧金山湾区工作，还有两个年幼的孙女，因此决定离开东部，搬回曾经生活过的旧金山湾区。雷颂平和吴文津在斯坦福 14 年，在哈佛 33 年，回忆在东部的这一段时光，他们总结到："在东部生活的时间长，朋友也很多，就是冬天冷了一点。"在这段日子里，他们在各自的事业做出了不俗的成绩，养育一双儿女成人，陪伴亲人和朋友，这一切都离不开相互的理解与支持。

---

[1]　此段原文为：For three decades you have been the central dynamic force for the development of research sources for modern and contemporary Chinese studies. Remembering traditional Chinese values we admire you for the aspirations you inspire in others, for your achievements which benefit others, and your dissemination of knowledge shared with others. The Association honors itself in recognizing so distinguished a career.

[2]　此段原文为：I am very pleased to add my own thanks and the thanks of all of us at Harvard for his exemplary and distinguished service to the Harvard community, Gene Wu, you have made an important difference, and Harvard is a better university because of it.

第十一章

旧金山湾区的退休生活

1990 年代末雷颂平、吴文津先后退休以后，原本想搬到西雅图。西雅图是一个理想的养老城市，那里有明净的雪山湖水，终年绿意葱茏，有"翡翠之城"的美誉。从前的人们想到西雅图，总是会想起电影《西雅图夜未眠》（Sleepless in Seattle）和那里的湖光山色。吴文津和雷颂平曾在西雅图华盛顿大学求学、相识，后在此地结婚、组建家庭，那里对他们来说亲切熟悉又充满了美好的回忆。雷家的面厂历经几代传承，在当地很有影响，而雷颂平的亲人大部分定居于此，因此他们想要融入到大家族中安度晚年。

雷家的五个孩子都很有出息，雷颂平的大弟弟雷建德（Henry，亨利），在波音公司工作一段时间后就回到面厂帮助父亲，朋友介绍了一位在香港托儿所工作的上海女孩给他，两人通信后雷建德到香港旅游一年，和这位"笔友"正式交往并结婚。结婚前雷父雷母并没见过这位长媳，就首肯了婚事，足见雷家开明。雷父晚年就是和长子长媳住在一起。雷建德现在也已经九十多岁高龄了，继承家族面厂的就是他的儿子雷基立。二弟雷麟德（Kenneth，肯尼），学习工业设计，曾自己开业，后亦返回面厂协助管理工作。有趣的是他曾经有个台湾女朋友，她的妈妈到美国来，嫌雷家看上去"太穷"，婚事没有成功，可见雷家虽是富商，也从不摆阔，如今二弟已逝。三弟雷俊德（Joseph，约瑟夫）学习会计学，后受聘加入美国联邦调查局（FBI）任调查员。雷颂平的妹妹雷淑贞（Bessie，贝茜）学习生物学，和雷颂平一样，曾任医院化验室化验师，后改行行政，先后任洛杉矶道路通行权协会办公室（Right of Way Association）主任及聚昌面厂经理。雷家第三代的子孙一直密切地保持联络。

吴夫妇之所以没有回西雅图，是因为洋儿媳的一句话。他们退休的时候，儿子章敏和女儿章玲都在加利福尼亚州的旧金山湾区，也就是吴夫妇生活过的斯坦福大学附近。儿子章敏是典型的"硅谷人"，在著名的太阳计算机系统（Sun Microsystems）做软件工程师，已经有了两个年幼的女儿。洋媳妇凯瑟琳很爱他们，很希望他们晚年能够有儿女陪伴在身旁，也希望他们能够多和两个年幼的孙女亲近。她得知公婆想要搬到西雅图居住，对婆婆说："你一生中的大多数空闲时间都和你的父母、兄弟姐妹在一起，为什么不花些时间和你的儿孙在一起呢？"这句话说动了雷颂平，也让他们感到难以拒绝。相比于当年从美国西岸搬到东岸时的踌躇犹豫，这次从东岸搬到西岸的决定做得很痛快。

从住了 33 年的地方搬走是一个巨大的工程。吴文津退休时大部分公务信函等都留在哈佛大学存档，但个人的书籍、信件、照片等资料仍然卷帙浩繁，转移到家中蔚为壮观。雷颂平至今仍然记得无论自己花多少精力整理装箱，吴文津都在不断提醒她"顶楼上还有东西"。搬家两周前，吴文津又用三辆汽车从办公室运回一大堆资料说："这些也是要带走的。"令她哭笑不得。仅仅是打包所有的资料文件，雷颂平就用了三个月，每天像上班一样从早晨就开始，一直做到黄昏。傍晚吴文津结束一天的工作回到家，说："啊……今天好累啊。"同样精疲力竭的雷颂平就话里有话地回答："是啊！我就不累，因为我一天什么都没干。"33 年的东西终于由她打点成 400 个满满当当、又厚又大的纸箱，加上家具和其他的东西，包括两部汽车，整整装满一辆最大型的运输卡车。因为他们暂住在儿子家里，运来的东西只好寄存在仓库。购置新家以后还费些时候安顿，两人的退休生活才渐渐步入正轨。

儿子媳妇找到一所很大的老房子，提前发了 99 张房子的照片给他们，邀他们同住。但吴文津和雷颂平还是觉得应该要有自己的空间，最后在帕罗奥托北边相邻的门洛帕克市，离儿子家不远处，买了一栋只有"愚公弄"约三分之一大的新住处，65 万美元成交，也就是他们今日的住宅。这座房子离斯坦福大学很近，两层楼，三个卧室，两个半洗手间（美国将没有洗浴设备的洗手间计算为"半个"），有空调设备，麻雀虽小五脏俱全。房子的好处是位置特别好，环境幽静，却离市中心很近，银行、邮局、商店、餐馆都可轻易步行到达，而且有个小小的院子可莳花。吴文津就种了各色玫瑰、茶花、绣球花……不仅在自家院子里，房门口的路边，都被吴文津种上了美丽的玫瑰。有一次和邻居陈毓贤在门外聊天，吴太太看到花儿开得正好就过去嗅了嗅，称赞道："好甜啊！"她没有说"好香啊"，因为英语里说花香是"sweet"或者"fragrant"，都有"甜蜜"的意思，她的"美式中文"还被善意调侃了一番。

对于自己的退休生活，吴先生的形容是"comfortable"（舒适），从他们井然有序的生活、互相的默契、家庭的和谐来说，确实是这样。他们的生活与奢华并不沾边，房子并不很大，没有华丽的物件，穿衣吃饭上也从不追求昂贵，在看惯了一掷千金的硅谷，这样的生活是清简而又温馨的。吴太太烹饪闻名，家里经常宾客满座。陈毓贤老师常常称赞吴太太不仅菜做得美味，而且"手很快"。他们搬到此地的第一天，吴夫妇体谅他们搬家辛苦，就让他们晚上去他家"吃个便饭"，结果去了发现吴太太做了五道菜的丰盛晚餐！因为吴太太的好手艺，被吴家宴请是一件令人艳羡的事，不但菜肴精致，桌面摆设悦目，并且还有按场合专门设制带菜单的座位卡。可惜近年因年纪关系，此种"盛况"已不再有。

## 继续支持图书馆事业

1989 年吴文津还在哈佛做馆长时，"韦棣华基金会"邀请他主持筹划此项基金的用途，退休后他也一直负责此项工作，直到 2010 年。韦棣华是在中国创办图书馆专门学校的先驱。她在武汉创办了中国第一所现代新型图书馆"文华公书林"以及中国第一所图书馆和专科学校"文华图书科"，包括哈佛燕京图书馆首任馆长裘开明先生在内的许多图书馆界领导者都是这里毕业的。她在美国募集了很多捐款，支持中国的图书馆事业，去世后朋友为她成立了"韦棣华基金"。这基金在 20 世纪五六十年代中国和美国没有外交关系期间，无法继续资助中国图书馆教育工作，年息姑且转由处于纽约市的亚洲基督教高等教育联合董事会（Unite Board for Christian Higher Education in Asia）支配。后来在吴文津的倡议下，他代表韦棣华和大陆、台湾的图书馆界联络，成立"韦棣华基金会奖学金"项目，基金会提供基金，资助有志于图书馆事业的、成绩优异和生活清苦的青年学生，所有行政事务完全由他们的图书馆协会决策管理。迄今受惠者已逾千人。促成此事的往来信件，包括得奖人名单，也都捐给台北"中央图书馆"。

吴文津工作时全力以赴，退休后坚信"不在其位，就不该对后继者的工作加以干预"，因此退得十分彻底，只有时受邀讲座，也写写文章。2016年，吴文津把他一生比较重要的文章和讲稿整理成文集，题为《美国东亚图书馆发展史及其他》，由台北联经出版社出版，其中的《美国东亚图书馆蒐藏中国典籍之缘起与现况》《哈佛燕京图书馆简史及其中国典籍收藏概况》等对美国东亚图书馆的重要著述，都是在他退休之后完成的。著名学者余英时在序言中对这部文集给予了很高的评价："我要郑重指出，这部文集具有极高的史料价值，绝不可以一般个人的文字集结视之。无论我们是要认识20世纪中叶以来中国的历史动向，还是想理解西方人怎样研究这一动向，《美国东亚图书馆发展史及其他》都能给我们以亲切的指引。"出版后有人写书评，算出他已经95岁了，写道"看来作者头脑仍十分清楚"，吴文津看了哈哈大笑。

吴先生在如此高龄之年依旧才思敏捷，与他对图书馆事业不变的热忱密切相关。他把图书馆发展相关的事事都铭刻心中，方方面面如数家珍。我们在谈话中，常常说些生活趣事，大家一片笑声，但是只要话题转到图书馆，吴先生就会马上严肃认真起来，整个人转换到正襟危坐的状态。我想无关年龄和岁月，图书馆事业永远在他的生命中占有举足轻重的地位。吴文津总说原来东亚图书馆好像是不在美国的"mainstream"（主流）内，而现在已经算纳入美国图书馆的主流了，在日后还能有更多的贡献。[1]

吴文津住在湾区，胡佛研究所的工作人员有时也来请教他。如今胡佛研究所的东亚语文书籍已分出来另辟为斯坦福东亚图书馆，成为斯坦福大学的十多所（如音乐、哲学、工程、法律等）专科图书馆之一。而胡佛研究所亚洲馆则专门收藏与近代史有关的各种文件、手稿、书信、照片等，以国民党和共产党档案以及政军要人如蒋介石、宋子文、美军将领魏德迈（Albert Coady Wedemeyer）等的日记和文书著称。

[1]　根据 CEAL（Council on East Asian Libraries, Association for Asian Studies 亚洲学会东亚图书馆协会）的统计，美国东亚图书馆二战后从1950年到1980年的数字如下：20（1950），50（1964），71（1970），90（1980）。如此可见发展之迅速。特别在1980年代为应用高科技，东亚图书馆一致采用国会图书馆编目法以趋一致之后，东亚图书馆的线上编目卡遂被收入 OCLC 为全国以及全世界使用的线上目录（online catalog; OCLC 称 World Catalog）。

有一次斯坦福胡佛研究所东亚馆的一位助理馆长请吴文津喝咖啡，讨教一些馆藏建设方面的问题。吴文津曾经说过，馆藏建设最为重要，虽然高科技可以助力很多事情，但不能替代人的努力，比如世间流散的许多珍贵资料，需要图书馆工作者不断寻找和收集。吴文津告诉这位助理馆长，听说国民党将领白崇禧（1893—1966）将军有一些重要的资料，在其子白先勇教授的手中，胡佛研究所可以考虑收藏；也就询问自己的邻居艾朗诺、陈毓贤夫妇是否与白先勇教授相熟。艾朗诺教授到斯坦福东亚系任职前，在加州大学圣塔芭芭拉分校和白先勇教授同事多年，两人还有师生之谊，经他们牵线和胡佛研究所的努力，后来白先勇教授将自己保存的很多珍贵照片交由胡佛收藏。

吴文津退休前因为工作原因曾经频繁往返台湾，从最元老的"中央图书馆"馆长蒋复璁先生，到继任的几位馆长都十分熟悉，近年该馆邀请吴文津把他一些有历史价值的文档捐赠给该馆。吴先生回复说他大部分文档都留给了哈佛，自己保存的大都是私人的东西，"中央图书馆"也很有兴趣收藏。吴先生对这项捐赠工作非常认真，2018 年到 2019 年间把自己多年储存在家里的纸箱子一个个打开，所有的文件都认真辨认，用吴太太的话说："一张明信片也不放过。"把书信、文稿、人家送的书籍单行本、照片等选出具有收藏价值的，亲自打包，纸箱子买来后嫌不牢固，又去重新买了一遍，最后总共用八九个大纸箱子邮寄到台湾。其中比较珍贵的包括陈诚、罗家伦（1897—1969）等人写给吴文津的信件。罗家伦曾任中央大学校长、到了台湾是国民党党史会主任委员，吴文津到党史会查从未公开的资料，就是经过他的特许。至于和外国学者有关的，则包括他和哥伦比亚大学著名中国历史学者韦慕庭（C. Martin Wilbur，1908—1997），还有他的博士导师罗伯特·诺斯的通信等。韦慕庭是著名的中国近现代史学者，曾经任教于哥伦比亚大学，他的代表作包括《孙中山：壮志未酬的爱国者》（*Sun Yat-Sen: Frustrated Patriot*）等，而罗伯特·诺斯则是政治学专家。

能够捐献这么多有价值的资料，也来源于吴先生"敬惜字纸"的生活习惯。我曾求证吴太太，吴先生是不是一张过去的小便条也舍不得扔掉的人，她不假思索地点点头。吴先生从东部搬到西部的东西中除了具有纪念意义的墨宝和照片外还有大量旧日的资料，许多旧物并不具有经济价值，他也不舍得处理掉。我想那些东西对他来说既有历史意义，也有情感附加值。如今吴先生的资料，仍有大批保存在家里车库顶上，卷帙浩繁。提起这些"宝贝"，他指指屋顶，笑称自己"现在也爬不上去了，需要什么还要找儿子来帮忙，找出来这个又找不到那个"。但多亏他这些年来的悉心保存和勤于整理，终于清理出不少珍贵的个人资料寄赠台北"中央图书馆"，并为这本书提供翔实而丰富的素材，有时为了书中的几句话，就需要吴先生翻箱倒柜，搜寻过去的手札和照片，但他从未有过任何抱怨推辞，令我十分感激。

## 做孙女们的保姆

吴夫妇常常戏称回加州的主要目的是"做孙女们的保姆"，儿子儿媳上班孩子就托付给他们照顾。两个孙女相差 22 个月，他们搬回加州的时候，姐姐萝拉（Laura）刚过两岁，妹妹朱莉亚（Julia）还是个不足 8 个月的婴儿。吴先生很喜欢小孩，他说因为"小孩很天真"，吴太太对吴先生此言的评价是："他也很天真。"吴太太说："小孩子玩什么他也跟着玩，所以他和小孩子特别合得来。"他们家的客厅里现在还挂着一张吴先生陪孙女玩积木的照片。两个孙女小时候活泼可爱，常喜欢和祖父开些玩笑，比如依偎在他身边，把他的头发左一绺右一绺地扎起来，有一次甚至"通力合作"，用包粽子的线给祖父来了一个"五花大绑"，吴先生从不生气，祖孙三人玩得兴致勃勃。

吴先生不失本真，很得小孩子的喜爱。教会里的小朋友，都喜欢跑到吴先生身边和他亲昵，听说有个小孩叫吴先生"圣诞老人"，这可是美国儿童对老人的最高评价。还有个很漂亮的女孩，性格非常内向，不愿出门，也不爱和别人说话，陈毓贤老师试试请她和她母亲来家里吃饭，告诉她吴先生和吴太太也会来的，这女孩居然就答应来了。后来师母对我说，因为吴文津是一个很"放松"的人，对任何大

吴文津夫妇和两个孙女（1999年）

人小孩都没有成见，即使是小孩子，也能够感觉到在他的身边没有压力。这一点我深有感触，在和吴先生密切的接触中，我仍常常忘记他是一个"大人物"，而只在心中把他当作一个可爱的老爷爷，不仅因为他温暖慈祥的笑容、风趣幽默的谈吐，还因为他从不拐弯抹角的性格，他做事情投入起来像小孩一样认真，在我们面前也会和吴太太斗斗嘴，没有丝毫"架子"或是"包袱"。

吴文津能和小孩玩到一块儿，细致的照料工作则由雷颂平负责，她是孩子们最喜欢的那种慈爱又手巧的祖母。早晨儿子把两个孙女送到家里，雷颂平已经做好早餐等她们来，照顾她们到下午三四点。一个是幼儿，一个是婴儿，作息时间很不同，很多事常常是交替进行，一个吃了睡下，另一个醒了要吃。两个孙女稍大后，午睡醒了就演戏给祖父祖母看，直到傍晚爸爸来接。吴文津和雷颂平一天的时间都被她们占满了，有一次姐姐萝拉问："下午我们走了以后，你们要做什么？"因为她们觉得爷爷奶奶做的事情都是围绕着她们的，她们走了，爷爷奶奶就无事可做了。雷颂平回答："事可多了。你们俩有时候放在地上的玩具我要捡起来，家里没打扫的地方要打扫干净。"孙女听了以后若有所思。

雷颂平心灵手巧，两个孙女的毛衣都是她打的，因为特别漂亮，被别人称为"时尚女孩"。两个孙女白皮肤大眼睛，浅色的头发，和雷颂平看不出相像，她推着孩子走在大街上，会有人凑过来问："你做保姆赚多少钱？"雷颂平就笑着傲然回答："你没可能雇得起我。"照顾小孩是很忙碌琐碎的工作，回忆起那段日子，雷颂平只感到快乐，不觉得劳累，反而留下了许多开心回忆。孙女们的童言童趣常让她感到很幸福。

> 有一次我听她们讨论"月亮上的外星人"。一个跑过来问我："奶奶，你有没有肚脐？"我逗她们说："没有。"姐姐萝拉就偷偷和妹妹朱莉亚说："奶奶不会说假话的，可能是真的没有，那她是外星人吗？"

另有一次雷颂平开玩笑地问孙女："如果爷爷奶奶老到不能开车了怎么办？"孙女说："那我们买'双人婴儿车'推着你们。"她还是个小孩，说的是英文里"婴儿车"（stroller）那个词而不是"轮椅"（wheelchair），特别可爱。雷颂平告诉了弟媳，弟媳就也去问自己的孙女同样的问题："如果我们老了不能开车怎么办？"他们的孙女回答："坐公共汽车。"她的弟媳大失所望！

吴文津陪两个孙女玩积木

姐姐萝拉说话就像是小大人一样，她有一个比她大很多的表姐辛迪（Cindy），说自己和男朋友"一见钟情"，那时候萝拉才八岁，看到两个人相处的情景，就对祖母说："一见钟情？我才不相信。如果他们结婚，我会去的，但我会告诉她：'辛迪姐姐你错了！'"雷颂平问："你为什么不相信？"萝拉见微知著地说："第一，她不应该找他，因为他不是中国人；第二，这个男生老抢话说，不让辛迪姐姐说话。"雷颂平被逗笑了，赶忙告诉她："你不能这么说，你妈妈也不是中国人。"孙女却不服气。两个孙女虽然长着洋娃娃一样的面孔，也不会说中文，但因为天天和祖父祖母在一起，耳濡目染，张口闭口"中国人"如何如何，都觉得自己是中国人。吴文津的父亲定下的字辈是"文章华国、礼让传家"，吴文津的儿女名章敏、章玲，到了孙女是"华"字辈，吴文津为大孙女萝拉取中文名"爱华"，有"爱我中华"之意，也有"爱尔兰"和"中华"的结合之意，因为萝拉的母亲凯瑟琳，也就是他们的儿媳妇，是爱尔兰裔的美国人，还有就是从雷颂平母亲伍爱莲的名字中取出一个"爱"字。第二个孙女朱莉亚名淑华，从吴文津母亲杨淑贤的名字当中取出一个"淑"字，外孙女阿莉莎（Alyssa）则名嘉华，意为真善美的美德。

雷颂平对待孙女和风细雨，从不训斥她们，她告诉我："年轻的父母不要打骂孩子，做好的称赞，做不好的不要骂，就像是和成年人一样说话，注意说话的方式。正如一句有名的话说的那样：'重要的不是你说了什么，而是你怎么说的。'孩子知道大人不喜欢什么事情，就不会去做。"两个孙女小的时候，姐姐和妹妹吵架，雷颂平不得不说："你们再这样我就把你们分开，一个在这里一个在车库里。"孙女们就有所收敛，后来萝拉懂事地说："我不是怕你惩罚我们，但是我不想让你为了我们生气。"现在孙女长大了，雷颂平如果对她们有什么担忧，孙女会郑重其事地对她说："你把我们养大，最了解我们，我们是你带大的，绝不会做你不喜欢的事。"

吴夫妇两个人一直把孙女带到她们初中毕业，上高中以后吴文津有时还开车接送，雷颂平曾说搬回加州以后的"最先15年每一天都是她们的"。从世界著名的图书馆学家和中国城里活跃的社会福利工作者，一下子变成两个小宝宝的"保姆"，吴文津和雷颂平不但角色转变迅速，而且胜任愉快。在美国很少有祖辈帮忙带小孩的，而且一带就是15年，一家三代人始终幸福和睦，没有产生任何矛盾，可见他

吴文津、雷颂平和两个孙女（2015 年）

们的内心既是传统中国的祖父母，享受着含饴弄孙的温情，又能在和后辈的相处中体现涵养和耐心。雷颂平说，萝拉和朱莉亚现在给她打电话还会说："奶奶，我真的好想你啊！"

## "收养的意义，就是给人以新的生命"

吴夫妇搬回加州的时候，女儿吴章玲在湾区做社会福利工作，数年后到东岸华盛顿的高立德大学（Gallaudet University）念了心理健康学硕士，接着又到加州专业心理学大学（California School of Professional Psychology）进修，获心理学博士学位。毕业后回高立德大学执教。高立德大学是美国唯一为聋生设立的四年制大学，由联邦政府资助，学生中有 90% 是聋生。吴章玲任辅导系（Department of Counseling）教授，训练为聋生服务的工作。所有课程都用手语教授。她在台北启聪学校任教时有一位很聪明的学生，后来在她的帮助辅导下申请到高立德大学入学，成绩优异，特别在艺术方面很有特长，毕业后被美国的国家博物馆系统，也是世界最大的顶尖博物馆体系华盛顿史密森尼学会（Smithsonian Institution），聘任担任展览设计的工作，一直到现在。

吴夫妇八十多岁的时候，家里有一件意义重大的事——雷颂平陪章玲从中国收养了一个三岁半的女孩，就是他们后来十分疼爱的外孙女吴嘉华，英文名阿莉莎（Alyssa）。

领养的事由美国的专业机构和中国对等的部门合作处理。在申请时需要提供一些重要的个人资料，比如学业、家庭状况、工作职位、健康情形、收入多少，并且要说明想领养小孩的年龄等。当章玲申请从中国领养孩子的时候，因为在教书无法照顾新生儿，因此申请领养一个年龄在两岁左右的孩子，等了四年，才等来阿莉莎。申请书交上去以后，还有专门的社会工作人员来申请人的住处进行详细的家庭访问。被批准以后，所有的资料再送中国对等的机构审查备案，由他们选择匹配（match）以后，再由美国的机构通知申请的人，在两个星期之内做决定是否要领养那个选定的小孩。中方发来的资料只是有小孩的性别、年龄、简单的身体检查报告和照片，同时也注明什么时候和到什么地方的孤儿院（现名"儿童社会福利院"）去领养小孩，旁的什么信息都没有。阿莉莎的一点点身世是吴章玲和雷颂平到南昌之后才知道的。

阿莉莎是江西人，出生一两天后就被人放在孤儿院的门口，不知道父母是谁，当时她的脐带还拖着一段没有剪好，可能不是在医院里出生的。她属于江西抚州的一个孤儿院，可以领养的时候雷颂平和女儿章玲一起去接她"回家"。她们同一架飞机有八个美国家庭都是去中国收养孤儿的，还有一位美国领养机构所派的小儿专科医生做她们的咨询者。去中国领养的一位美国先生认真地问雷颂平："我怎么用中文说：'I am your father；I love you'？"雷颂平一字一字地教他："我—是—你—的—爸—爸。我—很—爱—你。"那个人练了一路，虽然还没见到孩子，但一直在心中假想着见到孩子时说这句话，说着说着眼泪都流出来了。他收养了一个刚刚接受手术的男孩子，经过在美国的继续疗养，现在已经非常健康。

孤儿院把小孩子们带到南昌的一家旅馆，领养家庭都在那里等待，这样可以避免直接从孤儿院带走小孩，让还没有人领养的孩子伤心难过。在旅馆见面时，雷颂平在美国就已经看过南昌孤儿院寄给吴章玲的照片，所以一下就认出了一群小婴儿中的阿莉莎，她是孩子中年纪最大的，也是唯一一个会走路的孩子，正在一级一级地跳上楼梯。小孩们到旅馆大厅以后，一位孤儿院的工作人员就把阿莉莎带到雷颂平母女面前，简单地说："这是你们的孩子。给她东西吃，她喜欢吃。"就转身离开了。雷颂平给她一个大拥抱，把带去的一个布制的小熊猫玩具给她，就把阿莉莎交给吴章玲，对她说"这是你的妈妈"，吴章玲就把她抱到她们楼上的房间了。

　　阿莉莎刚看到她们的时候怯怯地不愿亲近，上楼后她一直哭，大声叫："我要回家！我要回家！"旁边比她小的小孩也都哭起来，整层楼吵闹得天翻地覆。一位送她们去旅馆的孤儿院人员跑上楼给阿莉莎讲了几句话，大概是吓她的话，之后阿莉莎就不哭了，旁的小孩们也就慢慢地不哭了。这位先生又去对领养小孩的父母说："我们要去市政府登记，完成你们领养的手续。"于是大家坐上已经准备好的巴士，一直等到吃晚饭的时候才回来。因为阿莉莎整天没有吃饭，她们带她去吃晚饭时，看见桌上那些菜，她说："这些都是给我的吗？"也许从来没有吃过这么丰盛的一顿饭，于是她大吃一顿。但她还是恐惧和紧张，一直说："我要回家，我要找姐姐！"原来她被收养之前住在一个寄养家庭，那家有个姐姐。她的恐惧和紧张的心情很容易理解，因为不知道为什么自己忽然又被"抛弃"，而跟陌生的人在一起。她熟悉的东西环境都不见了，一切都是未知数。那天晚上她不肯换衣服，也不脱鞋袜，坐在床上不肯睡觉，雷颂平和女儿章玲就也不睡，合衣陪她坐着。第二天她们一同出去逛街，给她买了一个小背包，跟她们一起去南昌的一位章玲几十年的同僚好友南希（Nancy）又给阿莉莎买了8双布鞋！她们对她的关怀让阿莉莎知道吴章玲和雷颂平都不是坏人，才开始有些安全感了，也不再叫要回家看姐姐了。她后来回忆说，当时她愿意跟婆婆（外祖母）走，"因为她是老人，老人不大可能是坏人"。她们到广州的美国领事馆登记，三岁半的阿莉莎从领事馆拿到美国国籍后，便一起回美国。

　　吴章玲非常爱护这个女儿，阿莉莎也渐渐敞开心扉，把她当作自己的亲生母亲，如今母女关系好得不得了。她们并不避讳阿莉莎是领养的这个话题。有一天阿莉莎对章玲说："妈妈你能不能把我变成一个小宝宝，到你的肚子里再出来。"章玲说："小宝宝有什么好呀，又不会吃饭和说话。"阿莉莎抱着她说："因为我要在你的肚子里亲亲你。"吴文津和雷颂平完全把阿莉莎当成亲外孙女一样疼爱，章玲和阿莉莎虽然生活在东部，但时常和他们通电话，一有机会就会来看他们。阿莉莎因为有对眼，去看眼科医生，医生说要戴眼罩，一礼拜换一个，雷颂平亲手缝制了很多，比医院里 10 美元一个的还要好，医生惊讶地说："你为什么不给我做，我可以帮你推销。"现在她的对眼已经完全矫正，只需要戴眼镜就行了。阿莉莎特别喜欢公公（外祖父）吴文津，她小的时候曾经认真地宣布："我长大了要和公公结婚！"

　　如今阿莉莎 13 岁了，已上初中，聪明又懂事，吴先生和吴太太给我们看过照片，是一个很有气质的小女孩。她在学校的成绩很好，也喜欢户外活动，尤其喜欢踢足球和骑马，曾经得到许多 8—12 岁组的赛马冠军。她和她妈妈养有一匹雪白的马叫 Marble（大理石的意思）。除了体育活动，礼拜天下午她还上中文学校，以防她把中文完全忘记了。她的愿望是以后到斯坦福大学读书。吴太太告诉我，她的亲戚收

吴章玲、阿莉莎与她们所养的马

养了一个小孩，阿莉莎听说了之后说："收养的意义，就是给人以新的生命。"我想，只有在充满爱的家庭里长大，而又十分有思想的孩子，才能有这样的体会。

有意思的是，吴夫妇儿女的趣事，大多都是吴太太告诉我的，吴先生插话并不很多，但是有关孙辈的话题，吴先生却津津乐道。我想一来可能是他们自己的儿女小的时候，吴先生的工作很忙，陪孩子的时间很有限，深层的原因也许是他们对待儿女，还是有点中国传统家庭里"严父慈母"的影子，吴先生在儿女的面前，还是有些旧式家长的含蓄深沉，但他在孙辈们面前却完全

吴文津为女儿吴章玲、外孙女阿莉莎和爱犬"宝宝"所拍的照片

放开了，祖孙之间则更偏向轻松快乐的美国育儿方式。吴太太任何时刻都那么开朗热情，是一个闲不住的慈祥老奶奶，而吴先生则很明显有着幽默放松的一面和庄重严谨的另一面，轻松的时候爱开玩笑，笑起来就像是孩子一样，而严肃起来也令人望之俨然，我想和孙女、外孙女的相处很好地激发出了他内心柔软快乐的部分。显然，两个孙女上高中以后他们都感到寂寞，因此很快就养了一只可爱的小狗。

## 教会生活

吴夫妇退休后，教会是他们生活上很重要的一部分，成了他们的第二个家庭。他们 1940 年代在湾区居住时华人很少，就参加了他们所住的帕罗奥托市中心的白人长老会，当时帕罗奥托市区向南发展

很快，好些教会的会友都住在南郊，吴氏夫妇也住那里，因之有十几家人，包括吴文津和雷颂平，组织在南郊植会，经过努力，终于成立"圣约长老会"（Covenant Presbyterian Church），那间教会到现在都还是很兴旺。1990 年代末再回加州发现此地华人很多，起初找了一个讲广东话的教会，后来去了一个大家都说普通话的"基督之家"，离他们家很近。也多亏了这个教会，雷颂平的普通话讲得越来越好了，因为会友大都来自中国台湾和大陆。"基督之家"于 1969 年在台北由寇世远监督建立，1978 年来旧金山湾区植会，在加州红木城（Redwood City）聚会多年，1992 年迁至吴夫妇现在所居住的城市门洛帕克，在此地购买了一所韩国人教会的会堂，房子很小，不敷使用，在外面还要搭敞篷，大家便决议建新堂。会友竭力支持，在三个月内 200 余会友捐献两百余万美元。

会友们才华满溢，各尽其力，由新堂之设计至施工之监督至预算控制，都由会友负责担任。当时有三位办事尤为热心的男士，一个 60 岁、一个 70 岁、一个 80 岁，昵称"三剑客"，吴文津就是 80 岁的那一位，教会文件的翻译大多是吴文津来做。雷颂平则开一个烘焙班，收的学费捐给教会，还义卖烘焙点心，募到了 1700 美元。"基督之家"发展迅速旺盛，现在旧金山湾区共有七家"基督之家"教会。他们除每星期天去做礼拜外，还加入了每个月与其他长者餐聚的"长青会"团契和"爱家团契"的活动。雷颂平还参加每个月聚两次的"姊妹查经班"，查经后分享各人自己做的好菜。我曾经去过一次雷颂平教会的"姊妹查经班"，她是其中年龄最大的，大家都争着迎接和搀扶她；本来规定 90 岁以上就不用带食物的，但她每次都做了美味佳肴带过去。此次她带了一大盘自己做的甜点，人人喜欢吃，却都埋怨她又辛苦下厨。雷颂平说："我不做，反而一夜都会睡不着觉。做了之后，反而睡得特别好。"吴太太在查经过程中很安静，并不是喜欢侃侃而谈的那一类，她不是专注地看着眼前的纸页，就是静静地聆听思索，和人交谈时散发着一种仁爱的光辉。我每次见到吴太太，她总要和我拉拉手，拉手后还意味深长地攥攥我的手。我很喜欢和吴太太握着手，她慈祥的手虽然有年龄的痕迹，但依然可见年轻时的白皙纤秀，充满着善意和温柔。

教会有什么庆典，吴文津便兴致勃勃地替人拍照，晚睡的他往往该晚便把照片整理好传出，与会人第二天一早便在网上看到。他兴致来时还喜欢写圣诗，教会里有位名叫陈凤娇的女士，懂得谱曲，是台湾花莲太鲁阁人，给吴文津写的词谱出来的歌富有中国古调风味，大家都喜欢唱。吴文津写的圣诗里有一首我特别喜欢，题名《神的恩典够我用》，里面既有《圣经》中的句子，还有中国古代的诗歌，体现了作者中西合璧的思想：

> 不用忧、不用愁，神的恩典够我用。
> 我们的弱点他知道，我们的需要他明了。
> 诚心祷告、顺服信靠。
> 他会给我们指引，他会为我们开导。
> "山重水复疑无路，柳暗花明又一村"。
> 感谢神！他的恩典够我用！
> 今日怎？明日又？神的恩典够我用。
> 欢乐忧伤他都掌握，生命蓝图他都规划。
> 只需祷告，求他带领。
> 走向他指引的路，信靠他赐的应许。

2017 年 11 月 19 日，姊妹查经班演唱吴文津作词、陈凤娇谱曲的《神的恩典够我用》

"抽刀断水水更流，举杯消愁愁更愁"。

信靠神！神的恩典够我用。

这首圣诗合唱的视频他放在 YouTube 上，已经被听过两千多次。

在我和吴夫妇的交往中，如果请教他们如何解决人生中的某些疑难，他们会诚恳地谈起信仰的力量，也会告诉我基督教信仰如何将他们塑造成今天的样子。我喜欢听他们信手拈来《圣经》中那些充满智慧的语句，也感动他们从未对我"传教"。自从到美国之后，我总有机会接触到教会，这是从前在中国不曾有的体验。美国的各个基督教会往往会和当地高校的学生会合作，做一些帮助新生的工作，包括请这些初来乍到的年轻人吃饭，带他们去办一些申请手机号和银行账户之类的琐事，让他们感到家庭的温暖。这样的活动我也参加过，并结识了几位很有爱心的长辈，在他们聚会的时候，我也会去帮忙做做菜，因此对教会生活并不陌生。在我这个局外人看来，吴先生和吴太太特别令人佩服的地方，是他们的虔诚，但并不让他们周围的人感受到丝毫压力。在他们身上，我看到了信仰真正的意义——对周遭万事万物的理解、尊重并与之和谐共处的能力。这种优雅的教养实在比任何说教都令人尊敬和感动。

吴先生说基督教对生死、金钱、婚姻等问题都讲得十分透彻，其中许多思想和中国传统文化都有相通之处，比如"生死有命、富贵在天"的思想，他告诉我，人在遭遇困难的时候，反而是最大的历练。就像他在圣诗中引用了陆游和李白的名句，人生的困苦、平顺、欢乐、悲伤都只是一时的，逆境可能带来希望，顺境可能带来不满，只有超脱眼前的得失，才能得到永恒的安宁和解脱。吴夫妇二人都深受东西方文化的影响，可贵的是两种文化并没有在他们身上斗争决裂，反而融会贯通，成就了他们豁达圆融的人生哲学。

## 第十二章

文明新旧能相益，
心理东西本自同

两位老人虽然少年离乡，已经在海外定居 70 余年，但年近百岁的他们时常流露出对故乡浓浓的眷恋。

1990 年代以后回国较为容易，吴夫妇 2005 年带了儿子一家去了四川，不仅游览了青城山、都江堰、九寨沟，还到大熊猫繁育基地去看了大熊猫——"他们快乐死了"。其中洋媳妇是最享受的一个人，她学过一点中文，对中国什么事物都有兴趣。雷颂平跟别人说萝拉和朱莉亚是自己的孙女，大家都不相信，说两个女孩像是"洋娃娃"。两个孩子不会中文，吴文津家里只有他哥哥的小女儿可以和她们讲英文，但是很奇怪的是她们和所有人好像都没有什么隔阂。吴先生谈到此事时对我说："那可能是一种无言的默契罢？"两年后（2007 年）吴夫妇再回中国，在成都和亲人共度 85 岁生日，孙女们很羡慕却又不能同去，就抱怨说祖父祖母独自回中国，真是"不公平"！

2005 年吴文津回乡之时，当地门户网站"四川在线"发表了一篇报道《哈佛燕京图书馆长漂泊 60 载举家回川探亲》，里面的许多细节读之令人动容。吴文津在接受采访时说："孩子们一出生就在美国长大，这一次我带他们回来，是想让他们知道，自己的根在成都"，"我告诉他们要以身为中国人为荣。"

吴文津那次回乡，专门到宝光塔去祭拜了双亲。他幼年时父亲早逝，而母亲去世时他身在美国，毫无所知，1979 年回国时想去祭拜，却已经找不到两位老人的安息之处了，那两个在宝光塔的牌位是后来家里补设的。吴文津的另一个遗憾是大慈寺正在重修，没能到那里重温和母亲在一起的时光，"以前母亲喜欢带我们去大慈寺烧香拜佛，所以那里有关于我们全家生活的记忆"。

都知道吴先生退休之后的一大爱好是种花，我是读了"四川在线"的文章，才知道这份爱好中也有一份厚重的乡情。

虽然不能与故土长相厮守，在这位传奇老人的血脉里，故乡却幻化成庭院里的一株幽兰，与他朝夕相伴。"你看啊，这些全是我栽的花，有好多种！"吴文津翻开手里紧紧攥着的一本相册，每一页照片都是他梦里的牵挂，"这是茶花，这是灯笼辣椒，这是百合跟杜鹃。这些都是中国品种"！吴文津说，很想买些中国的黄桷兰栽在家里，"可惜，在美国没有找到"。

我虽然只去过成都两次，但却对这座城市的黄桷兰印象非常深刻。和西式花店里整齐排列的花束不同，黄桷兰卖的是一朵朵待放的花苞，卖花的老婆婆用缝衣针把每两朵花穿在线上，挂在一根光滑的竹竿上卖，从前一串只要几角钱，现在涨到几块钱了，依然是本小利微。我在成都看到就忍不住要买，因为喜爱那沁人心脾的味道，也想让走街串巷的老婆婆能早点回家。两朵花挂在纽扣上，一整天都被清新甜美的香气包围，干了的花蕾变成绛红色，听说还可以泡水喝，那浓浓的人情味和市井气，那山水草泽间的一缕幽香，就是吴先生所怀念的故乡吧。

2019年夏天，我到了吴先生长大的地方——成都的东珠市街，昔日的老街巷已经被一栋栋高楼所替代。根据吴先生的回忆，自家的房子和巴金家距离不远，不过自家的大门对着东珠市街，而巴金家的大门是对着正通顺街，其后门就开在东珠市街。我绕过一栋栋楼房，试图寻找旧日的痕迹：这里高层的居民楼很多，居民区里的小贩正在宰杀和清理鳝鱼，脚下一盆盆清水里还养着不少游来游去的活鳝。临街的水果店外摆着许多又甜又脆的青李子，青翠欲滴，是这一时节成都的特色——这里四处弥漫着一种成都特有的生活气息，只是没有了《家》中所描写的深宅大院。问水果店外一个眯着眼乘凉的大叔，巴金故居在哪里，他困惑地用成都话反问："啥？"沿着街道走，找到一口双眼井，是巴金家门口的古井。据说巴金1987年回成都老家，专门去看了双眼井，说了一句话："只要双眼井在，我就可以找到童年的足迹。"双眼井旁边路过一位当地的警察，赶忙询问他可否知道巴金的家原来在哪里，他仿佛随便伸手一点，指着我身后说："这！"我回头一看，是一家卖成都烧鸭子的店，排队买的人都用好奇的眼光看着我。一位摇着蒲扇的老爷爷坐在小区门口的藤椅上乘凉，身后有个"东珠市街"的牌子，问他可否在这里拍张照，他很和善地站起来，

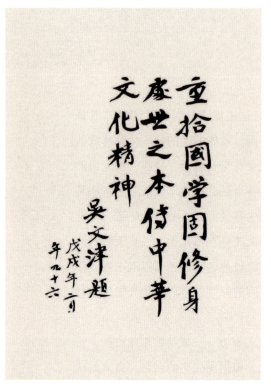

重拾国学固修身
廋世之本侍中华
文化精神
吴文津题
戊戌年二月
年九十六

吴文津九十六岁高龄时为四川师范大学、四川省文史研究馆所办的杂志《国学》题字

请教他知不知道巴金老宅原来在哪儿，他回答说巴金故居"原先就在这一带"，这是大家都知道的，"而具体是哪里，很难说得清了"。

那天在东珠市街附近兜兜转转，从烧鸭子店再走半条街，看到一座门禁森严的部队大院，门口的墙上雕刻着巴金的像和他的一句话："讲真话，把心交给读者。"原来这就是巴金故居的遗址了。后来我回到北京查阅资料，得知在巴金离家几年后的1927年，李家大院就已易主，后来此地盖起高楼，原先的建筑就彻底消失了。1960年巴金重返故地时写道："早晨经常散步到那条街，在一个部队文工团的宿舍门前徘徊，据说这就是在我老家的废墟上建造起来的。"既然李家大院已经不复存在，吴氏旧宅自然也踪迹难寻。想起吴先生数度感慨，1979年第一次回到成都的时候，房子还在，只是门口的一对石狮子没有了，而这种感慨，又与巴金是多么的相似！ 1941年1月，巴金在离家18年以后首次回到成都，在他回忆旧居的文章《爱尔克的灯光》里，巴金写道："巍峨的门墙代替了太平缸和石狮子，那一对常常做我们坐骑的背脊光滑的雄狮也不知逃进了哪座荒山。"同为在那条街上长大的孩子，无论是已经作古的巴金，还是如今年近百岁的吴文津，都将自己孩童时天真活泼的记忆，融入到对自家门前石狮子的怀念中。

后来我回到美国，将自己那天的所见所闻向吴先生细细叙述，吴先生听我说起东珠市街现在修有巴金的塑像，似乎很是宽慰，喃喃地仿佛放下心来似地说："哦，有一座塑像！"但谈起当年家门口的石狮子，又似乎略带惆怅。吴太太调侃吴先生："石狮子去了燕京图书馆啊！"因为吴先生虽然离家后再没见到家门口的石狮子，但他后来工作的哈佛大学燕京图书馆门口，恰好也有这么一对中国石狮子。吴先生认真地回答："东珠市街的石狮子没有燕京图书馆的那对底座高，但是更大些。"我心想，多么有意思的巧合。这两对石狮子，代表着吴先生从故乡的家园到精神的家园，代表着他从未远离过的家国情怀。他的乡情绝不囿于东珠市街的老巷，在大洋彼岸，在石狮子守护的燕京图书馆，他倾注了几十年的光阴和心血，将故乡的历史文化发扬光大。

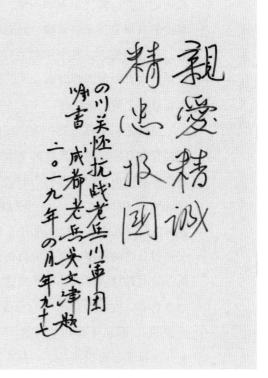

吴文津九十七岁高龄时为四川关爱抗战老兵川军团题字

最初认识吴太太时，我就惊讶于她可以闭上眼睛，说出台山公益埠的老家有哪几条街，每条街依照顺序都是哪些商铺人家，仿佛一切还历历在目。过去华侨在海外赚了钱，都要回到故乡去建房子置产业，不在故乡时房子就借给亲戚住，亲戚再给他们的亲戚住，往往最后都不知道里面住的到底是谁。雷颂平的父亲后来在故乡也造了一座房子，取名为"恩庐"，意为常记着家乡的恩情，门前有一口井，算是城里的中上人家。1992年雷颂平全家回台山探亲的时候，祖父的老照片还挂在墙上，家里的旧家具还在，就是房子已经是一家同乡的亲戚住了。多年后故地重游的雷颂平还记得如何从井里取水，只不过城里变化很大，祖父洋服店的旧址也已经找不到了。

最初我只赞叹她的记忆力之强，但相处久了，才渐渐领略这种清晰的记忆背后挥之不去的乡情。后来她成为优秀的社会工作者，主要帮助的对象也是家乡同胞。她对他们无微不至的照顾和发自肺腑的关心、耐心和爱心，几十年如一日；在吴先生做馆长的日子里，他们一起接待来自中国的学者和学生，让他们在异国他乡感受到温暖，何尝不是故乡之情的延续呢？

虽然记忆中熟悉的一砖一瓦已经难以寻觅，但故乡总是以其他形式留存在心底，对于现在的吴太太来说，故乡就是她所创造的语言环境和家乡味道，如今他们夫妇之间用作交谈的是台山话，还可以和邻居陈毓贤老师说广东话，到了教会又可以和年轻些的朋友说普通话，就好像时时在中国一样。她的一手广东菜做得极好，师承自他的父亲，又经过自己的揣摩，这份美食情愫也传给了子女。儿子章敏也是烹饪能手，对器材、原料等都非常讲究，常和她讨论东西怎样做。有一次她告诉我，女儿章玲从小就很爱吃她做的"肚子"（这两个字是用方言说的），前几年女儿才问她，"肚子"到底是什么，她说是卤猪肚，女儿沉默了，思想挣扎了一会儿（美国人和在美国长大的华人一般不吃猪的内脏），说："我还是喜欢吃。"外孙女每次回去看他们之前，都打电话问吴太太："这次准备给我吃什么？"然后就开始点菜，："我要吃冬瓜汤、红烧豆腐……"虽然他们的儿孙在语言和思想上都十分西化，但这种味觉的传承，何尝不是一种文化的传承呢。

2020 年，我受斯坦福大学中国学生学者联合会（ACSSS）委托，为斯坦福的中国春晚收集一段来自吴先生的祝福语，吴先生和吴太太不仅欣然出镜，还分外认真准备。吴先生将起草的发言反复斟酌修改，还在近百岁高龄之时将这段话完整地背了下来，录制当天几乎一次成功，这份认真投入令所有人感动，这段视频不仅在当天晚会上引起热烈反响，在网络上一经发布就获得了数千点击量，许多深受感动鼓舞的同学校友都转发了吴先生祝福语中的一段话：

　　我知道有时候因为离乡背井，适应新的学习环境，可能造成一些心理上的问题。不过就我自己个人的经验，这些都是暂时性的。最重要的是，珍惜诸位的所有，把握现在、全力以赴，将来许多问题都会迎刃而解。

从吴夫妇对后辈华人的关爱，可以感受到一种厚重的家国之情。

# 相濡以沫七十年

我第一次见到吴夫妇，他们的小狗从门里窜出来围着我们跳来跳去，叫声特别响亮。吴先生手里的拐杖挥过去做驱赶状，其实绕着小狗远远的，一根毫毛也碰不到，我就看出他表面呵斥，其实疼爱得不得了。这只狗是孙女们都上大学以后，两个人觉得寂寞而收养的，是贵宾犬和约克夏的混血，取名叫博（Beau），顺便就叫它"宝宝"。

吴文津起初并不想养狗，雷颂平却和儿子一起去收容流浪狗的地方看狗，这只雪白的小狗模样漂亮，原本被人收养了，但因为太喜欢吠，两天后就被送回去了。雷颂平去看的时候，小狗跑到她的身边不走，她心动了，给吴文津打电话说："也许我们会带一只小狗回家。"没想到"宝宝"跟着他们坐车回到家，熟门熟路地从后门进到房子里，仿佛认识一样，令他们十分惊奇。因为狗是雷颂平要养的，所以她就负担全部的工作，从遛狗到每周洗澡，都是她自己做，虽然她有时候说"宝宝"是个"不听话的"，但又忍不住夸赞小狗在家里时是多么乖巧。说到这里，她朝旁边吴先生的方向转转眼珠，拉着长声说："因为没有人帮我啊……"吴先生说："我有帮你啊，你给狗洗澡的时候，有时候我帮你把狗拿过去，有时候帮你把吹风机送过去。"说着说着我们都笑了，近百岁的老人了，生活中还会互相调侃。

我曾问他们，结婚七十多年，有没有过什么矛盾，两个人想了半天，才想出一件事，也是和小狗有关的——雷颂平生活严谨，注重健康，严格执行科学喂养，给"宝宝"吃的都是狗粮。她抱怨说吴文津自己吃饭菜，总分给狗一点，以至于"吃饭时间宝宝就蹲在他脚边讨"。吴先生马上为自己辩护说："我知道什么东西狗不能吃，比如巧克力，我从不给狗吃不能吃的东西。"吴太太利索地回嘴说："那当然，吃了巧克力她就会死。"还马上举一反三说:"我们的孩子小的时候他也是这样,小孩子管我要口香糖,我说:'你们现在还不能吃。'他们就去找他要,他马上从口袋里掏出来说:'喏,给。'"因此吴太太总结道,在家里总是自己做坏人,吴先生做好人。

我很爱听他们这么斗斗嘴,近百岁的老人了,生活里没有什么"苦大仇深",都是些"鸡毛蒜皮",反而让人觉得轻松快乐。两个人虽然总爱互相开开玩笑,但都说一辈子没有真正吵过架,这对于结婚近七十年的人来说,是多么不易!并不只是我一个人对吴先生和吴太太幸福婚姻的秘诀感兴趣,他们的教会在 2007 年就曾经请吴先生做了一个讲话,我将讲稿摘录了一段,非常有意思:

> 大概一两个月前詹森给我说:"爱家团契想请你和娜丁阿姨给我们讲讲你们结婚几十年的经验。"我说:"我要问问她再给你回话。"我问娜丁,她说:"可以,但是我们恐怕没有什么可讲的,也许我们可以跟他们来一个座谈会。"接着,宝珠告诉我们说:"我们想知道你们结婚几十年的秘密是什么。"原来你们是要我们说,我们怎么不吵架。这可是很简单,现在我就把我们的秘密告诉你们。特别是弟兄们,要洗耳静听,这是一服万灵丹。你们要好好地记在心上,肯定会保证你们的婚姻美满。现在我把我们的秘密泄露给你们:
>
> 如果发现太太有错,一定是我看错。如果我没有看错,一定是我的错,才害得太太犯错。如果是太太的错,只要她不认错,她就没错。如果太太不认错,我还坚持她有错,那就是我的错。如果太太实在有错,那就要尊重她的错,我才不会犯错。总之"太太绝对不会错"这句话肯定没有错。
>
> 这不是很简单吗?这些话虽然可笑,其中也有它的道理。那就是说夫妻要相容。中国话说:有容德乃大。容忍是个美德,无论是夫妻间、弟兄姐妹间、亲朋好友间,容忍包涵总是人际关系的润滑剂。《圣经》上也有很多地方提到这个……我们应该以轻松的充满喜乐的心,来时时感谢神给我

们的各种恩赐。"太太不会错"这些话可以当作笑料，我们在教会比较严肃，应该放松一些。讲讲笑话。美国话说："笑是最好的良药"（Laughter is the best medicine）就是这个意思。

接着，吴先生提出了五个重要的因素：一、宗教信仰；二、政治立场；三、钱财的管理；四、儿女的教导方式；五、空闲时间的利用。指出夫妻应该在这些方面达成共识，才能达到互敬、互助、互爱。

如果容我讲一点自己的观察：吴先生在家是一个很执拗的人。虽然发表了"太太绝对不会错"的"宣言"，但生活中吴太太似乎忍让包容更多一些。比如有一次去吴家做客，吴先生"不听话"，一定要在低矮茶几上用一套很不容易固定的杯子杯托，结果满满一杯冒着热气的咖啡滑了手，把衣服和地毯都泼湿了。因为事先吴太太预言过用这套茶具容易滑手，吴先生就做出满不在乎的姿态，像小孩一样，坚持不去换衣服，表示自己完全没事，吴太太也拿他没有办法，无奈地说："让你不要用，真是'不听老人言'。"吴先生为人一丝不苟，加上听力不是很好，有时候声音大一点，抢白几句，吴太太就淡淡一笑，也从不生气。但是我曾看过他们教会表演唱歌的录像，台上唱的都是太太，镜头扫到在下面观看的先生们，其他人只是寻常坐着，吴先生却把脖子伸得长长的，专注的脸在人群中格外显眼，像是年轻人在"追星"。聊天时讲起吴太太的种种聪明能干，他也赞不绝口，一脸骄傲的样子。两个人对对方的原生家庭和工作上的事情都能如数家珍，这种彼此的信任、欣赏、刚柔并济，成就了他们的美满婚姻。

师母曾说，跟吴夫妇在一起，会觉得他们的人生很"顺"，但我想他们并不是得天独厚的"幸运儿"。和那个时代的所有人一样，他们的人生中曾经经历过战乱、骨肉分离、亲人隔绝，经历过背井离乡、漂泊海外，经历过打拼事业的艰苦、至爱亲朋的离世，他们的人生感悟，并不是"如何克服苦难"，这种"不觉得有什么苦难"的豁达，才是最珍贵的人生智慧。他们的一生跌宕、简朴、单纯，从未期盼或享受过荣华富贵，能够让他们获得心灵自由的，是"知足"二字，

2020 年 1 月作者和吴文津夫妇的合影

他们曾经反复对我说，有健康、有家庭、有足够的积蓄就已经很幸运，要珍惜自己所有的，为此而感恩。

## 百岁人生

中国古代将百岁称为"期颐之年"，"期"是期待和等待的意思，而"颐"则是颐养和供养的意思，原本是说人到了百岁，许多事情就不能自理，需要子女儿孙奉养，这一点在吴夫妇的身上却不尽然。他们虽然已近百岁，不仅生活诸事都事必躬亲，还热心帮助别人，陈毓贤女士是他们的邻居，她告诉我：

> 我们住的地方每星期一晚上必须把分类垃圾桶推到街边，星期二市政府的垃圾车很早便来把垃圾带走。朗诺总特意早点起床出去把那两个又高又大的塑胶桶收回，不然九十多岁的吴太太清早便会把它们沿着相当长的车道推到我们车

库旁。吴太太得知后开玩笑说："这只不过是举手之劳，朗诺就是怕给小费。"

九十多岁以后吴文津夫妇仍看起来比实际年龄年轻了许多，而且许多兴趣爱好也和年轻人一样——两人都是资深球迷，大学和职业队的篮球，足球和棒球比赛都爱看，唯一不看的是冰球，因为"打架的时候太多"。吴文津喜欢熬夜，常常看球到晚上，再读读新闻、查查邮件，到夜里一点多才睡，第二天有时候要睡到中午，雷颂平则早睡早起，八点以前起床遛狗，中午十二点一定吃午饭，所以两个人经常只有晚饭在一起吃。

雷颂平对身体健康特别注意，用她自己的话说：

> 五十岁以前我都不太注意，有时候有时间就吃，没有时间就不吃，有时候一整天都不吃，现在注意了。很多人认为我为了健康节食太厉害，其实我没有刻意节食，只是我本来就不需要吃得太多了。我看着他（指吴文津）还比看自己厉害。他却不听话的，甜的他一定拼命吃。

吴文津反驳说自己很好，不用担心，他的健康状况也很好，只是腿脚和听力不如雷颂平好。他曾做了一个比较大的背部手术，之前因为常感到腿很疼痛，检查的结果是背部有一根脊椎骨头压住了通腿的神经，影响到腿。斯坦福医院的医生说可以开刀把神经上那块骨头磨小，但是成功率只有 80%。吴文津犹豫得很，雷颂平问医生，如果你的父亲也有这个问题，你会不会开刀，医生说："那我昨天就会开刀了。"于是吴文津接受了手术。雷颂平心中祈祷，将那 20% 交给了上帝，教会的长老也到医院去陪伴他们。结果开了刀第二天回家就能上下楼梯了，虽然有点疼，但是以后拄拐能自如行走。这是吴文津自年轻时中弹接受手术后，第二次接受手术。除此之外，他的身体非常健康，九十多岁高龄才在儿子的劝说下停止自己开车，现在去教会、看医生等都是儿子开车。雷颂平的身体更是健康，至今没有做过任何手术，更令人惊羡的是九十六岁才第一次有蛀牙。

儿子吴章敏十分孝顺，常在父母家里出出入入，帮忙各种家务和置办杂货，既修理各种东西，也打理清扫院子，还替他们买菜。雷颂平总是抱怨儿子买太多了，而这种"抱怨"又是多么幸福："他只要看见我吃什么东西，就以为我爱吃这样东西，然后就买一大堆！"

退休后吴文津也有了更多的时间可以读书看报、和昔日的老朋友们联络。吴夫妇亲戚相当多，交友广，几乎每星期都有一两个从外州或国外的客人远道来访，而愈来愈多的是子孙辈的亲戚或朋友的子孙。他们见吴夫妇精神矍铄，又那么有趣，往往忘了吴夫妇是近百岁的老人，一坐就是三四个钟点。雷颂平以前总留客人吃便饭，家里一张当年从东岸搬回来的中式大圆桌，就是这家主人热情好客的见证。约十年前开始，到了吃饭时间，吴夫妇便请他们到外头吃，饭后客人往往意犹未尽，又跟着他们回家吃茶继续谈。他们两个人都是十分热情好客的人，吴先生在这方面更加中国化，有人前来拜访，总是不知疲倦地热情相待；吴太太相对"西化"，比较注重个人空间，但客人盘桓不走，也坚持殷勤奉陪到底；然而早睡早起的她实在有点吃不消，偶尔诉苦，邻居陈毓贤老师便"怂恿"他们要会下"逐客令"，他们夫妇两人最近在外面吃完饭后就"勇敢地"对客人说："好吧，你们送我们回家，下次再见！"果然有效。

他们对生死问题并无任何讳莫如深，也没有一丝惧怕或是避讳。"中央图书馆"请吴文津捐献文档时，还特意询问吴先生可否顺便捐赠一点自己的小物件，比如眼镜和钢笔，吴先生对此并未照办，因为不愿意日后让别人把他当成"已故名人"崇拜，但并不忌讳。我们问起这件事，他笑说如果连生活用品也捐，"搞得好像我已经过世了一样"，"以后那些就是我的'遗物'了"！说完又响起他标志性的、爽朗洪亮的笑声。他们对生死的泰然令人印象深刻。对于年近百岁的老人，人生的"大限"是一个不可回避的问题，但他们从未让周围的人对讨论这个问题有所顾虑。吴先生现在每天还要喝几杯咖啡，吃些甜食，提到这个，他也笑呵呵地说："都到我这个年龄了，还在意什么呢！"与其说这是不在意，不如说是不自扰。

吴先生曾谈到他的翻译官好友、也是他的连襟范道钊前两年去世。范道钊也是成都人，比吴先生小一岁，是同做翻译官时才认识的，他们服役结束后一起到了西雅图华盛顿大学念书，在雷颂平一家的影响下成为虔诚的基督徒。吴先生从事图书馆业，范道钊则攻读航空工程，后来在波音和其他航空公司任高级职员。谈起范道钊，吴夫妇就打趣他年轻时如何警告别的男同学不许碰贝茜，因为他已中意她。范道钊很少讲话，却为了读原文的《圣经新约》学古希腊文，企图用数学方程式解释《圣经》，却没有人听得懂他那一套，但他的虔诚令人尊敬。在他去世的那一天，他曾对妻子，也就是雷颂平的亲妹妹贝茜说："我不怕死，因为我知道我要到何处去，对于基督徒来说没什么可怕，因为我们有来生的希望。"后来他去世的时候非常安详。

信仰赋予了他们对待生老病死的平和心态，无论是他人的还是自己的，正如《淮南子》中说："视生如寄，视死如归。"他们面对死亡的态度与其说是"勇敢"，不如说是"平和"。百年荏苒，他们已经不再与任何事物对抗，包括自己的寿数，生活中的一切，他们都能平静地接受。我想一个人如果日日生活在对死亡的隐忧和恐惧中，即使在世也无法真正享受生活的快乐。这也不是说吴夫妇对生老病死完全无动于衷。朋友一个个老去，让他们痛惜不已。数年前雷颂平回西雅图参加一个盛大的宴会，见到了许多很久没晤面的人。有个年轻时追她追得很起劲的人，坐着轮椅，认不得她是谁了，令她非常震惊。

吴先生曾说，一个人被过去束缚，就不能走向未来。这句话不但适用于走出战争的阴影，也适用于人生的一切苦痛和困境，近百年人生让他们充满智慧，对一切都接纳和包容。陶渊明曾说："悟已往之不谏，知来者之可追。"过去的已经过去，无谓对错，未来的还没到来，无须刻意，这是他们所给我的人生哲理课。和吴夫妇成为朋友后，他们从来没有按照年龄和时代划分，把我归为不属于他们的群体的一个外来者，但我却在和他们的接触中，情不自禁地开始比较自己和他们的时代和品格。

吴文津和雷颂平，一个来自四川成都传统礼教家庭，因日本侵略中国投笔从戎，飞越喜马拉雅、横跨大西洋到达美国；一个来自广东台山的基督教家庭，循着父老的足迹跨越太平洋。他们两人文化背景迥异，起初只能用英语交谈，但价值观念、对人对事的态度，却那么相似，可说是"他乡遇知己"。经七十年的磨合，他们的起居饮食融汇了南北中外的习俗；他们精神世界似乎也糅合了儒家和基督教的精髓。他们那么幸福，当然有一部分是天赐的幸运，但必然和他们的智慧和胸怀有关。每当他们在谈论着身边的每个亲人朋友最新的消息、每一天报纸上的新闻、球赛的比分，我总觉得他们还在随时拥抱着人生中的新变化，把每一个新鲜的日子，融入他们的生命。我每每看到他们红润的脸色、明亮的眼睛，听着他们底气十足的声音，和他们拉着手时感到一种让人踏实的温暖和力度，总想到"问渠那得清如许？为有源头活水来"。为何将近百年的生命是如此纯净而轻盈？因为他们总能吐故纳新，放下一切重负。

吴文津、雷颂平夫妇近照（当地报纸 Palo Alto Daily 记者 Veronica Weber 摄于 2019 年 5 月）

附 录

# 他山之石——记1964—1965年欧亚行

吴文津

## 历史背景

1964年我任斯坦福大学胡佛研究所东亚图书馆馆长时，经美国"当代中国研究联合委员会"（Joint Committee on Contemporary China，简称JCCC）邀请赴欧亚中国研究中心调察各地当代中国研究及其资料收藏状况。此行遍经西欧、东欧、北欧、苏联、东亚、南亚，历时一整年。1960年代为美国学术界东亚研究转型时期，在欧亚所见所闻，对之后美国当代中国研究之发展，稍有他山之石之助。特此将记忆所及，聊书一二，仅限于1960年代中期所见闻者，可以用为历史脚注视之。

JCCC于1959年由"美国学术团体委员会"（American Council of Learned Societies – 简称ACLS）及"社会科学研究委员会"（Social Science Research Council – 简称SSRC）联合组成，经费由福特基金会（Ford Foundation）提供。其目的为协调全美各校关于当代中国之教研工作，下属若干专题小组（中国社会、中国经济、研究资料等），并设立奖学金及召开各式学术会议。JCCC之诞生与美国汉学转型有直接的关系。二战前美国关于中国的研究大都属于欧洲汉学传统，专注于语言、文学、文化、考证等范畴，牵涉之学府不多。二战后，因太平洋战争、日本制宪、中华人民共和国成立以及朝鲜战争等致使美国朝野提升对东亚，特别是中国的重视。因之美国各大学亦相继增加关于中国之语文历史课程，并借鉴二战后研究苏联及东欧所谓"区域研究"的成果，积极由社会科学的角度发展对当代中国的研究。（"区域研究"的概念系由一个单独的学科扩张到跨学科，如政治、社会、经济等的视野，来对某一地区作全方面的探讨。）由于各私人基金会，如福特基金会、洛克菲勒基金会等的慷慨资助，以及美国政府通过"国家人文科学基金会"（National Endowment for the Humanities）所提供的大量经费，各大学随哈佛费正清教授（John King Fairbank, 1907—1991）1955年成立"东亚研究中心"（Center for East Asian Studies）（现名"费正清中国研究中心"[Fairbank Center for Chinese Studies]）之后相继成立"中国研究中心"，以"区域研究"的方式研究当代中国问题。同时，由于奖学金的设置，研究当代中国的研究生的数量也与时俱增。在此有利环境的基础上，60年后的今日，美国在当代中国的研究能执西方国家之牛耳，其来源有自。

与此同时发展的就是东亚图书馆藏书建设工作。二战前，美国收藏中文资料的图书馆不多。除国会图书馆外，在大学中，仅限于哈佛、耶鲁、哥伦比亚、普林斯顿、芝加哥、康奈尔、伯克利加州各大学。且收集重点均系有关语言、文学、历史、哲学方面研究汉学的典籍。二战后，为支援教研的需要，上述各大学的东亚图书馆在藏书建设工作上亦有大幅度的调整，开始有系统地全面性地收集社会科学有关中国的书刊。除原有的东亚图书馆外，其他大学新成立的东亚图书馆也步其后尘，包括1940年代末期建立的密西根大学亚洲图书馆、斯坦福大学胡佛研究所东亚图书馆、加州大学洛杉矶分校东亚图书馆。其后1960年代在伊利诺斯、印第安纳及威斯康星大学创立的东亚图书馆亦急起而追。在这种迅速发展的情况下，对研究当代中国资料的收集有迅速而显著的发展。但这项工作并非一帆风顺。由于研究资料的来源是中国内地，但是因为彼时中美尚未建交，从美国采购中国内地出版品不易。首先是无法与中国内地书商直接交易，所有书刊仅能从中国香港及日本订购，而所能购买的种类及数量又很有限。其时在美国对中国内地出版界情况所知甚少，诸如《全国新书目》及《全国总书目》均无法购买，除全国性出版报刊如《人民日报》《光明日报》《历史研究》《经济研究》等外，各省市地方报刊亦在禁止出口之列。其次，图书馆交换工作只能与北京图书馆进行，但北图所供应书刊大都可自中国香港或日本购得，且所供应的种类与数量亦有其限度，诸如各大学出版的学报均不在交换之列。虽然如此，美国东亚图书馆在 1950—1960 年代通过其他来源也收集到一些有助于研究当代中国的资料，后者包括美国、日本以及中国香港、中国台湾的研究机构。

上述各种资料虽然对美国东亚图书馆的收藏以及当代中国的教研工作有所裨益，但仍有其限度，因来自各方的独特资料为数不多；美国政府翻译的资料亦大都依据易见的报刊，对满足"区域研究"所需的各式资料还稍嫌不足。故 JCCC 在 1963 年有调查世界各地研究当代中国及其资料收藏状况之议，以佐参考。其时，我任胡佛研究所东亚图书馆馆长，接受 JCCC 的邀请，并得胡佛研究所批准，于 1964 年秋开始离职一年，赴欧亚执行此项任务。

## 欧亚行

访问的国家和地区先是英国、法国、联邦德国、民主德国、荷兰、捷克斯洛伐克、波兰、瑞典、丹麦，苏联的莫斯科、列宁格勒，再转印度、日本、韩国、中国的香港和台湾，为时一年。简单来说，当时有关当代中国的研究工作，在共产主义国家均由官方主办。在西欧、北欧及东亚除官方领导的研究工作外，高等学府及私立机构亦可进行此项研究，但为数不多。当时欧洲各国大学关于中国的研究大部分尚未脱离传统汉学的范围。对当代中国的研究尚在萌芽时代。我所访问的地区，采购中国出版品较易，由交换渠道所得的书刊亦多过于北图所供应美国图书馆者。但各地情形不同，兹简述如下。

## 西欧与北欧

1960 年代中期，西欧各国虽然在关于中国教研方面大都仍承转传统汉学的科目，但已开始有显著的转变。有些学校已开始设立现代中国的讲座，专攻现代中国的研究生也逐渐增加。语文的教授也不仅专注于文言文。英国自这方面比较领先。比如说，1950 年代末期在英国里兹大学（University of Leeds）设立的近代和当代中国的研究项目加速了英国对 20 世纪中国的教研工作。1960 年 *China Quarterly*（《中国季刊》）在伦敦开始发行，专载有关当代中国以及共产主义运动在中国发展的学术论文，撰稿人包括世界各国的中国共产党问题专家，至今尚为西方世界最具权威的刊物。1965 年英国学术界已在筹划建立一个领导及协调大不列颠关于当代中国的研究机构。其后 1968 年在伦敦大学亚非学院（School of Oriental and African Studies 简称 SOAS）由福特基金资助设立"当代中国研究所"（Contemporary China Institute）。除研究及出版工作外（该所成立后还负责 *China Quarterly* 的编辑出版工作），还担任英国与世界各国研究当代中国学者与学术界的联络人。由此种种，英国在传统汉学上发生了质的变化。但在 1960 年代中期，一切还是在开创阶段。一位英国学者在 1965 年对笔者说："目前我们干脆把对研究当代中国有兴趣的学生送到美国去。"在图书方面，伦敦大学亚非学院图书馆自 1950 年后所收集当代中国的书刊在英国最为丰富。除供英国学者使用外，该馆亦为西欧各国研究当代中国学者的必经之地。伦敦大英博物馆收集 1949 年后出版的中国报纸最为丰富，其主要来源系英国外交部及美国政府。（大英博物馆所收集 1949 年前出版的中国报纸不多，但有一批非常特别的收藏——从 1920 年代到 1950 年代在东南亚各国出版的中文报纸创刊号及其前几期。）

法国当时研究近代中国的学者，例如巴黎大学著名教授 Jean Chesneaux（1922—2007）（谢诺，*The Chinese Labor Movement*，*1919—1927*——《中国劳工运动，1919—1927》等书作者），差不多全是致力于 1949 年前的民国时期研究，研究 1949 年后当代中国的人寥寥无几。法国图书馆收藏有关当代中国的资料也无法与英国比美。巴黎的四大收集中文资料的图书馆，仅有 Centre de Documentation（文献中心）专门负责收集近代和当代中国的资料。但在 1965 年其已收集的数千本图书其实无法支持真正的研究工作。其他三所图书馆——Bibliothèque Nationale（国家图书馆），L'Institut des Haute Etudes Chinoises（汉学研究所图书馆），L'École Nationale des Langues

Orientale（国立东方语言学校图书馆）的收藏都注重于近代前的资料。在里昂（Lyon）中法协会（Chinese-French Association）有一批独特而珍贵的中文刊物，是在 1920 与 1930 年代出版的、包括在法国勤工俭学时期中国学生的出版物。

联邦德国在 1960 年代关于近代和当代中国的教研项目发展较为迅速，且多富创意。1962 年开办的鲁尔波鸿大学（Ruhr-University of Bochum）于 1965 年招收第一届学生，并成立东亚研究所（East Asian Institute）以跨学科的方式对东亚各国，特别是近代中国进行研究工作。大学部的学生，除专修汉学者外，也可兼修其他科目。比如说，可以主修中国文学，选修中国历史。主修经济学的研究生的第二语文要求，如是中文，亦可免修文言而以白话文代之。但当时波鸿大学尚未有专门研究当代中国的教研项目。专门研究当代中国的机构其时是在汉堡（Hamburg）由政府及其他基金会支持的亚洲研究所（Institut für Asienkende）。 在联邦德国，唯一有系统地收集中国出版书刊的图书馆是 Staatsbibliothek（国家图书馆）。该馆当时在 Marburg（马尔堡）是西欧最大的东亚图书馆，为汉学家塞贝尔利克博士（Wolfgang Seuberlich, 1906—1985）数十年辛苦经营的成果。1965 年我在马尔堡访问他时，联邦德国政府正在计划把该图书馆迁移到西柏林。他大不以为然，认为此举纯为政治考虑，而对研究学者无益，因为一般学者到马尔堡比到西柏林要方便得很多。图书馆后来还是搬去了。

荷兰的最高学府莱顿大学（Leiden University）是荷兰研究当代中国的学术中心。该校的汉学研究所（Sinological Institute）于 1960 年代中期已在积极筹划近代和当代中国的教研工作。其后 1969 年在该所成立"当代中国文献及研究中心"（Center for Documentation and Research on Contemporary China）大量收集中国出版品及有关当代中国的资料、主持各项教研项目、并与荷兰媒体协作为荷兰社会提供有关当代中国的资讯。

1960 年代北欧各国最重要的研究近代和当代中国的机构是斯堪的那维亚亚洲研究所（Scandinavian Institute of Asian Studies），位于丹麦的哥本哈根（Copenhagen）。该所是北欧各国联合组织专门以社会科学的角度来扩展关于中国，包括近代和当代的研究工作，并召开学术会议及出版研究成果。其图书馆收藏近代及当代中国的资料也陆续不断增加。和西欧一样，北欧各国也在其传统悠久的汉学外加上以跨学科的方法研究近代及当代中国的教研工作。

# 东欧与苏联

在东欧仅有民主德国、波兰、捷克斯洛伐克有汉学的传统。1960年代中期东欧与苏联关于中国研究给人的印象是传统汉学仍旧是主流。一般来讲，那些国家研究中国的学生还在继续接受中国哲学、语文和历史的训练，虽然二战后苏联的莫斯科大学及列宁格勒大学已经开始在各种学科的课程里加上有关近代和当代中国的科目。1964—1965 年间，波兰的华沙大学（University of Warsaw）已有六七位研究中国的研究员，大部分是高级研究生，但其中仅有一位研究与中国共产党有关的题目——中国共产党创立人陈独秀的传记。在东柏林的科学研究院（Academy of Sciences）当时也没有研究近代或当代中国的研究员。对近当代中国的研究工作在民主德国和波兰完全由政府主持，不对外公开。

但在捷克斯洛伐克的情形则大不相同。在布拉格（Prague）捷克科学院（Czech Academy of Sciences）的东方研究所（Oriental Institute），除已有研究现代中国文学的一支壮大的队伍外，又增加了研究中国近代史和当代问题的研究员。但是由于该所所长雅罗斯拉夫·普实克教授（Jaroslav Prusek, 1906—1985）个人的研究兴趣，以及该所的传统，和长久以来该所"鲁迅图书馆"收藏的书刊性质，中国现代文学可能继续为该所研究的重点。

在苏联，莫斯科大学（University of Moscow）及列宁格勒大学（University of Leningrad）都设立有近代和当代中国的课程。列宁格勒大学中国近代史教授艾菲莫夫（G.V. Efimov）设有一门关于美国史学的研讨班课，专为批判美国史学家如费正清（John K. Fairbank）、施华兹（Benjamin I. Schwartz）、费维恺（Albert Feuerwerker）和芮玛丽（Mary C. Wright）等研究近代中国史的资本主义观。在纯粹研究方面，设立在莫斯科的苏联科学院亚洲人民研究所（Institute of the People's of Asia, Soviet Academy of Sciences）是苏联研究近代和当代中国的中心。该所下属的中国部门在 1965 年有 25 位研究员，其中 21 位专门研究 19 世纪和 20 世纪的中国，虽然有些个人研究，但是集体研究显然是他们主要的方式，后者有两项工作正在进行中。其一是自清朝以来的中国近代史，重点在后鸦片战争时期。另一项是自 1917 年至 1949 年的中国劳工运动史。该所还出版了 1920 年代苏联驻华顾问的回忆录。在苏联和东欧国家进行中国研究的人员中国语文程度很高。1960 年前，正当中苏关系友好期间，苏联和东欧研究中国的人员在本国接受了数年非常实在的中国语文训练后，又被派到中国（通常是北大），接受长期语文训练。但在中苏关系破裂后，这已不复可能。当时苏联和东欧的中国专家都渴望中苏文化交流工作能早日恢复。

在关于当代中国资料收集方面，苏联和东欧各国都在积极进行，主要的通道是通过与中国各大学和其他研究机构交换而来。在苏联，除大学图书馆外，主要的收集中心是位于莫斯科的国立列宁图书馆（Lenin Library）、全国外国文学图书馆（All Union State Library of Foreign Literature）和亚洲人民研究所图书馆（Institute of the People's of Asia Library）。在列宁格勒有列宁格勒公共图书馆（Leningrad Public Library）和亚洲人民研究所列宁格勒分所图书馆（Leningrad Branch of the Institute of the People's of Asia Library）。在捷克斯洛伐克，收集研究当代中国资料的中心是上面已提到的布拉格捷克科学院东方研究所的鲁迅图书馆及该院的基本图书馆（Fundamental Library of the Czech Academy of Sciences）。在东柏林的民主德国科学院图书馆（Deutsche Staatsbibliothek）差不多是民主德国唯一收集当代中国资料的机构。波兰的图书馆收集类似的资料更是微乎其微。

如上所述，所有共产主义国家收集中国书刊大都是由交换而来。主要交换的对象是北京图书馆和中国科学院图书馆。虽然在 1960 年后交换的种类和数量已经大幅减少，但是他们在 1960 年前所收集的很多出版物都是美国图书馆无法看到的，例如中国科学院下属各研究所的出版品、大学学报、省出版社的书刊，以及在日本和中国香港书店无法购买的其他资料。在另外一方面，苏联和东欧各国对于20世纪上半期（1900—1949）中国书刊的收集，除布拉格的鲁迅图书馆及莫斯科列宁图书馆所收藏的一些零星的1920年代出版的刊物外，都相当微薄。

# 亚洲

亚洲和欧洲在中国研究方面有其异同。由于地缘和文化亲和关系，日本和韩国几世纪以来已建立其本身的汉学传统，研究中国的历史、哲学、语言、文学。与欧洲相异者，韩国及日本，特别是日本，一向对近代和当代中国都保持高度的兴趣。所以当1949年中华人民共和国成立后，日本的学者自然而然地把他们的注意力转向当代中国。对他们来说这种学术兴趣的转移是轻而易举的事，因为那只是他们研究的继续。1960年代中期，在日本的主要大学大都设立有关于当代中国的课程，很多有名的教授也是中国问题专家。主要图书馆收集当代中国的研究资料也非常丰富。其时日本在当代中国教研方面，足可与美国相比。在收集中国出版品方面，日本国会图书馆、东洋文库、东京大学的东洋文化研究所和京都大学的人文科学研究所是几个重点。其他如庆应大学、一桥大学、爱知大学、亚细亚经济研究所、中国研究所，特别是中国研究所，也在积极地收集中国的出版物。日本政府机关如外务部都拥有大量的当代中国研究资料，但是不像美国政府，这些资料并未向学术界公开。东京当时有三家书店，专门供应中国出版物：大安、极东、内山（后者为鲁迅好友内山丸造创办，后由他儿子经营）。日本当时与中国有外交关系，往来方便，不时有学者携带出版物回国。这些都由这三家，特别是大安，复制出售，为官方出口的书刊外又加上另一资料的来源。

韩国虽有悠久的汉学传统，但对当代中国的研究远不如日本。韩国政府禁止学者阅读或使用中国出版物，因之所有对中国近代史的研究都止于民国时期。唯一例外的是高丽大学亚洲研究所。由于福特基金会的资助，已开始当代中国的研究，但其范围不大。该所数年前召开的一次国际会议的主题还是亚洲各国现代化的问题。有关于当代中国的研究差不多完全是由韩国政府主持。据说，其内容并非学术研究性质。

印度并无汉学的传统。以近代中国为主的中国研究还是最近的发展。1962年中印边界冲突成为推动印度有系统地发展近代及当代中国研究的助力。由于福特基金会的资助，德里大学（University of Delhi）成立了近代中国研究中心。洛克菲勒基金会也协助印度国际研究学院（Indian School of International Studies）设立了规模较小的近代中国研究项目。但因人才和资料的缺乏，发展尚需时日。自1949年以来，印度遣送大批学生到中国学习中文，其中归国者有在印度外交部服务，有至美国进修，但鲜有在学术界执教者。资料的收集，亦非一蹴而就的事。但此艰巨的任务已有良好的开始。将来德里大学肯定会成为印度研究当代中国的中心。

在中国，台湾地区对大陆发展的密切注意是不言而喻的事，但是各大学并未因此而设立有大规模关于大陆的教研科目。1960年代以前，大陆问题的研究全部由台湾当局执行。"中央研究院"及各大学均无研究大陆的工作。少数研究当代中国的学者都与台湾当局主办的国际问题研究所有关，"中央图书馆"以及各大学图书馆均不采购大陆出版书刊。台湾当局的收藏亦不公开。自1960年代中期开始，台湾当局的控制逐渐放松。少数当局机关关于大陆的出版物亦开始公开发行。台湾当局也欢迎研究中国共产党史的外国学者到台湾地区做研究工作，并提供所收藏的原始资料。1968年台湾政治大学设立东亚研究所，并设立专攻当代中国问题的硕士课程。台湾地区有其渠道收集中国共产党中央文件，此类文件当时经常转载于台北国际研究出版之《问题与研究》及其英文版 *Issues and Studies*。台湾当局机构一些出版物亦经常转载中国共产党文件。

香港当时是西方学者研究当代中国的重镇。虽然香港大学及成立不久的中文大学当时对当代中国的教研工作尚在发展中，香港的书店确是供应内地出版物的主要来源。香港其他地方的研究资料亦颇为丰富，对研究学者有巨大的吸引力。美国驻香港的总领事馆自 1950 年代开始即进行大规模的翻译工作。其主要出版物包括 *Survey of China Mainland Press*、*Selections from China Mainland Magazines* 及 *Current Background*。这些资料均在香港公开使用，并为美国各大学图书馆收藏。除这些美国总领事馆翻译的资料以外，香港还有一个更重要的资料来源，那就是友联研究所。该所成立于 1949 年，专门研究内地问题。因为他们近水楼台，收集内地的出版物比较容易，并且还能从不同渠道得到旁人无法获得的报刊资料。该所利用其所有收藏的资料剪贴分类，建立了一个庞大的中文资料库，同时出版两种英文期刊，一种为 Union Research Service，每期载自内地报刊选出的资料的英文翻译；另一种称 Biographical Service，为前者之副刊，每期登载一名或两名中国共产党中央中、高级干部的传略。友联也利用其收藏中罕见的资料编辑和出版多种书籍，包括《刘少奇选集》《彭德怀案件专辑》《中国共产党中央委员会文件——1956 年 9 月–1969 年 4 月》等。香港除这些珍贵的研究资料以外，还能给研究学者提供另类的参考咨询。当时到香港的人、返港记者或观光旅客都是被访问的对象。从他们的口述中得知不少亲身见闻，可供研究学者用来考证事实、传闻，借以修正他们研究中的假设。因此种种原因，香港当时遂成为西方研究当代中国的重镇。

# 结语

欧亚之行结束后，在给 JCCC 的报告中，因为我所访问的研究机构对于和美国图书馆交换资料都有高度的兴趣，所以我建议在美国设立一个全国性的组织来统筹办理这件事。目的是代表全美大学图书馆与欧亚各国和地区具有兴趣的研究所或图书馆进行交换有关近代和当代中国的资料，特别是中国出版的书刊，复印后，再行分售于美国及海外的图书馆。此外，该组织亦可借用罕见的仅在少数美国图书馆拥有的研究近代和当代中国的资料，进行同样的复制和分发工作，用这两种取长补短的方式，来增强美国图书馆的收藏，用以支援近代和当代中国的研究。JCCC接受这个建议后，遂开始筹备工作。1968年福特基金会捐助50万美元在华盛顿美国"研究图书馆协会"（Association of Research Libraries – 简称ARL）下成立"中国研究资料中心"（Center of Chinese Research Materials – 简称CCRM），并聘请香港大学历史系教授余秉权（1925—1988）担任资料中心主任。秉权先生在港大教授中国近代史，并负责香港颇负盛名的专门复制资料的龙门书店。中心成立后，复得洛克菲勒基金会及美国国家人文科学基金会的资助，复印资料无数，一举成名，有口皆碑。该中心已于十数年前脱离研究图书馆协会，在余秉权教授继承人亓冰峰博士领导下在弗吉尼亚州（Virginia）登记成立独立出版机构，仍称中国研究资料中心。

# 吴文津发表作品目录

## Publications:

### Books:

*Leaders of Twentieth-Century China: An Annotated Bibliography of Selected Chinese Biographical Works in the Hoover Library* (Stanford: Stanford University Press, 1956)

*Contemporary China: A Research Guide* (with Peter Berton). (Stanford: Hoover Institution, 1967)

*The Secret Speeches of Chairman Mao, From the Hundred Flowers to the Great Leap Forward* (with Roderick MacFarquhar and Timothy Cheek), (Cambridge, MA: Harvard University, Council on East Asian Studies, 1989)

*The Cultural Revolution: A Bibliography, 1966~1996* (ed.) compiled by Song Yongyi and Sun Dajin. (Cambridge, MA: Harvard-Yenching Library, 1998)

书林揽胜：吴文津先生讲座演讲录（台北：学生书局 2003）

美国东亚图书馆发展史及其他（台北：联经出版社 2016）

### Chapters and Parts of Books:

A supplementary bibliography (67 pp.) with Chun-tu Hsueh, in *The Overseas Chinese: A Bibliography Essay Based on the Resources of the Hoover Institution* by Naosaku Uchida. (Stanford: Hoover Insitution, 1960)

"The Chinese Local Gazetteers Collection and Other Related Materials at the Harvard- Yenching Library" (in Chinese), in *Proceedings of the International Conference on Chinese Local Gaz-etteers,* a special issue of *Chinese Studies,* v.3, no. 2 (Dec., 1985), 369-376

"Contemporary China Studies: The Question of Sources," in *The Secret Speeches of Chairman Mao, From the Hundred Flowers to the Great Leap Forward,* edited by Roderick MacFarquhar, Timothy Cheek, and Eugene W. Wu. (Cambridge, MA: Council on East Asian Studies, Harvard University, 1989), 59-73

"The Politics of Coalition: An Analysis of the 1924 Kuomintang Constitution," in *Proceedings of the Conference on Eighty Years History of the Republic of China* [sic], 1912-1991, v. 1. Taipei: 1991, 71-87

"Library Resources for Contemporary China Studies," in *American Studies of Con-temporary China,* Edited by David Shambaugh..(Washington, D.C.: Woodrow Wilson Center Press, 1993), 264-280

"Coping with Dissent: Early Anti-Communism in the Reorganized Kuomintang," in *Proceedings of the Centennial Symposium on Sun Yat-sen's Founding of the Kuomintang for Revolution,* v. 2. (Taipei: 1995), 1-26

"Organizing for East Asian Studies in the United States: The Origin of the Council on East Asian Libraries, Association for Asian Studies," in *Proceedings of the Special Conference on the Evolving Research Library and East Asian Studies, in Conjunction with the 1996 IFLA Conference in* Beijing. (Beijing: International Academic Publishers, 1996), 14~27; also in *Journal of East Asian Libraries,* 110 (Oct. 1996), 1-14

## Articles:

"Studies of Contemporary China Outside the United States," *Harvard Library Bulle-tin,* XVIII, 2 (April, 1970), 141-154

"Mary Clabaugh Wright: A Memorial," *China Quarterly,* 43 (July-Sept.1970), 134-135

"Bibliographical Controls for Asian Studies: Present Status and Future Development in Chinese Studies,"

*Foreign Acquisitions Newsletter,* 32 (Oct., 1970), (Washington, D.C.: The Association of Research Libraries), 1-6

"Studies of Mainland China in the United States," *Issues and Studies,* VII, 4 (Jan., 1971), 21-34

"Bibliographical Controls for Chinese Studies: Present Status and Future Developments" (rev.) *Harvard Library Bulletin,* XX, 1 (Jan. 1972), 38-48

"Recent Developments in Chinese Publishing," *China Quarterly,* 53 (Jan.-Mar., 1973), 134-138

Review of *Asian and African Collections in British Libraries: Problems and Prospects* in *College and Research Libraries,* v. 36, no.3 (May 1975), 242-243

Review of *A Bibliography of Chinese Newspapers and Periodicals in European Libraries,* in *China Quarterly,* 68 (Sept., 1976), 866-868

"The Politics of Coalition: A Note on the 1924 Kuomintang Reorganization and Constitution," *Chinese Republican Studies Newsletter,* v.2, no.2 (Feb.1977), 15-20

"Yellow Flakes in East Asian Libraries – Some Reflections on a National Preservation Program of East Asian Publications, prepared for presentation at the panel on "Preservation: A Growing Concern of East Asian Library Collections, AAS 35th Annual Meeting, San Francisco, Mar. 25-27, 1983", *Committee on East Asian Libraries Bulletin,* 70/71 (Feb./June 1983), 49-51

"A. Kaiming Chiu and the Harvard-Yenching Library," *Committee on East Asian Libraries Bulletin,* 74 (June, 1984), 2-6

"Divergence in Strategic Planning: Chiang Kai-shek's Mission to Moscow, *1923,"* *Republican China,* XVI, 1 (Nov., 1990), 18-34

A tribute to John King Fairbank, in *Fairbank Remembered,* comp.by Paul A. Cohen and Merle Goldman, (Cambridge, MA: John K. Fairbank Center for East Asian Research, Harvard University, 1992), 159-161

"The Founding of the Harvard-Yenching Library", *Committee on East Asian Libraries Bulletin,* 101 (Dec. 1993), 65-69, (A special commemorative issue)

附
录

"Farewell," *Journal of East Asian Libraries,* 116 (Oct., 1998), 2-4

"CEAL at the Dawn of the 21st Century," a featured presentation at the Plenary Session of the Council on East Asian Libraries, Association for Asian Studies, March 18, 2000, *Journal of East Asian Libraries* 121(June 2001), 1-12

"Du Ke: A Memorial", *Journal of East Asian Libraries*, 132 (Feb., 2004), 67-70

"Beyond Technology," a talk delivered at the OCLC CJK Users Group meeting celebrating the 20th Anniversary of the OCLC CJK Service, April 8, 2006, San Francisco, in *Journal of East Asian Libraries*, 139 (June 2006), 7-9

"Karl Lo: A Tribute", *Journal of East Asian Libraries*, 142 (June 2007), 9-10

"韦棣华与近代中国图书馆发展", 台湾图书馆学会会讯 15 卷 1/2 期（总号 144/145）（2007 年 6 月），4-6 页

"袁守和先生：中国图书馆的先达", 国家图书馆编《袁同礼纪念文集》（北京：国家图书馆出版社 2011），9–11 页

"著名图书馆学家吴文津：抗战时期死里逃生的故事",《澎湃新闻》2017 年 4 月 5 日（原题"抗战时期一位军事翻译员的回忆"，由《澎湃新闻》改为现名出版）

"西南联大校友许芥煜",《澎湃新闻》2017 年 6 月 8 日（原题"悼芥煜"，由《澎湃新闻》改为现名出版）

"Some Reflections of a Student Library Assistant at UW on the Occasion of the 80th Anniversary of UW's East Asian Library", an unpublished keynote speech given on Nov. 3, 2017, 5 pages

"斯坦福大学胡佛研究所收藏中国共产党早期档案始末",《澎湃新闻》2018 年 11 月 22 日

# 后 记

  每个作者心中都有特定的读者。在写作本书时，我常常问自己，心中所期待的读者是谁呢？

  首先是传主吴文津先生和雷颂平女士。写他们的故事，就是将自己的人生与他们的连结在一起，我为能够与他们的心灵如此贴近而感到荣幸。如果他们对这本合传感到些许满意，并认为本书较为真实生动地还原了他们的人生经历，我将感到极大的欣慰。

  同样重要的还有书中所记的、我所景仰的老一代学者们。在上一世纪的巨大变迁中，他们见证了相同的历史、经受过相似的考验，但无论身在何处、境遇如何，中国文化都是永恒的精神家园。本书所提到的许多人物在互联网诞生前就已辞世，在数字信息时代很难搜寻到有关他们的只言片语。他们在这众声喧哗中渐渐远去，而我希望为他们多留下些痕迹和声音，这样他们在世的亲友也可感到些许安慰。

  时时在我心中挥之不去的，还有千千万万个"我"——热爱中国文化而又身处迷惘的年轻人。这是一个"贩卖焦虑"的时代，鼓励每个人和周遭的一切比较和斗争。心无旁骛的追求、历久弥坚的感情、波澜不惊的内心，似乎成为传说和奢侈品。各种潮流冲击之下的我们不知所措，而吴文津夫妇的人生则像是时代的浪潮中一脉难得的涓涓细流，清澈宁静。希望读这本书的年轻读者都能和我一样，不仅受到他们智慧的滋养，内心也感染到一份宝贵的平和从容。

  最后，我还希望这本书可以弥补图书馆发展史的一些空白。书中记录了大量有关世界著名图书馆，尤其是美国东亚图书馆发展的重要事件，也记录了吴文津如何从历史的亲历者变为守护者，他所分享的知识和经验，对有志于此的青年有重要的借鉴价值。

在此简单谈一谈本书的写作过程:

2019年春节过后,我经师母陈毓贤女士介绍而有幸结识吴文津夫妇,第一次见到他们时是在师母家里,谈得很投机,犹记得我问起日后如何联络,吴先生认真地写下了电话、邮箱、地址。他们告辞以后,不久吴太太又走回来,手里拿着便签本,要我写下自己的联系方式。等我从师母家离开,路过他家还开着的门前,看到吴先生正坐在客厅沙发里,认真地捧着我刚写的那张纸片在看。这对可爱的老人虽然谦虚恬淡,但我想他们的心中,仍然希望有人能够记录下他们的故事。

后来我们约定每周三下午在师母家中见面采访,谈话后我即把当天录像的内容敲进电脑里,并按话题和时间进行整理,把前因后果不够清晰的地方记下来,再将下次要聊的话题进行准备。我不会用问题把采访塞得特别满,因为随着思路的流动,有时一件事可以勾起许多意想不到的有趣回忆。在采访这一环节,师母对我的帮助特别大,她是个出色的作家,又是问问题的高手,很能够把握谈话中情绪和思绪的流动。师母告诉我,为人物作传不是罗列事实,须把事件所涉及的感情、态度和价值观念提炼出来,以细节表现。她建议我每次与吴先生对谈之后写下自己的体悟,这让我受益匪浅。事后看采访录像的时候,我也会反复揣摩他们的语气、神情,以及细微的动作和微妙的谈话气氛。

2019年6月19日这一次见面后,我忽然感到淡淡的惆怅,因为密集的见面采访已经告一段落,无须每周会面,而我已习惯了边喝茶边听他们畅谈过去的故事。看到他们,我总感到亲切温暖,就像与亲人在一起一样,但后来的半年中我们也常常见面,并通过电子邮件联络,有时一天就要发上许多封,一直持续到2020年本书全部完成。在2019年夏天,我专程去了一趟四川,亲自走过东珠市街、大慈寺这些吴先生记忆里的旧景,凭借吴先生的描述而萦绕脑海的模糊画面在眼前逐渐清晰。我感到历史和乡愁就像是一条细细的线,远在美国的吴先生执着一头,而我却在近百年后到达他的故乡,拾起了另一头。

随着我们谈话的进行和资料的收集整理,每个章节都逐渐"养胖”了。吴先生和吴太太近百年的人生当然不可能在一本书中全部囊括，但我希望尽量传达他们的精神气质，因此采取的方式是口述部分敲定以后，再把我的观察、感悟和许多人和事所需要的历史背景、前因后果等补充进去，最后进行整体的润色和修改。我写出初稿后，师母热心为我阅读一遍，提出一些建议，再由吴先生和吴太太检查讹误。吴先生会将批注过的文稿用电子邮件发给我，而吴太太则是见面时递给我几张整齐的便笺纸，上面有她娟秀的字迹，说明哪里应当修改补充。

吴先生颇有君子之风，不虚美，不隐恶，一切实事求是，但总说不可“老王卖瓜”，对自己的工作成绩和个人生活只轻描淡写。他的家世出身和早年经历颇具传奇性，与许多风云人物都有交集，可他从不过分强调，因此书中许多有关他的身世童年、成就贡献和与同时代名人交往的内容，都是我从他那里追问，或是从其学术专著、别人的文章和采访中“搜刮”出来的。吴太太很会讲故事，说起过去的生活细节活灵活现，引人入胜，为本书增加了许多幽默而活泼的情节。如果说我在写这本书时有什么遗憾，其一就是他们对周围人和事的评价，都采取非常认真审慎的态度，往往比较简略；其二就是记忆变得模糊或是细节难以考证的内容，他们宁可不包括在书中，以至于要放弃一些颇有“看点”的内容，不过明代文学家李渔说得有理——史贵能缺、缺斯可信。

在我的理解中，传记里作者的存在就像是背景音乐，旨趣和心思都是隐藏起来的，但却是书中人物和读者之间的重要桥梁。对于本书来讲，需要特别注意两位近百岁的传主和读者之间时代的鸿沟、特殊时期海外华人生活和经历所带来的陌生感、学术界和非学术界的不同语境，以及读者和他们两人专业认知的差异。

吴夫妇接受我的采访有问必答，并不厌其烦地替我翻找旧日资料和联系往日故友，阅读书稿时也分外仔细。然而对于传记内容的侧重、取舍、文字的把握，他们都以我的处理为准，给予极大的信任和自由，只在个别地方提出小的修改增删意见。不过吴夫妇和师母的建议，我虽然充分尊重，但并未全部采用。由于年龄和生活背景的差异，我们的思维方式、用语习惯和行文风格不同，而一本书须保持一致性（consistency），另外，核实内容的准确可靠性自然是作者的责任，所以本书记述和行文上的任何瑕疵，都属于作者。

能够完成此书，首先要感谢我在斯坦福大学的恩师艾朗诺（Ronald Egan）教授和师母陈毓贤（Susan Chan Egan）女士，艾朗诺教授将我引入海外汉学的大门，我是在他的课上对吴先生其人和成就有了最初的了解，书稿完成后，他还为本书撰写了推荐语。师母陈毓贤女士费尽心血促成此事，并提供素材、陪我采访、审阅前后几版的书稿，对她的辛劳付出，我无以为报！

在此还要特别感谢前哈佛燕京图书馆善本部主任、复旦大学中华古籍保护研究院特聘教授沈津先生为本书题签和撰写推荐语。在书稿写作阶段，沈先生接受了我的采访，不仅提供了生动回忆和精彩内容，还对本书简体字版的出版给予大力支持。沈先生的渊博知识、深厚学养和对后辈亲切无私的关怀，令我如沐春风，能够因为此书的机缘结识沈先生这样为人治学的楷模，是我一生之幸。

感谢斯坦福大学图书总馆顾问邵东方教授在百忙之中接受我的采访、为我提供各类资料，将书稿全部阅读一遍后提出详细意见，并精心撰写推荐语。感谢创新工场董事长兼首席执行官李开复老师阅读部分初稿后，将他的家人李开芸女士和李开敏女士介绍给我，耐心回答我的问题和提供珍贵资料。感谢前哈佛燕京图书馆副馆长赖永祥先生在近百岁高龄之际接受我的访问并审阅书稿中有关哈佛燕京图书馆的部分。感谢加州大学圣塔芭芭拉分校台湾研究中心前主任杜国清教授和现任主任 Sabine Frühstück 教授对本书的大力支持、感谢我的导师 Thomas Mazanec（余泰明）教授和我的所有老师对我的悉心培养、感谢我校图书馆陈垚老师的亲切帮助。感谢斯坦福胡佛研究中心以及东亚图书馆、哈佛燕京图书馆、华盛顿大学东亚图书馆的老师们核实书中的一些重要细节。本书繁体字版已经在 2021 年 2 月由台北联经出版社出版并有幸得到北美权威刊物《东亚图书馆杂志》（Journal of East Asian Libraries）的报道。如今简体字版也即将问世，感谢天津师范大学古籍保护研究院姚伯岳教授、凌一鸣老师和《藏书报》总编辑王雪霞老师的青睐，让拙著幸得《古籍保护研究》和《藏书报》的关注和推荐。

感谢我所有亲人和朋友一直以来的关爱，特别感谢我先生陆霄雄对我从不动摇的支持，让我得以心无旁骛地专注于挚爱的事业，并且最大限度地将时间和精力投入到本书中。

能够在国家图书馆出版社出版这本合传，我感到万分荣幸。世界著名图书馆学家、北美顶级东亚图书馆馆长钱存训教授、马泰来教授的文集都由国图出版社出版，而我能有幸作为吴文津夫妇的传记作者获附骥尾，是莫大的荣誉。在此感谢国家图书馆出版社总编辑殷梦霞老师、编辑总监廖生训老师、本书责任编辑于春媚老师的付出和辛劳。

聆听一段人生故事，总让我们产生新的思考；不同的聆听者，可以从同一个故事中捋出不一样的思绪；一个好的故事，总有再度被阐释的空间；一个好故事未必能构建一段历史，但总能让我们看到现有历史的不足。而此时此刻，我只是在想，这些文字是否可以还原那样的时光——吴文津先生、雷颂平女士、陈毓贤老师和我，围坐在一张小小的餐桌边，专注地投入往事中，站在人生不同的位置，跨越桑田沧海，一起回味触摸一段段历史。

王婉迪
2020 年 8 月初稿
2021 年 3 月改订
美国山景城

后
记

275

**图书在版编目（CIP）数据**

书剑万里缘：吴文津雷颂平合传 / 王婉迪著 . — 北京：国家图书馆出版社，2021.9
ISNB 978-7-5013-7301-7

Ⅰ.①书… Ⅱ.①王… Ⅲ.①吴文津－传记 ②雷颂平－传记 Ⅳ.①K837.125.41
②K837.128.5

中国版本图书馆CIP数据核字（2021）第147769号

| | | |
|---|---|---|
| 书　　名 | 书剑万里缘 ——吴文津雷颂平合传 | |
| 编　者 | 王婉迪 著 | |
| 责任编辑 | 于春媚 | |
| 装帧设计 | 文化·邱特聪 | |

出版发行　国家图书馆出版社（100034　北京市西城区文津街 7 号）

　　　　　　（原书目文献出版社　北京图书馆出版社）

　　　　　　010-66114536 63802249　nlcpress@nlc.cn（邮购）

网　　址　www.nlcpress.com

印　　装　北京科信印刷有限公司

版次印次　2021 年 9 月第 1 版　2021 年 9 月第 1 次印刷

开　　本　787×1092　1 / 16

印　　张　18.5

字　　数　260 千字

书　　号　ISBN 978-7-5013-7301-7

定　　价　98.00 元